德国政府与民间合作伙伴关系研究

李以所 著

中国社会科学出版社

图书在版编目（CIP）数据

德国政府与民间合作伙伴关系研究／李以所著. —北京：中国社会科学出版社，2023.8
ISBN 978-7-5227-2191-0

Ⅰ.①德… Ⅱ.①李… Ⅲ.①国家行政机关—合作—社会团体—发展模式—研究—德国 Ⅳ.①D751.62

中国国家版本馆 CIP 数据核字（2023）第 123004 号

出 版 人	赵剑英
责任编辑	周晓慧
责任校对	刘　念
责任印制	戴　宽

出　　版	中国社会科学出版社
社　　址	北京鼓楼西大街甲 158 号
邮　　编	100720
网　　址	http://www.csspw.cn
发 行 部	010-84083685
门 市 部	010-84029450
经　　销	新华书店及其他书店
印刷装订	三河市华骏印务包装有限公司
版　　次	2023 年 8 月第 1 版
印　　次	2023 年 8 月第 1 次印刷
开　　本	710×1000　1/16
印　　张	15
字　　数	216 千字
定　　价	86.00 元

凡购买中国社会科学出版社图书，如有质量问题请与本社营销中心联系调换
电话：010-84083683
版权所有　侵权必究

目　录

引　言 …………………………………………………………（1）

第一章　德国人所理解的ÖPP：一个跨学科的分析 ………（4）
　第一节　引论：研究的问题和方法 ……………………………（4）
　第二节　谁和谁合作：ÖPP伙伴的确定 ………………………（7）
　　一　至少各有一个参与主体分别来自政府或民间部门 ………（7）
　　二　伙伴式的合作需要社会信任机制的配合 …………………（11）
　　三　合作伙伴本来的身份性质不改变 …………………………（12）
　第三节　为何合作：德国ÖPP伙伴的目标 ……………………（13）
　　一　合作伙伴之间没有目标冲突 ………………………………（13）
　　二　合作伙伴要完成某项公共任务 ……………………………（16）
　第四节　怎么合作：合作伙伴之间的关系和风险分担 ………（18）
　　一　德国ÖPP的形式化 …………………………………………（18）
　　二　持续性的调整需求 …………………………………………（20）
　　三　合作具有"长期性" …………………………………………（23）
　　四　合作伙伴统筹组建风险共同体 ……………………………（25）
　第五节　德国的ÖPP与新公共治理的关联性 …………………（27）
　第六节　小结 ……………………………………………………（30）

第二章　ÖPP 在德国发展的基础：政府资产管理的民营化 ……… (32)

第一节　德国政府资产管理的制度和理念支撑 …………… (32)
　　一　德国的"社会市场经济"和"担保国家" ………… (36)
　　二　政府资产管理的分级和分类 ……………………… (44)

第二节　德国政府资产的治理结构 ………………………… (46)
　　一　德国政府所属企业的形式和治理结构 …………… (46)
　　二　德国政府资产的治理结构特点 …………………… (52)

第三节　德国政府资产管理的民营化 ……………………… (54)
　　一　关于民营化的理论基础 …………………………… (54)
　　二　德国实施民营化的法律框架 ……………………… (60)
　　三　德国政府资产民营化的缘由和方式 ……………… (65)

第四节　原民主德国区域内政府资产的托管和转让 ……… (68)
　　一　政府资产托管局的设立 …………………………… (68)
　　二　政府资产托管局的法律基础和目标 ……………… (70)
　　三　托管局实施民营化的具体做法 …………………… (73)
　　四　托管局推行民营化的工作成果 …………………… (76)

第五节　小结：借鉴和思考 ………………………………… (76)

第三章　德国政府的考量：ÖPP 的政治经济学分析 ……… (81)

第一节　导论 ………………………………………………… (81)
第二节　背景：德国政府公共债务问题的治理 …………… (83)
　　一　1949 年、1969 年《联邦基本法》和现行《联邦基本法》
　　　　关于公共债务的规定 …………………………………… (84)
　　二　德国地方政府债务的治理 ………………………… (88)
　　三　欧盟法对公共债务的限制 ………………………… (89)
　　四　对德国现行公共债务立法的争议和批评 ………… (91)

目录

第三节　ÖPP 和传统公共项目建设方式的比较 ……………………… (96)
　　一　政府和民间合作伙伴关系的特征 ……………………………… (96)
　　二　较之传统方式 ÖPP 所呈现出的不同 ………………………… (97)

第四节　德国 ÖPP 的经济性比较 ……………………………………… (102)
　　一　ÖPP 经济性分析的法律依据 ………………………………… (102)
　　二　经济性分析的方法和步骤 …………………………………… (107)
　　三　经济性分析的变化 …………………………………………… (110)

第五节　有关 ÖPP 经济性的调查结果和相关经验 …………………… (113)
　　一　德国审计部门的调查结果 …………………………………… (114)
　　二　来自国际的经验 ……………………………………………… (115)
　　三　交易成本 ……………………………………………………… (117)

第六节　作为规避预算法限制手段的 ÖPP …………………………… (119)
　　一　预算限制 ……………………………………………………… (119)
　　二　后续谈判 ……………………………………………………… (120)
　　三　防治手段 ……………………………………………………… (121)

第七节　小结 …………………………………………………………… (122)

第四章　民间合作伙伴的选择：竞争性对话 ………………………… (126)

第一节　导论 …………………………………………………………… (126)

第二节　民间合作伙伴选择的法律渊源 ……………………………… (127)
　　一　德国的公共采购法 …………………………………………… (127)
　　二　欧盟的公共采购法 …………………………………………… (129)

第三节　德国公共采购法和 ÖPP ……………………………………… (130)

第四节　竞争性对话在德国 ÖPP 项目中的应用 ……………………… (132)
　　一　应用竞争性对话的法律依据 ………………………………… (132)
　　二　需要应用竞争性对话的公共采购 …………………………… (134)

三　德国应用竞争性对话的流程 …………………………（138）

　第五节　小结 ………………………………………………………（148）

第五章　德国审计系统对 ÖPP 经济性的再分析 ……………………（151）

　第一节　引言：从德国审计视角切入的中国背景 …………………（151）

　第二节　经济性审查：德国审计系统的看家本领 …………………（152）

　　一　德国特色的审计模式 ………………………………………（152）

　　二　德国审计系统视野中的 ÖPP ………………………………（154）

　第三节　德国远程公路建设的 ÖPP 模式 …………………………（156）

　　一　"穷政府"从民间融资的新模式 …………………………（156）

　　二　F 模式和 A 模式 ……………………………………………（157）

　第四节　来自德国审计系统的批评 …………………………………（160）

　　一　花钱并不少：不可避免的额外成本 ………………………（161）

　　二　好处并不多：很有限的效率优势 …………………………（161）

　　三　政府债务的隐身衣：与"债务刹车"机制的实质
　　　　冲突 …………………………………………………………（163）

　　四　偏袒了垄断：对整体经济产生不利 ………………………（165）

　　五　政府偏爱 ÖPP：经济性审查的缺陷 ………………………（166）

　　六　在其他领域产生的问题 ……………………………………（168）

　第五节　小结 ………………………………………………………（170）

第六章　世界金融危机中的德国 ÖPP：政府角色的变迁 …………（174）

　第一节　导论 ………………………………………………………（174）

　第二节　分析的框架：德国政府的角色变迁 ………………………（176）

　第三节　德国政府角色演进的飞跃：担保国家理念的提出 ………（180）

　第四节　责任分配的实现：政府和民间的合作伙伴关系 …………（185）

  一 可持续发展目标视角下的 ÖPP ……………………… (187)

  二 国家治理现代化视角下的 ÖPP ……………………… (190)

 第五节 回到问题本身：大政府还是 ÖPP ………………… (192)

 第六节 小结 …………………………………………………… (196)

第七章 ÖPP 在德国的构建与战略：从历史视角的考察 ………… (198)

 第一节 导论：为什么选择历史的视角 ……………………… (198)

 第二节 ÖPP 的概念和界定：德国学者的贡献 ……………… (199)

 第三节 德国的法治国原则在构建 ÖPP 中的意义 ………… (204)

  一 ÖPP 的合法性以及公民的法律保护 ………………… (204)

  二 德国 ÖPP 的法律框架 ………………………………… (207)

  三 德国 ÖPP 合同模式的构建与变体 …………………… (209)

  四 履行公共任务时民间部门所受的约束 ……………… (211)

  五 公共任务未被如约履行时的解决方案 ……………… (212)

 第四节 基于德国的国家理论对 ÖPP 的分析 ……………… (213)

  一 基于担保国家理念的 ÖPP …………………………… (213)

  二 ÖPP 在德国取得新发展的原因 ……………………… (216)

 第五节 ÖPP 在德国发展的前景 ……………………………… (217)

  一 法律革新的必要和必然 ……………………………… (217)

  二 德国 ÖPP 的发展步骤和战略 ………………………… (218)

 第六节 小结 …………………………………………………… (223)

结 语 ………………………………………………………………… (225)

参考文献 ………………………………………………………………… (229)

引　言

改革开放使中国经济获得强劲发展，中国的民间力量亦随之逐步壮大。新中国成立以来党政包揽式的"全能且简单"的公共产品和服务的提供方式已不适应时代要求，急需从垄断、管控朝向合作、治理改变和调整。历经探索模仿、雏形初具、基本建立到深化创新等阶段，具有中国特色的政府和民间合作伙伴关系（Public-Private-Partnership，PPP）模式渐趋形成。这不是对西方PPP模式的草率克隆或盲目照抄，而是尊重中国历史传统并融合了中华民族智慧的新模式。它以党的领导为基本原则和前提，强调政府部门在合作伙伴关系中的主导作用，同时欢迎公共产品和服务供给方式的多元化，注重公私合作过程的协商性，对公共产品和服务供给所采用的手段和工具一直保持着足够的开放性和包容性。

发端于英美，在20世纪90年代形成风潮的政府和民间合作伙伴关系，曾被视为创新性制度安排而受到多国地方政府的追捧和青睐，其背后的真实原因当然是PPP具有的财政纾困功能。只是将PPP作为融资工具直接导致了地方政府对这种制度创新的泛化和滥用，给项目罩上PPP的外衣，其内里却是变相的借债和融资，这几乎成为很多地方政府默认的"潜规则"。因美国次贷危机引发的世界经济危机使被当作自由主义婴儿的PPP备受质疑，在批判和抗辩之中，PPP还可作为治理工具来改进完善部分公共产品和服务供给方式的意义，开始被重新发现。

在推进国家治理体系和治理能力现代化的宏观背景下，政府与民间合作伙伴关系的创新性已为中国的公共部门所接受。尤其是在中国的经济发展进入新常态以后，地方财力愈发紧张，政府要过"紧日子"，这就和日渐增长的公共产品的急迫需求，群众要过"好日子"，产生了事实上的矛盾。地方政府一方面要应对已经来临的还债高峰，另一方面则要花更多的钱提供更好的公共产品和服务。这就使很多地方政府经常性地左支右绌、顾此失彼。随着金融市场去杠杆、中美贸易争端、新冠疫情突发并流行、俄乌军事冲突等事件的不断发展，寅吃卯粮的地方政府主导公共治理的能力在持续下降，建设政府和民间合作伙伴关系又有可能成为脱离困境的良策优选。因为在公共治理领域中，合作伙伴关系模式的机制运行和理念尊崇契合了治理主体多元、鼓励公众参与的内在要求，非常适合作为政策工具来协助地方政府提升公共治理的水平，增强提供优质足量公共产品和服务的能力。

理想很丰满，现实却骨感。理论上描述的合作伙伴关系正面功能在具体场景的运用中总是会呈现出事与愿违的样貌。那些假官民合作伙伴关系之名在经济领域造成的诸多乱象自不待言，合作伙伴关系模式在更为复杂的公共治理领域的应用，必然要因应既多且新的困难和挑战。总结提炼其他国家的经验教训进行比较研究和分析，是在中国推广应用政府和民间合作伙伴关系的必要程序和重要步骤。

同中国一样，德国也是推行政府和民间合作伙伴关系的"后发国家"，但德国民间部门的发展路径与英美存在较大的差异，它既能与公共部门保持相对密切的关系，又能保持自身的独立性以实现"自治"。这十分值得向来关切公私部门关系的中国给予注意。政府和民间合作伙伴关系在德国的行进也非坦途一片，自法律意义上的合作伙伴关系项目在德国诞生之日起，就伴随着各界的批评和质疑。德国还是拥有悠久的地方自治传统的国家，其地方政府常以实现和谐有效的社会治理而著称于世。在该领域内，德国的地方政府相对成功地引进并推广了德国式的政府和民间合作伙伴关系（Öffentlich-Private Partnerschaft，ÖPP），在实践上也取得了一定的成果。尽管中德两国的基本政治制度有本质的不同，但两国在政府与民间关系及法律体系上却有颇多相似之处，故选择德国作为比照的对象，具有较强的适当性。

  对以西方为师的很多问题，我们习惯性地大都是追踪描摹其最新发展动态，并将之作为样板进行学习或效仿。但实际上这些所谓的成功经验与中国当前所处阶段并不一定匹配，对比研究先进国家在特定历史阶段的过往历程才能更有针对性地解决中国的现实问题。所以从历史角度全景式地考察并分析德国应用ÖPP的实践经验和理论探索，观察探究其实操ÖPP的步骤和演进路径，对正在探求寻找中国问题解决方案的我们更具启发和借鉴意义。

第一章

德国人所理解的ÖPP：
一个跨学科的分析

第一节　引论：研究的问题和方法

在中国，政府与民间的合作伙伴关系①从20世纪80年代的星星之火到曾经一度的势可燎原②，早已为官方和民间所熟识并热议。但如何定义这个西方舶来的新概念，迄今尚未形成通说。③ 在欧美国家的学术界和实务界也是如此，相关的学者和实践家们都从各自的角度出发，轮番就关于政府和民间合作伙伴关系概念尝试做出定义，最终结果却依旧是众

---

①　其英文表述为：Public-Private-Partnership，缩写为PPP；其德文表述为：Öffentlich-Private Partnerschaft，缩写为ÖPP。

②　在中国2015年被称为PPP元年。参见蒲坚《PPP的中国逻辑》，中信出版社2016年版。

③　从Public-Private-Partnership的中文译法也可以看出其概念定义具有多样化的侧重，除"公私合作制"和"政府和民间合作伙伴关系"之外，还有"政企合作"，参见王守清《政企合作（PPP）王守清核心观点》，中国电力出版社2017年版。关于"公私部门协力关系"，参见朱森村《公私部门协力关系之研究：以台北市推展小区大学个案分析》，政治大学公共行政研究所1999年版。关于"政府民间合作模式"，参见王灏《城市轨道交通投融资问题研究》，中国金融出版社2006年版。关于"政府与社会资本合作模式"，参见曹珊《政府与社会资本合作（PPP）模式政策法规与示范文本集成》，法律出版社2016年版。关于"公私合伙模式"，参见郭升勋《公私合伙理论与应用之研究》，政治大学公共行政研究所1999年版。关于"政府和社会资本合作"，参见尹志国《政府和社会资本合作（PPP）实务操作指南》，中国邮电出版社2020年版；谭臻、吕汉阳《政府和社会资本合作（PPP）核心政策法规解读与合同体系解析》，法律出版社2017年版。

说纷纭。① 在汗牛充栋的相关文献中，政府和民间合作伙伴关系的概念或简单重复，或界限模糊，甚或基于意识形态的不同而天然地自带偏见。② 其既综合又复杂的总体特征使做出精准定义的努力总是徒劳无功，于是对这种官民合作伙伴关系含义阐释的笼统性便自然产生，这使其成为可以包罗所有政府与民间各种合作形式的"筐"③，直接导致了这个概念的无限延展，而作为科学概念所必需的结构严谨性也因之荡然无存。④ 目前多数学术论著大都先采用一个宽泛的基础定义，指出政府和民间合作伙伴关系是一种形式并不确定的政府与民间合作，然后从各自不同的视角出发，围绕合作伙伴关系的目标给出其概念描述。⑤ 在这种情况下，对政府和民间合作伙伴关系概念的追索又回到了问题的原点：一种各抒己见、莫衷一是的状态。⑥ 事实上，各类文献所使用的"PPP"现在仅作为简略或实用的代号，来指代政府和民间部门之间各种合作的不同表现

---

① Detlef Sack, "ÖPP Zwischen politischem Projekt, medialer Diskussion und administrativer Routine-Zur Einführung", in: *dms-der moderne Staat* 6Jg., 2013, S. 311 – 319; Jan Ziekow und Alexander Windoffer, *Public Private Partnership. Struktur und Erfolgsbedingungen von Kooperationsarenen*, Nomos: Baden-Baden, 2008, S. 25; Holger Mühlenkamp, "Public Private Partnership aus der Sicht der Transaktionskostenökonomik und der Neuen Politischen Ökonomie", in: Dietrich Budäus (Hrsg.), *Kooperationsformen zwischen Staat und Markt. Theoretische Grundlagen und praktische Ausprägungen von Public Private Partnership*, Nomos: Baden-Baden, 2006, S. 29.

② Derick W. Brinkerhoff and Jennifer M. Brinkerhoff, "Public-Private Partnerships: Perspectives on Purposes, Publicness, and Good Governance", *Public Administration and Development* 31st, 2011, pp. 2 – 14.

③ 参见李以所《公私合作制在德国的构建与治理战略》，《经济与管理评论》2016 年第 6 期。

④ Dietrich Budäus und Birgit Grüb, "Public Private Partnership: Theoretische Bezüge und praktische Strukturierung", in: *Zeitschrift für öffentliche und gemeinwirtschaftliche Unternehmen* (ZögU) 30Jg., 2007, S. 247.

⑤ Krumm Thomas und Karsten Mause, "Public-Private Partnerships als Gegenstand der Politikwissenschaft", in: *PVS Politische Vierteljahresschrift* 50Jg. (1), 2009, S. 109; Winkelmann Thorsten, *Public Private Partnership: Auf der Suche nach Substanz. Eine Effizienzanalyse alternativer Beschaffungsformen auf kommunaler Ebene*. Nomos: Baden-Baden, 2012, S. 97.

⑥ Gunnar Folke Schuppert, *Grundzüge eines zu entwickelnden Verwaltungskooperationsrecht. Regelungsbedarf und Handlungsoptionen eines Rechtsrahmens für Public Private Partnership. Rechts-und verwaltungswissenschaftliches Gutachten erstellt im Auftrag des Bundesministeriums des Innern*, 2001, S. 5.

形式。

不过，政府和民间的合作伙伴关系属于新公共治理的一部分，已成为多数学者的共识。① 尤其是在德国，ÖPP多被理解为地方政府为了实现当地治理现代化的一种制度安排②，其具体表现为公共部门在实施治理的过程中，引进了民间社会或市场的力量。③ 在新公共治理的框架下研究德国的政府和民间合作伙伴关系的准则范例、参与者情况及其互动和合作形式，有可能会将观察ÖPP的不同视角统一起来。④

从跨学科的角度将政府和民间合作伙伴关系置放在新公共治理框架下的目的，就是试图解答两个问题：这种合作伙伴关系是否具有跨学科的属性特征，如果是，那么对其含义的认识和理解能否在新公共治理的框架下实现统一？在该框架下，如何组织对政府和民间合作伙伴关系的跨学科研究？

从ÖPP在德国的发展进程和应用领域可以看出，德国学者对ÖPP概念的探讨是在跨学科范围内进行的，主要涉及经济学、政治学和法学。

---

① Carsten Greve and Graeme A. Hodge, "Conclusions: Rethinking public-private partnerships", in: Carsten Greve and Graeme A. Hodge eds., *Rethinking public-private partnerships, Strategies for turbulent times*, Abingdon, Oxon, New York, NY, 2013, p. 211.

② 因为德国媒体对ÖPP的关注焦点（此处尤指传统纸质媒体）一般集中在公共基础设施建设领域，故一般的德国公众大都认为ÖPP仅与此领域有关。目前在德语文献中，ÖPP和PPP是被平行采用的。德国部分学者一度强调采用ÖPP的表达方式，其意图是在政府和民间合作领域内确定具有特殊性的德国路径，当然，这个设想迄今依旧是应者寥寥。参见Wolfgang Gerstlberger und Michael Siegl, *Öffentlich-Private Partnerschaften. Ein Konzept für die zukünftige Gestaltung öffentlicher Aufgaben? Expertise im Auftrag der Abteilung Wirtschafts-und Sozialpolitik der Friedrich-Ebert-Stiftung.* Bonn, 2011, S. 8; Philip Boll, *Investitionen in Public-Private-Partnership-Projekte im öffentlichen Hochbau unter besonderer Berücksichtigung der Risikoverteilung. Eine theoretische und empirische Untersuchung.* Köln, 2007, S. 1; Andreas Pfnür, Christoph Schetter und Henning Schöbener, *Risikomanagement bei Public Private Partnerships.* Berlin-Heidelberg, 2010, S. 7.

③ Detlef Sack, "Krise und Organisationswandel von lokaler Governance-Das Beispiel Public Private Partnerships", in: Michael Haus und Sabine Kuhlmann (Hrsg.), *Lokale Politik und Verwaltung im Zeichen der Krise?* Wiesbaden, 2013, S. 144.

④ Wolfgang Gerstlberger, Wolfram Schmittel und Jens Janke, *Public Private Partnership als neuartiges Regelungsmuster zwischen öffentlicher Hand und Unternehmen*, Düsseldorf, 2004, S. 35.

因为通过观察和分析相关的 ÖPP 文献，归纳和汇总各种关于 ÖPP 的概念要素①，将经常被概括的属性特征进行系统化整理，发现其主要就涉及这三个学科领域。从跨学科的视角出发，结合与之相关的专业理论，对这些政府和民间合作伙伴关系的概念要素进行探讨，并在此基础上尝试阐述其共同特征，这是在新公共治理框架下对德国的 ÖPP 进行跨学科理解的出发点。同样，发现并总结这些属性特征是从治理的角度对 ÖPP 展开跨学科研究的基本前提。②

第二节　谁和谁合作：ÖPP 伙伴的确定

一　至少各有一个参与主体分别来自政府或民间部门

在德国 ÖPP 项目中，至少各有一个参与主体分别来自政府或民间部门，这被视为政府和民间合作伙伴关系的基本特征，许多学术文献对此都有详尽阐述。③ 一般来说，确定参与主体是否属于政府部门并无争议，

---

① 尽管对 ÖPP 概念进行适当的定义存在着很多困难，但是在这些文献中还是有着诸多带有个性色彩的特征描述的，反映了不同作者对 ÖPP 这一概念的理解。参见 Jan Ziekow, "Rechtlicher Fragen der Öffentlich-Privaten Partnerschaften (ÖPP) Für das Handwerk", in: Hans-Ulrich Küpper (Hrsg.), Chancen und Risiken von ÖPP. Eine Betrachtung aus ökonomischer und juristischer Perspektive. München, 2012, S. 135.

② 需要注意的是，本书分析研究的多数德文文献大都关注当前主流的 ÖPP 应用的可能性，比如公共基础设施、高层建筑或高速道路的建设等。许多作者都是从以经济效益为导向的新公共管理理论的视角进行研究和探讨。而通过抽绎和对焦 ÖPP 作为新公共治理一部分的核心特征，可以挖掘出 ÖPP 在完成自愿性的地方公共任务方面拥有多种应用的可能性，比如 ÖPP 在城镇燃气、暖气供应方面的应用，以及通过 ÖPP 项目的形式建设运营城镇游泳馆等。参见 Wolfgang Gerstlberger und Michael Siegl, *Öffentlich-Private Partnerschaften. Ein Konzept für die zukünftige Gestaltung öffentlicher Aufgaben?* Expertise im Auftrag der Abteilung Wirtschafts-und Sozialpolitik der Friedrich-Ebert-Stiftung. Bonn, 2011, S. 14; Anne-Sophie Lang, "Baden in einem richtigen Bürgerbad", in: *Frankfurter Allgemeine Sonntagszeitung*, 28.09.2014, S. 20.

③ Gerold Ambrosius, "Die Entwicklung Öffentlicher-Privater Partnerschaften seit den 1980er Jahren, die fördernden und die hindernden Faktoren", in: *dms-der moderne Staat* 6Jg., 2013, S. 322; Dietrich Budäus und Birgit Grüb, "Public Private Partnership: Theoretische Bezüge und praktische Strukturierung", in: *Zeitschrift für öffentliche und gemeinwirtschaftliche Unternehmen (ZögU)* 30Jg., 2007, S. 248.

但对来自民间的合作伙伴的划归却有着不同理解。因为除了民营经济的、以营利为目的的公司或市场主体之外，还可以有公民、非政府组织①等其他多领域、多层次的参与者，他们拥有成为合作项目中伙伴的可能。②由此就产生了一个问题：是将这些参与者划归为民间的私人部门，还是归属为中间地带的"第三部门"？③

在关于德国政府和民间合作伙伴关系的政治学文献中，有学者认为，合作参与者可以来自整个社会领域④也是 ÖPP 的基本特征。所以正如在企业公民参与领域中所观察到的那样⑤，民间的私人企业和社会组织之间持续性的共同协作也可能成为政府和民间的合作伙伴关系。⑥

从法学的视角来观察，政府和民间合作伙伴关系是指一种旨在完成公共任务而在作为委托方的政府部门和被委托方的民间部门之间长期的、全面的、整体的、有合同约束的合作关系。⑦ 政府部门作为委托方和民

---

① Shyamal K. Chowdhury, *Attaining Universal Access: public private partnership and business NGO partnership*, ZEF Bonn, Zentrum für Entwicklungsforschung, Universität Bonn, 2002.

② Krumm Thomas und Karsten Mause, "Public-Private Partnerships als Gegenstand der Politikwissenschaft", in: *PVS Politische Vierteljahresschrift* 50Jg. (1), 2009, S. 110.

③ 合作伙伴的部门归属原则上需要具体问题具体分析。但关于"第三部门"的存在，并无争议。公共部门和第三部门之间的合作或者所有三个部门的参与者共同合作 ÖPP，也有可能。参见 Annette Zimmer, "Bürgerschaftliches Enagement und Management: Führungskräfte im Dritten Sektor", in: Dietmar Bräuning und Dorothea Greiling (Hrsg.), *Stand und Perspektiven der Öffentlichen Betriebswirtschaftslehre II*, Berlin, 2007, S. 533; Jan Ziekow und Alexander Windoffer, *Public Private Partnership. Struktur und Erfolgsbedingungen von Kooperationsarenen*, Nomos: Baden-Baden, 2008, S. 41.

④ 也即来自国家机关、经济部门和社会组织等。

⑤ Marlene Zahner-Seeh, *Corporate Citizenship und unterstützende Akteure: Wirkung, Kritik, Perspektiven*, Göttingen: Cuvillier Verlag, 2021; Morgan R. Clevenger, *Corporate Citizenship and Higher Education: Behavior, Engagement and Ethics*, Cham: Springer International Publishing-Palgrave Macmillan, 2019.

⑥ Detlef Sack, *Governance und Politics. Die Institutionalisierung öffentlich-privater Partnerschaften in Deutschland*. Baden-Baden, 2009, S. 20.

⑦ Christian Schede und Markus Pohlmann, "Vertragsrechtliche Grundlagen", in: Martin Weber, Michael Schäfer, Friedrich Ludwig Hausmann, Hans Wilhelm Alfen und Dietrich Drömann (Hrsg.), *Public Private Partnership. Rechtliche Rahmenbedingungen, Wirtschaftlichkeit, Finanzierung*. München, 2006, S. 102; Günter Püttner, "Chancen und Risiken von ÖPP aus juristischer Sicht", in: Dietrich Budäus (Hrsg.), *Kooperationsformen zwischen Staat und Markt. Theoretische Grundlagen und praktische Ausprägungen von Public Private Partnership*, Nomos: Baden-Baden, 2006, S. 99.

间部门作为被委托方,这一明确的描述也清晰地表明,在法学视域内的官民合作伙伴关系仅考虑来自公共和私人部门的参与者。而对于来自第三部门的社会组织,则要考虑其在合作伙伴关系中的作用,最终被归入政府或民间部门皆有可能。①

德国的政府和民间合作伙伴关系的经典形式是来自公共部门的政府主体和来自民间部门的以营利为目的的民营企业之间的合作。至于相关的合作发生在什么领域,事实上并不重要。② 当双方的合作项目并不以营利为目标时,就会产生政府与民间合作的变种表现形式。③

鉴于拥有一个以营利为目的的参与方并不是建立和运行政府和民间合作伙伴关系的必要特征,因此来自公共部门和第三部门④的参与方也

---

① 当然,在这里还要考虑到,伴随着社会的飞速发展和治理现代化的需要,第三部门的意义和作用正在日益增强和提高。它归属公共或私人部门并非一成不变,是可以根据政府和民间合作伙伴关系的组织形式的调整而变化的。那么就很有必要将迄今为止只涉及两个部门的 PPP 概念扩展为三个部门。到那个时候,第三部门取代公共部门或私人部门参与 PPP,将会是一种常态。比如第三部门和公共部门的政府和民间合作伙伴关系的合作形式:Public Citizen Partnership (PCP);第三部门和私人部门的合作形式:Civil Private Partnership (CPP)。Li, Michael, *Governance of citizen participation and its related concepts: a review of literature*, Mannheim, 2015.

② 比如 ÖPP 项目可以涉及文化、教育、民政事务等领域,也可以在交通、体育、休闲、司法等领域内出现。

③ 一般被确定为 Public Social Private Partnership (PSPP) 项目。这种项目的特点是公共机构、私营公司或基金会以及公民个人共同合作履行某项公益任务,其目的在于推进社会福利和实现公众愿望。这种社会公益性项目通常是为幼儿园、学校、大学或者地方乡镇的青少年成长工作提供支持。参见 Günter Fandel, Allegra Fistek und Brigitte Mohn, "Erfassung von Synergieeffekten von Projekten des Public Social Private Partnership (PSPP)", in: *Zeitschrift für Betriebswirtschaft* (ZfB) 80Jg. (9), 2010, S. 922.

④ 来自第三部门的参与方可以是非营利组织(NPO)和非政府组织(NGO),也可以是合作社(eG)和协会(e.V.)组织。由此便可以在更大的范围内理解 PPP,因为从狭义上理解,PPP 有时仅局限于公共基础设施项目;但从广义上而言,公共政策网络、社区发展推动等都可以被视作 PPP 大家庭中的一部分。参见 Dorothea Greiling, "Public-Private Partnership: a driver for efficient public services or just an example of wishful thinking", in: *Zeitschrift für öffentliche und gemeinwirtschaftliche Unternehmen* (ZögU) Beiheft 37, 2009, S. 112; Roger Wettenhall, "Mixes and Partnership through times", in: Graeme A. Hodge, Carsten Greve and Anthony E. Boardman (eds.), *International Handbook on Public-Private Partnerships*, Cheltenham-Northampton, MA, 2010, pp. 17–42.

可以建立合作。在英文的学术文献中将这种服务给付定义为"合作生产"①，这种PPP合作被进一步描述为"公共公民合作"②，其特征表现为公共机构和市民共同努力完成地方乡镇的公共任务③，在具体的公共任务的履行上，市民可全部或部分地取代公共机构，或至少为任务的履行提供支持。如果该合作确实会产生经济收益，就要将之保留在当地，用于项目本身发展的需要。

还有一种ÖPP形式是私营企业和社会机构尤其是非政府组织之间的合作伙伴关系，其中社会组织负责传统上原本由政府部门承担的公共任务的履行。支撑这种政府与民间合作变形的理论基础，可以在企业公民领域中找到。④ 而企业公民这一概念又是企业社会责任理论的基础。有德国学者很早就有预见性地指出，将企业社会责任融合到政府和民间合作伙伴关系之中就会引发这种创新制度安排的良性变形。⑤ 由此，可以想象的是，一个合作伙伴关系项目的参与方将有可能来自政府机构、私

---

① Viktor Pestoff, "Co-production, new public governance and third sector social services in Europe", in: Ci-ências Sociais Unisinos 47 Jg. (1) 2011, p. 17.

② 这也被理解为是PPP的一种，即Public Citizen Partnership（PCP）。参见Elisabeth Reiner, Dietmar Rößl and Daniela Weismeier-Sammer, "Public Citizen Partnership", in: Cooperative (3), 2010, pp. 58–61.

③ 比如德国地方乡镇的公共基础设施民用风力发电厂、公共的室内和室外游泳池等，现在多由市民和乡镇政府成立具有合作性质的合作社来建设和运营。参见Richard Lang and Dietmar Roessl, "Contextualiying the Governance of Community Co-operatives: Evidence from Austria and Germany", in: VOLUNTAS: International Journal of Voluntary and Nonprofit Organizations 22nd (4), 2011, p. 721; Julia Thaler, Katharina Spraul und Bernd Helmig, "Aufgabenkritik freiwilliger kommunaler Aufgaben: Zur Entstehung von Akzeptanz für Öffentlich-Private Partnerschaften", in: Zeitschrift für öffentliche und gemeinwirtschaftliche Unternehmen (ZögU) Beiheft 42, 2013, S. 112–127.

④ Holger Backhaus-Maul, Christiane Biedermann, Stefan Nährlich und Judith Polterauer (Hrsg.), Corporate Citizenship in Deutschland. Gesellschaftliches Engagement von Unternehmen. Bilanz und Perspektiven, VS Verlag für Sozialwissenschaften: Wiesbaden, 2010.

⑤ Dietrich Budäus, "Public Private Partnership-Kooperationsbedarf, Grundkategorien und Entwicklungsperspektiven", in: Dietrich Budäus (Hrsg.), Kooperationsformen zwischen Staat und Markt. Theoretische Grundlagen und praktische Ausprägungen von Public Private Partnership, Nomos: Baden-Baden, 2006, S. 25.

营企业和社会组织这三个领域。①

鉴于政府和民间合作伙伴关系项目在实际操作中可以细分为多种不同的表现形式，同时又考虑到第三部门的飞速发展和巨大作用，那么前面所提到的标准"至少各有一个参与主体分别来自政府或民间部门"就过于狭窄了，也即根据合作方的来源性质，可以将其扩大解释为"至少各有一个参与方是来自公共或私人或第三部门"。

二 伙伴式的合作需要社会信任机制的配合

以政府和民间合作伙伴关系在德国的初期理论和研究框架为基础，有些德国学者将此标准引入学术讨论之中。他们将这种合作伙伴关系视为一个社会经济体系，这个体系的核心内容就是个体之间的交易行为，交易个体彼此之间的信任起着决定性的作用。② 因为在 ÖPP 合同订立时的初始状况是复杂多变乃至混乱无序的，所以政府和民间的合作伙伴关系绝非某个合同或多个合同的简单组合。在 ÖPP 项目实施过程中，参与各方总是要应对没有预见到的各种情况，简单僵化的一切都"按合同办事"，其结果常是事与愿违。要想实现多方共赢，就必须借助社会信任机制。③ 这一论点的基础是社会资本理论④，因此信任机制是德国 ÖPP 项目

---

① 如前所述，当一个 PPP 项目以纯社会效益为目标时，可以 Public Social Private Partnership（PSPP）的合作形式出现。比如在学前教育领域中，一个以公共福利为目标的注册协会，也即公益性社会组织可以作为一家幼儿园的举办者，它作为委托方将该幼儿园委托给以营利为目标的私人经营者，而地方政府则用公共财政给这家注册协会以必要的补贴。

② Dietrich Budäus und Birgit Grüb, "Public Private Partnership: Theoretische Bezüge und praktische Strukturierung", in: *Zeitschrift für öffentliche und gemeinwirtschaftliche Unternehmen* (ZögU) 30Jg., 2007, S. 245 – 272.

③ Dietrich Budäus, "Public Private Partnership-Kooperationsbedarf, Grundkategorien und Entwicklungsperspektiven", in: Dietrich Budäus (Hrsg.), *Kooperationsformen zwischen Staat und Markt. Theoretische Grundlagen und praktische Ausprägungen von Public Private Partnership*, Nomos: Baden-Baden, 2006, S. 16.

④ Robert D. Putnam, "Tuning In, Tuning Out: The Strange Disappearance of Social Capital in America", in: *Political Science and Politics* 28 Jg. (4), 1995, p. 664.

中不可或缺的重要部分。①

需要注意的是，在 ÖPP 项目的实际操作中，引入信任机制并非易事。合作伙伴关系合同内容的不完善，在合作项目进行过程中突发的谈判，难以清晰言说的潜规则和人际关系，参与方或明或暗地收受贿赂都会对信任机制的落实造成威胁和阻碍。② 为了避免这些情况的出现，就必须在监管和信任之间寻找到最为恰当的结合点。目前在政治学关于政府和民间合作伙伴关系的文献中，很难找到对合作伙伴信任关系问题的特别关注。但在 ÖPP 的法学文献中则经常性地间接涉及社会信任机制。因为即便是在没有将"彼此信任"作为 ÖPP 属性特征的情况下，也可以依据法哲学原理将其从承诺责任转化到政府和民间合作伙伴关系的合同之中。③ 因此，"伙伴式合作还需要社会信任机制的配合"这一特征，在德国的学术讨论中并没有产生特别的争议。

三 合作伙伴本来的身份性质不改变

在德国的政府和民间合作伙伴关系项目中，无论采取何种形式达成政府和民间的合作，合作伙伴都应保持各自的身份性质不变。基于公私合作而产生新的联系并不会导致参与者失去其原有的组织性或专有的经济属性。尽管很多德国学者并没有明确做出表达，将之视为合作伙伴关系的基本特征，但从真实意思的角度来评估，其在经济学和政治学领域

---

① Birgit Grüb, *Sozialkapital als Erfolgsfaktor von Public Private Partnership*, Berlin, 2007, S. 104.

② Detlef Sack, "Eine Bestandsaufnahme der Verbreitung, Regelungen und Kooperationspfade vertraglicher ÖPP in Deutschland-Effizienz, Kooperation und relationaler Vertrag", in: Dietrich Budäus (Hrsg.), *Kooperationsformen zwischen Staat und Markt. Theoretische Grundlagen und praktische Ausprägungen von Public Private Partnership*, Nomos: Baden-Baden, 2006, S. 71.

③ 也就是说，每个合同相对人都有责任约束自己要信守承诺，唯有如此，其他的合作伙伴才会守诺履行相应的义务。参见 Marc-Philippe Weller, *Die Vertragstreue. Vertragsbindung, Naturalerfüllungsgrundsatz, Leistungstreue*, Tübingen, 2009, S. 162.

中已达成了共识。① 只是德国的法学学者并没有给予特别关注，他们基本上认为这个特征就是 ÖPP 与生俱来的，因为官民合作伙伴关系的实质是委托方和被委托方之间，也即不同法人之间签署的一份合同，参与交易的各方都会保持其本来的身份特征，合作伙伴关系合同的产生并不自然导致法人身份的合并。

第三节 为何合作：德国 ÖPP 伙伴的目标

一 合作伙伴之间没有目标冲突

在经济学、政治学和法学三个学科领域中，关于德国的政府和民间合作伙伴关系的目标有着不同的讨论。在经济学方面，合作伙伴各自的目标都被置于并列优先的地位。在德国的政治学文献中则没有专门就合作伙伴关系的目标展开讨论，其关注点是合作伙伴各自的动机。而从法学视角来观察，合作伙伴关系的目标只有在参与各方的合同中得以确认才有意义。从原则上说，处理可能出现的合作伙伴之间的目标冲突，其中心问题是厘清他们各自的基本导向。政府部门的行为以增加民众福利为导向，私营企业则以营利为根本出发点。根据德国《联邦基本法》的相关规定，政府部门有义务实现公共财政资金使用的经济性。② 联邦州政府和地方乡镇政府为了改善环境、提升竞争力而进行的公益性经营活动也要遵循经济性的原则，从这个意义上说，在以营利为目的和以增进公共福祉为本二者之间是可以找到结合点的。因此德国学者在从经济学视角讨论合作伙伴关系参与者各自的目标时，

---

① Thorsten Winkelmann, "Auf dem Weg zum schlanken Staat? Public-Private-Partnership auf dem Vormarsch", in: Eckhard Jesse (Hrsg.), *Europas Politik vor neuen Herausforderungen*. Opladen, 2011, S. 287.

② 参见《德国联邦基本法》第 114 条第 2 款。

常会提及"目标共同体"或"共同利益"的概念①,当然这并非意味着各方要实现目标的一致性。② 所谓目标共同体应该理解为,尽管合作伙伴关系的参与者有着不同的行为理性,但实施官民合作伙伴关系的目的在于能够更好地实现各自的目标。如果合作项目中存在着目标冲突,某伙伴目标的实现要以牺牲另一伙伴的目标为代价,那么真正意义上的合作伙伴关系也就不复存在了。③ 所以除合作伙伴各自的目标之外,还需要一个共同的目标,这是一个适格的合作伙伴关系成立的基本前提。这种目标的共同性在一定程度上为参与者确定各自目标提供了行动框架,同时也是合作伙伴关系项目最终走向成功的核心基础。④

研究参与者个体或共同目标的问题,在德国的政治学文献中并没有深入涉及,这些文献关注的是,还存在哪些动机可以使参与各方考虑选择建立合作伙伴关系。必须明确的是,这里的目标和动机并不等同,因为动机是考虑采用合作伙伴关系的根源。当参与者的动机不一致时,并不会对伙伴关系达成互补目标产生消极影响。而个体或共同的目标主要与具体项目相关联,是从基础动机或行为逻辑中发展而来的。⑤

---

① Jan Ziekow, "Rechtlicher Fragen der Öffentlich-Privaten Partnerschaften (ÖPP) Für das Handwerk", in: Hans-Ulrich Küpper (Hrsg.), *Chancen und Risiken von ÖPP. Eine Betrachtung aus ökonomischer und juristischer Perspektive*. München, 2012, S. 135; Thomas Lenk and Manfred Röber, "Public-Private Partnership as Part of Public Sector Modernisation", in: Thomas Lenk, Manfred Röber, Martina Kuntze, Matthias Redlich and Oliver Rottmann (eds.), *Public-Private Partnership. An Appropriate Institutional Arrangement for Public Services*? Baden-Baden, 2011, p. 1.

② Heinrich Degenhart, Sabine Clausen und Lars Holstenkamp, *Flächenfonds als öffentlich-private Partnerschaft. Ein Finanzierungskonzept zur Mobilisierung von Brachflächen am Beispiel der Stadt Hannover*, Baden-Baden, 2011, S. 220.

③ Dietrich Budäus, "Public Private Partnership-Kooperationsbedarf, Grundkategorien und Entwicklungsperspektiven", in: Dietrich Budäus (Hrsg.), *Kooperationsformen zwischen Staat und Markt. Theoretische Grundlagen und praktische Ausprägungen von Public Private Partnership*, Nomos: Baden-Baden, 2006, S. 16.

④ Jan Ziekow und Alexander Windoffer, *Public Private Partnership. Struktur und Erfolgsbedingungen von Kooperationsarenen*, Baden-Baden: Nomos Verlagsgesellschaft mbH & Co. KG, 2008, S. 52.

⑤ 有德国学者论证了可以派生出不同动机的三种情况:(1)参与合作的政府部门的动机;(2)参与合作的民间部门的动机;(3)超越上述参与者界限的动机。参见 Detlef Sack, *Governance und Politics. Die Institutionalisierung öffentlich-privater Partnerschaften in Deutschland*, Baden-Baden, 2009.

第一章　德国人所理解的 ÖPP：一个跨学科的分析

从法学角度而言，一个没有目标冲突的合作是有可能的，因为各种目标都可以在达成的多项协议中得以反映和展现。① 甚至有些目标还可能被描述在一个没有法律效力的协议中②，也有些目标虽在合同中可能并没有明确规定，但会通过合同的具体履行来实现。所以从理论上可以推定，只要签订合同就不存在目标冲突，因为存在无法克服的目标冲突就不会签订合作伙伴关系合同。③ 当然，在实践中这种没有目标冲突的状态，也会伴随着合作项目的发展而发生改变。④ 鉴于此，专为合作伙伴关系项目而签订的洋溢着务实精神的不完全契约就应运而生了。⑤ 这类契约一般只给出合作项目的框架安排和部分合同义务的详细说明，随着时间的推移和情势的变更，参与各方需要持续地就合同内容进行调整以满足现实需要。⑥ 在这种情况下，基于各自立场对合同内容随时进行调整、解释和补充，就可以及时消解参与各方可能出现的目标冲突，或者推延冲突出现的时间，使合作伙伴关系项目得以正常推进。

从政治学、经济学、法学三个学科领域来看，政府和民间合作伙伴关系的顺利实现必须以参与者个体目标的互补性为前提，而无须特别要求各自目标的一致性。本着求同存异的原则，在尊重彼此不同目标需求的基础

---

① 比如共同目标就可以被规定在框架协议中，也可以被规定在具体的运营合同中，甚至在已经签订的合同的序言中也可以对参与方的共同目标做出描述。

② Jan Ziekow und Alexander Windoffer, *Public Private Partnership. Struktur und Erfolgsbedingungen von Kooperationsarenen*, Nomos：Baden-Baden, 2008, S. 52.

③ 因为通常可以假定，参与各方因为愿意执行合同而签订合同。

④ 德国在这个方面的典型案例是，联邦政府和 Toll Collect 联合财团因德国卡车收费系统延迟上线而进行的高速收费系统仲裁程序。参见 Max Haerder, "Der ewige Milliardenpoker um die Maut", *Toll Collect. WirtschaftsWoche*, 2012.

⑤ 不完全契约源自经济学的合同理论。参见 Holger Mühlenkamp, "Effizienzgewinne und Entlastungen öffentlicher Haushalte durch Public Private Partnerships", in：Hans-Ulrich Küpper (Hrsg.), *Chancen und Risiken von ÖPP. Eine Betrachtung aus ökonomischer und juristischer Perspektive*. München, 2012, S. 76.

⑥ Detlef Sack, "Zwischen Usurpation und Synergie-Motive, Formen und Entwicklungsprozesse von Public Private Partnership", in：*Zeitschrift für Sozialreform* (ZSR) 55Jg. (3), 2009, S. 221.

上，找寻到一个整体性的共同目标，进而形成目标共同体也就可以了。

二　合作伙伴要完成某项公共任务

德国的 ÖPP 项目必须是以完成某项公共任务为目标而进行的。

在经济学文献中，德国的学者们大都将完成某项公共任务作为官民合作伙伴关系的本质特征。[①] 当然，这一目标并非总是在文献中作为公私合作的特征被明确提及，一般都是从具体论述中推导得出的。[②] 而政治学文献则常将完成某公共任务作为成立合作伙伴关系的前提条件。不过，在这些文献中并未对"什么是公共任务"进行详尽阐释，更多的是一般性的概括描述。[③]

在法学文献中，对公共任务和官民合作伙伴关系的探讨首先涉及的是公共基础设施的建设和公共服务的提供。[④] 它们明确指出了采用合作伙伴关系完成公共任务与传统方式的不同，此时，来自民间的私营企业接受政府部门的委托，协助其履行公共职责，进而完成公共任务。[⑤] 在

[①] Holger Mühlenkamp, "Public Private Partnership aus der Sicht der Transaktionskostenökonomie und der Neuen Politischen Ökonomie", in: Dietrich Budäus (Hrsg.), *Kooperationsformen zwischen Staat und Markt. Theoretische Grundlagen und praktische Ausprägungen von Public Private Partnership*, Nomos: Baden-Baden, 2006, S. 30; Heinrich Degenhart, Sabine Clausen und Lars Holstenkamp, *Flächenfonds als öffentlich-private Partnerschaft. Ein Finanzierungskonzept zur Mobilisierung von Brachflächen am Beispiel der Stadt Hannover*, Baden-Baden, 2011, S. 217.

[②] Dietrich Budäus und Birgit Grüb, "Public Private Partnership: Theoretische Bezüge und praktische Strukturierung", in: *Zeitschrift für öffentliche und gemeinwirtschaftliche Unternehmen* (ZögU) 30Jg., 2007, S. 247.

[③] Matthias Freise, "Innovationsmotoren oder Danaergeschenk? Zur Legitimität Öffentlich-Privater Partnerschaften in Governancearrangements der kommunalen Gesundheitspolitik", in: *Zeitschrift für Sozialreform* (ZSR) 55Jg. (3), 2009, S. 233; Detlef Sack, *Governance und Politics. Die Institutionalisierung öffentlich-privater Partnerschaften in Deutschland*. Baden-Baden, 2009, S. 20.

[④] Joachim Wieland, "Privatisierung öffentlicher Aufgaben-Gestaltungsmöglichkeiten, Grenzen, Regelungsbedarf", in: *Niedersächsische Verwaltungsblätter* (NdsVBI) (2), 2009, S. 33–37.

[⑤] 也就是说，在委托合同的有效期内，私人部门要和公共部门协作完成整个项目的规划设计、融资、运营、给付等环节。参见 Christian Schede und Markus Pohlmann, "Vertragsrechtliche Grundlagen", in: Martin Weber, Michael Schäfer, Friedrich Ludwig Hausmann, Hans Wilhelm Alfen und Dietrich Drömann (Hrsg.), *Public Private Partnership. Rechtliche Rahmenbedingungen, Wirtschaftlichkeit, Finanzierung*. München, 2006, S. 102.

第一章 德国人所理解的ÖPP：一个跨学科的分析

合作伙伴关系的框架下由私营方提供的公共产品和服务可以是学校、托幼机构、高层建筑、地下工程的建造、维护和经营、交通道路、工程设施或其他较大型的，特别是艺术性较高的建筑。① 还有德国的法学学者提出，合作伙伴关系并不仅局限于不动产领域，也可应用于为了完成公共任务所必需的流动经济产品的制造与管理或者服务的提供。②

德国的政府和民间合作伙伴关系以某项公共任务的存在为前提，但相关的任务内容却不是特定的。对与合作伙伴关系相关的公共任务的本质和内容的详细阐述，只能配合个案中的具体计划和评价才能进行，所以目前德国的文献给出的大都是关于公共任务的初步概括，而缺少在抽象意义上对公共任务的总结和限定。公共任务的内容源自制度性框架，也就是说，制度对公共任务的确定起着决定性的作用。③ 同时公共任务还受时代的制约，可能在几年内就会发生变化，进而造成政府和民间合作伙伴关系应用领域的调整。④ 为了完成公共任务，只要从经济性和现实性上考虑合作伙伴关系是合理且必要的，政府即可将之引入。通过与私人部门或社会组织合作，政府可以将整个或部分责任的履行移交给合作伙伴，但自己至少要保留担保责任。⑤

---

① Jörg Christen, "Einführung ÖPP-Handbuch", in: Bundesministerium für Verkehr, Bau und Stadtentwicklung und dem Deutschen Sparkassen-und Giroverband (Hrsg.), *ÖPP-Handbuch. Leitfaden für öffentlich-private Partnerschaften*, Bad Homburg, 2008, S. 9.

② 只要这些产品和服务在原则上有被规划、生产、经营和使用的可能就可以了。参见 Christian Schede und Markus Pohlmann, "Vertragsrechtliche Grundlagen", in: Martin Weber, Michael Schäfer, Friedrich Ludwig Hausmann, Hans Wilhelm Alfen und Dietrich Drömann (Hrsg.), *Public Private Partnership. Rechtliche Rahmenbedingungen, Wirtschaftlichkeit, Finanzierung.* München, 2006, S. 103.

③ 在这里，制度性框架一般是指联邦的基本法、各联邦州的宪法以及地方乡镇的法律和法规。参见 Margrit Seckelmann, "Die historische Entwicklung kommunaler Aufgaben", in: *dms-der moderne Staat* (2), 2008, S. 269.

④ Werner Abelschauser, "Wirtschaftliche Wechsellagen, Wirtschaftsordnung und Staat: Die deutschen Erfahrungen", in: Dieter Grimm (Hrsg.), *Staatsaufgaben*, 1996, S. 224.

⑤ 也即无论何种情况出现，最终国家都要保证公共任务会被完成。参见 Heinrich Degenhart, Sabine Clausen und Lars Holstenkamp, *Flächenfonds als öffentlich-private Partnerschaft. Ein Finanzierungskonzept zur Mobilisierung von Brachflächen am Beispiel der Stadt Hannover*, Baden-Baden, 2011, S. 218.

一般而言，公私合作任务的行动区域主要与政策或社会目标有关。特别是在公共产品和服务的提供方面，供应保障本是专属于政府的职责，但随着政府角色的变迁，政府只有与私营公司或社会组织合作才能够以合理的成本实现供应。[①] 对此，必须清晰地界定采用ÖPP与其他履行公共任务的工具或手段的不同。事实上，在不同领域中被命名为政府和民间合作伙伴关系的若干案例并不是真正意义上的ÖPP。[②] 只有公私部门就公共产品的生产或服务的提供进行共同规划，同时公共部门也以适宜的形式参与任务的履行时，才能将该项目标识为政府和民间合作伙伴关系。[③]

概括来说，只有合作伙伴在国家法律的框架下完成某项公共任务，且该任务的履行与合作伙伴的目标并无冲突，才会有真正意义上的政府和民间合作伙伴关系的产生和存在。

第四节　怎么合作：合作伙伴之间的关系和风险分担

一　德国ÖPP的形式化

从经济学视角来观察，在政府和民间合作伙伴关系项目中，原则上各

[①] Norbert Thom und Adrian Ritz, "Möglichkeit der Wertschöpfungssteigerung durch Public Private Partnership", in: Norbert Bach, Wolfgang Eichler und Bernd Buchholz (Hrsg.), *Geschäftsmodelle für Wertschöpfungsnetzwerke*, Wiesbaden, 2003, S. 448.

[②] 很多ÖPP项目要完成的目标其实并非公共任务，最多只是一种以采购为目的的行为。或者涉及的只是经营模式的变更或调整，那么这种情况更确切地说应该属于公共部门授权给私营企业，而非二者之间的合作。比如某污水处理项目，地方乡镇政府可以将该项目和融资及经营以合同形式移交给某私营企业。又比如政府将一个公共游泳池移交给某私人投资者等。参见Christoph Strünck und Rolf G. Heinze, "Public Private Partnership", in: Bernhard Blanke, Stephan von Bandemer, Frank Nullmeier und Göttrik Wewer (Hrsg.), *Handbuch zur Verwaltungsreform*, Wiesbaden, 2005, S. 122.

[③] 参见李以所《公私合作制在德国的构建与治理战略》，《经济与管理评论》2016年第6期。

第一章 德国人所理解的ÖPP：一个跨学科的分析

参与者之间的合作是需要形式化的。① 政府与民间合作的组织形式不同，其对应的形式化程度也就各异。在一般情况下，有三种程度不同的组织形式：默契型、契约型和组织型。② 所谓默契型合作，是指政府和私人部门之间一种表现形式非常灵活的合作，通常偏重于非正式，其形式化的程度最低，随后依次趋高的则是契约型ÖPP③和组织型ÖPP④。后面两种形式化程度较高的合作，其实施和运行得到保障的依据是相应的法律规定。参与各方之间的合作支撑点至少会在框架协议中给予明确规定，也即政府和民间合作伙伴关系的存在基础是各方签订的合同或具有合同性质的文件。即便是成立共同的合作公司，也要以公司合同作为基本依据。⑤

在政治学文献方面，关于合作伙伴关系形式化的讨论属于边缘课题，一般只是间接地在伙伴关系分类问题中进行研究，比如，当某ÖPP作为混合经济型企业组织时，常会指明合作伙伴之间有紧密的受合同约束的联系。⑥当描述ÖPP的不同类型时，一般会说明支撑其形式化的法律规定，但不会再做进一步的分析。故可确定，在政治学视角下，合作伙伴关系有不同程度的形式化区分已经得到认可，但德国学界就此缺乏相对深入细致的研究。

---

① Wolfgang Gerstlberger und Michael Siegl, *Öffentlich-Private Partnerschaften. Ein Konzept für die zukünftige Gestaltung öffentlicher Aufgaben*? Expertise im Auftrag der Abteilung Wirtschafts-und Sozialpolitik der Friedrich-Ebert-Stiftung. Bonn, 2011, S. 2.

② Sibylle Roggencamp, *Public Private Partnership. Entstehung und Funktionsweise kooperativer Arrangements zwischen öffentlichem Sektor und Privatwirtschaft*, Frankfurt a. M., 1999, S. 49.

③ 以合作伙伴共同商定的合同或约定为基础的合作，也即依托合同确定的公私合作（Vertrags-ÖPP）。

④ 政府与私营企业或其他参与者联合组建的合作公司，也即所谓的混合经济公司（Organisations-ÖPP）。

⑤ 对于具有草约性质的约定也要给予足够的注意，在很多时候，它对后续合同的签订具有指导性的意义，尽管其形式化的程度很低，但也可以作为一种形式确定下来。参见Heinrich Degenhart, Sabine Clausen und Lars Holstenkamp, *Flächenfonds als öffentlich-private Partnerschaft. Ein Finanzierungskonzept zur Mobilisierung von Brachflächen am Beispiel der Stadt Hannover*, Baden-Baden, 2011, S. 220.

⑥ Detlef Sack, "Zwischen Usurpation und Synergie-Motive, Formen und Entwicklungsprozesse von Public Private Partnership", in: *Zeitschrift für Sozialreform* (ZSR) 55Jg. (3), 2009, S. 219.

在法学方面，ÖPP 的形式化问题在相关讨论中是不可或缺的。多数法学学者认为，合作协议是合作伙伴关系存在的必要基础。① 他们主要研究参与合作的当事人在合同方面的具体规定，并根据这些规定的来源研讨 ÖPP 的形式化问题。特别是在德国的不动产经济领域中，关于政府和民间合作的实践经验已经非常丰富，通过其主要的合同模式的法律安排，官民合作伙伴关系显示出高程度的形式化几乎就是必然的结果。②

因此在所要求的形式化程度上，这三个学科领域的观察视角和力度是有区别的。关于默契型的非正式合作是否构成 ÖPP 的第一层级，目前仍然存疑，因为它对合作双方而言都有着相当的不确定性，也欠缺必要的法律保障。显然，只是依靠参与方的默契在非正式的基础上实施合作是非常困难的，尤其是当各方目标发生冲突且不可调和时，合作伙伴之间所采取的行动往往不是对方所期待的，事实上，这种案例在德国是屡见不鲜的。正式的合作形式——它们一般就是指契约型 ÖPP 和组织型 ÖPP，就会拥有法律给予的安全保障。因此这两种形式化了的政府和民间合作关系，就是真正意义上的官民合作伙伴关系。③

二 持续性的调整需求

在经济学者们看来，参与者持续性的调整需求也是政府和民间合作伙伴关系的基本要素。④ 这表明伙伴关系的合作形式并非一成不变，而是各方不

---

① Detlef Krasemann, *Public Private Partnership. Rechtliche Determinanten der Auswahl und Konkretisierung von Projekten als Public Private Partnership*, Hamburg, 2008, S. 7.

② Christian Schede und Markus Pohlmann, "Vertragsrechtliche Grundlagen", in: Martin Weber, Michael Schäfer, Friedrich Ludwig Hausmann, Hans Wilhelm Alfen und Dietrich Drömann (Hrsg.), *Public Private Partnership. Rechtliche Rahmenbedingungen, Wirtschaftlichkeit, Finanzierung.* München, 2006, S. 104.

③ Gerold Ambrosius, "Die Entwicklung Öffentlicher-Privater Partnerschaften seit den 1980er Jahren, die fördernden und die hindernden Faktoren", in: *dms-der moderne Staat* 6Jg., 2013, S. 322.

④ Sibylle Roggencamp, *Public Private Partnership. Entstehung und Funktionsweise kooperativer Arrangements zwischen öffentlichem Sektor und Privatwirtschaft*, Frankfurt a. M., 1999, S. 55.

断应对诸多状况的调整过程。实践证明，一个新建组织在初始时总会存在太多需要完善的地方①，持续调整的需求也就自然产生了。② 正因合作伙伴关系产生于不完全信息的环境之中，合作伙伴们签订的多为不完全契约，这在德国的经济学文献中并无争议。③ 鉴于很多状况具有不可预见性，事后调整和补充协商根本无法避免，这也为持续的调整需求提供了依据。④

在政治学关于政府和民间合作伙伴关系的文献中大都采用 ÖPP 的一般性定义，持续的调整需求这一特征并未被明确提及。但还是有很多学者指出了合作伙伴关系需要一个协商和谈判的框架。在这个框架中总是会间接地看到调整需求，其具体表现是合作的参与者基于现有的不完全契约对现实情况进行重新协商和洽谈。其实，在合作伙伴关系运行期间把相应的合同规定或条款调适到更加精准正确的程度，这本就该是政府和民间合作的基本要求。⑤ 而且公私合作伙伴关系的文化就是偏爱"柔性"，规避"刚性"的。既然是合作，那么彼此之间具有必要的同理心，甚至共同的价值观就不是微不足道的问题了，所以那种参与各方"共同的希冀"也可作为合作伙伴关系对话或谈判过程中的一个附加要素。⑥

---

① 这是在国民经济学研究框架下新组织经济学重点关注的课题。参见 Birgit Grüb, *Sozialkapital als Erfolgsfaktor von Public Private Partnership*, Berlin, 2007, S. 48.

② 正因为如此，不完全契约理论和交易成本理论成为研究政府和民间合作伙伴关系的基础。

③ Rahel Schomaker, "Public Private Partnerships aus Sicht der Neuen Institutionenökonomik-Theoretische Überlegungen und empirische Evidenz", in: Jan Ziekow (Hrsg.), *Wandel der Staatlichkeit und wieder zurück? Die Einbeziehung Privater in die Erfüllung öffentlicher Aufgaben (Public Private Partnership) in/nach der Weltwirtschaftskrise*, Baden-Baden, 2011, S. 223.

④ Holger Mühlenkamp, "Public Private Partnership aus der Sicht der Transaktionskostenökonomik und der Neuen Politischen Ökonomie", in: Dietrich Budäus (Hrsg.), *Kooperationsformen zwischen Staat und Markt. Theoretische Grundlagen und praktische Ausprägungen von Public Private Partnership*, Nomos: Baden-Baden, 2006, S. 34.

⑤ Maria Oppen und Detlef Sack, "Governance und Performanz. Motive, Formen und Effekte lokaler Public Private Partnerships", in: Gunnar Folke Schuppert und Michael Zürn (Hrsg.), *Governance in einer sich wandelnden Welt*, Wiesbaden, 2008, S. 270.

⑥ Lilian Schwalb, *Kreative Governance? Public Private Partnerships in der lokalpolitischen Steuerung*, Wiesbaden, 2011, S. 27.

在政府和民间合作伙伴关系法学意义的概念中也同样缺乏持续的调整需求这一特征。如前所述，在德国的法学学者看来，合同的构成以及对每个合同相对人的保障是ÖPP的中心问题。出于法律人的职业习惯，认为在项目伊始就应穷尽所有可能地明确规定合作方的权利和义务，所谓不完全契约或权责不确定的合同，因欠缺法律理性本来就不应该产生。① 提出持续的调整需求并无必要，因为各自的权责都已经体现在合同之中。从法律角度来评估，这种认识和主张当然没有错误。但不可回避的现实情况是在合作伙伴关系的开始阶段，根本无法将全部合作细节协商一致地写入在整个运行期间都有效的合同之中，这种复杂性也是合作伙伴关系在招投标阶段一般需要采用竞争性对话方式的原因。如果按照理想的状态完成一份没有调整需求的合作伙伴关系合同，那定是业界的经典。很遗憾，在迄今为止的案例实践中，这个经典合同还没有出现。鉴于政府和民间合作伙伴关系在结构形式设计方面不可能做到滴水不漏，签订不完全的或不尽理性的合同就成了务实的折中选择。② 在整个任务履行过程中定期产生或重复产生各种调整需求，恰恰就是政府和民间合作伙伴关系的属性特征。在文献中被列举的很多所谓ÖPP案例，用"调整需求"这一特征来校准的话，大都不是真正意义上的合作伙伴关系，而是属于通过经典合同完成的公共采购。③ 这些情况虽可被视为政府和民间部门之间的合作，但并不能被称为政府和民间合作伙伴关系。

---

① Günter Püttner, "Chancen und Risiken von ÖPP aus juristischer Sicht", in: Dietrich Budäus (Hrsg.), *Kooperationsformen zwischen Staat und Markt. Theoretische Grundlagen und praktische Ausprägungen von Public Private Partnership*, Nomos: Baden-Baden, 2006, S. 102.

② Dietrich Budäus und Birgit Grüb, "Public Private Partnership (ÖPP): Zum aktuellen Entwicklungs-und Diskussionsstand", in: Hartmut Bauer (Hrsg.), *Verwaltungskooperation. Public Private Partnerships und Public Public Partnerships*, Potsdam, 2008, S. 423; Thorsten Beckers und Jan-Peter Klatt, "Eine institutionenökonomische Analyse der Kosteneffizienz des ÖPP-Ansatzes", in: *Zeitschrift für öffentliche und gemeinwirtschaftliche Unternehmen* (ZögU) 32Jg., 2009, S. 331.

③ 持续的调整需求是对ÖPP和一般采购合同进行区别界定的主要标准。

三 合作具有"长期性"

在几乎所有的德国经济学文献中，总是能找到的一个概念特征是：合作伙伴关系的长期性。对于长期性这个特征，德国学界并没有给出具体的时间范围，只是确定了一个方向性理解，即要把政府和民间合作伙伴关系视为需要细致规划和管控的长期过程。[1] 与此相关联的还有合作伙伴关系的生命周期原则，这是在固定基础设施建设范围内政府和民间合作的一个核心要素。[2] 遵循生命周期原则意味着对项目的每个价值创造阶段都要有统揽全局的考虑，只有这样才会使得各阶段之间的衔接高效、有力、无漏洞，这较之"各管一段"的传统方式更具经济性优势。从经济性分析的角度来看，民间部门至少要在项目的整个生命周期的两个以上的价值创造阶段承担责任，才能属于政府和民间合作伙伴关系。[3] 这就可以追溯到契约型ÖPP中支配权的核心要义方面，因为当私营参与者负责多个项目阶段时，他要承担涉及项目生命周期的整体责任，才是高效且经济地完成相应公共任务的基本保障。[4] 很明显，一次性的公共采购过程并不能简单相加成政府和民间合作伙伴关系，因为这种合作伙伴关系是一种通过市场进行的综合性、多回合的产品或服务交换。[5]

---

[1] Heinrich Degenhart, Sabine Clausen und Lars Holstenkamp, *Flächenfonds als öffentlich-private Partnerschaft. Ein Finanzierungskonzept zur Mobilisierung von Brachflächen am Beispiel der Stadt Hannover*, Baden-Baden, 2011, S. 220.

[2] Thorsten Beckers und Jan-Peter Klatt, "Eine institutionenökonomische Analyse der Kosteneffizienz des ÖPP-Ansatzes", in: *Zeitschrift für öffentliche und gemeinwirtschaftliche Unternehmen* (ZögU) 32Jg., 2009, S. 325–338.

[3] Holger Mühlenkamp, "Effizienzgewinne und Entlastungen öffentlicher Haushalte durch Public Private Partnerships", in: Hans-Ulrich Küpper (Hrsg.), *Chancen und Risiken von ÖPP. Eine Betrachtung aus ökonomischer und juristischer Perspektive*. München, 2012, S. 72.

[4] Gerold Ambrosius, "Die Entwicklung Öffentlicher-Privater Partnerschaften seit den 1980er Jahren, die fördernden und die hindernden Faktoren", in: *dms-der moderne Staat* 6Jg., 2013, S. 333.

[5] Jan Ziekow und Alexander Windoffer, Public Private Partnership. Struktur und Erfolgsbedingungen von Kooperationsarenen, Nomos: Baden-Baden, 2008, S. 45; 陈少英、吴凌畅：《公私合作制（PPP）认识误区之厘清》，载顾功耘主编《公私合作制（PPP）的法律调整与制度保障》，北京大学出版社2016年版，第33页。

在德国的政治学文献中也将长期性作为政府和民间合作伙伴关系概念的根本特征。与经济学中的情况相同，也没有规定具体的时间范围，只是笼统地强调了项目伙伴之间合作关系的持续性。有德国学者用"项目参与者之间或长或短的持续性合作"来描述 ÖPP 的长期性①，但至于多久才符合"长"或"短"的定义，则语焉不详。从法学视角来观察，在公共基础设施建设方面的生命周期原则也体现出了合作伙伴关系项目的长期性。② 与通常意义上的一次性公共采购不同，ÖPP 项目是跨越价值创造多个阶段的持续性合作。③ 基于生命周期原则和过程导向而形成的合作，排除了一次性的公共采购和短期的债务关系，这是区别 ÖPP 和其他履行公共任务工具的重要参照。④

合作关系的长期性是确定是不是政府和民间合作伙伴关系的一个重要标准，但其重点并不是具体的年限，而是民间部门、政府部门和第三部门的参与者之间的合作所体现出的必要的持久性。对这类合作而言，足够的时间是必需的。只有在时间有足够保证的情况下，参与各方通过持续调整而逐步建立起长期互信，进而在共同解决问题的过程中形成真正的目标共同体。⑤ 此

---

① Detlef Sack, *Governance und Politics. Die Institutionalisierung öffentlich-privater Partnerschaften in Deutschland*. Baden-Baden, 2009, S. 20.

② 在公共基础设施建设领域内 ÖPP 合同的持续时间，使长期性特征用可能的时间范围得以证明。一般来说，涉及利用私营方知识产权或采用租赁模式的合同最长达到 30 年、采用持有人模式的合同最长达到 20 年。参见李以所《德国公私合作制促进法研究》，中国民主法制出版社 2013 年版，第 18 页。

③ Christian Schede und Markus Pohlmann, "Vertragsrechtliche Grundlagen", in: Martin Weber, Michael Schäfer, Friedrich Ludwig Hausmann, Hans Wilhelm Alfen und Dietrich Drömann (Hrsg.), *Public Private Partnership. Rechtliche Rahmenbedingungen, Wirtschaftlichkeit, Finanzierung*. München, 2006, S. 102.

④ Jan Ziekow, "Rechtlicher Fragen der Öffentlich-Privaten Partnerschaften (ÖPP) Für das Handwerk", in: Hans-Ulrich Küpper (Hrsg.), *Chancen und Risiken von ÖPP. Eine Betrachtung aus ökonomischer und juristischer Perspektive*. München, 2012, S. 137.

⑤ Christian Pauli, *Entwicklung einer Entscheidungshilfe zur Beurteilung der ÖPP-Eignung kommunaler Bauvorhaben*, Kassel, 2009, S. 91.

外，关系合同的存在也决定了合作的长期性。① 还需要补充强调的是，前面所提及的生命周期原则上主要是在固定性基础设施和高层建筑建造领域内，为确定政府和民间合作伙伴关系提供界定标准。当然，在实施并推进新公共治理的背景下，也存在着不遵守生命周期原则的政府和民间合作伙伴关系。

四 合作伙伴统筹组建风险共同体

在德国的经济学文献中，政府和民间合作伙伴关系另外的属性特征是风险共同体的组建。在伙伴关系的合作框架下，每个参与者都应承担起合作项目特有的风险，并根据其经验禀赋和任务指令对这些风险做出最优的预估、规避和管控。② 组建风险共同体，合作参与各方之间就必须平等相待。这种讲究地位平等的政府和民间的伙伴关系③，已经和传统意义上的行政管理范畴内从属性的官民关系完全不同了。政府部门不能再自上而下地针对民间部门发出指令，进行风险责任的分配，而是要将现有的项目风险，按照参与各方的风险管控能力，通过平等协商的形式进行合理分配。④

在德国政治学关于政府和民间合作伙伴关系的讨论中，合作伙伴间的风险分配显得无关紧要甚至没有任何作用。尽管在德国的个别文献中

---

① 关系合同的特征就是参与交易的合作伙伴之间基于复杂的社会关系而产生的高强度互动，并在结果上表现为共同决策的达成。参见 Peter Paffhausen, *Entscheidung über eine Öffentlich Private Partnerschaft. Empfehlungen für kommunale Entscheidungsträger beim Eingehen einer institutionellem Öffentlich Private Partnerschaft*, Dissertation Universität Potsdam, 2010, S. 42.

② Heinrich Degenhart, Sabine Clausen und Lars Holstenkamp, *Flächenfonds als öffentlich-private Partnerschaft. Ein Finanzierungskonzept zur Mobilisierung von Brachflächen am Beispiel der Stadt Hannover*, Baden-Baden, 2011, S. 219.

③ Jan Ziekow und Alexander Windoffer, *Public Private Partnership. Struktur und Erfolgsbedingungen von Kooperationsarenen*, Nomos: Baden-Baden, 2008, S. 40.

④ Hans Wilhelm Alfen und Katrin Fischer, "Der ÖPP-Beschaffungsprozess", in: Martin Weber, Michael Schäfer, Friedrich Ludwig Hausmann, Hans Wilhelm Alfen und Dietrich Drömann (Hrsg.), *Public Private Partnership, rechtliche Rahmenbedingungen, Wirtschaftlichkeit, Finanzierung*, München, 2006, S. 3.

指出了合作伙伴关系项目应按照参与者不同的风险承受能力进行风险分担，但并未将组建风险共同体看作ÖPP的特征。①

从法学专业角度上看，如何对待风险是政府和民间合作伙伴关系讨论框架的重要组成部分。在德国学者的一些关于ÖPP的定义中还提到了风险共同体的存在。不过，在合作伙伴之间是否能够地位平等地根据风险管控能力进行风险分配，迄今为止对此还没有明确的答案。②

目前，在德国学界关于政府和民间合作伙伴关系的文献中，还没有形成对"风险"概念的一致性理解。③但在政府部门的投资决策中，风险因素作为重要参考指标而具有特殊意义却是不争的事实。在诸多案例中，一项公共任务应该通过ÖPP还是采用传统方式由公共部门独立完成，主要取决于基于经济性调查所做出的风险评估。④

迄今为止，德国大多数的ÖPP实践案例，对风险的规避基本上都是合作伙伴"自扫门前雪"。但合作伙伴关系的真正内涵之一，就是参与合作的伙伴们制定并实施共同的风险规避战略。参与各方都在其擅长的领域内施展其独特的专业才能，这有可能为相对的合作伙伴提供启发和必要的智力支持，进而造成项目整体性增值的效果。⑤ 这种"互相学习"

---

① Detlef Sack, *Governance und Politics. Die Institutionalisierung öffentlich-privater Partnerschaften in Deutschland*, Baden-Baden, 2009, S. 149.

② Jan Ziekow, "Rechtlicher Fragen der Öffentlich-Privaten Partnerschaften (ÖPP) Für das Handwerk", in: Hans-Ulrich Küpper (Hrsg.), *Chancen und Risiken von ÖPP. Eine Betrachtung aus ökonomischer und juristischer Perspektive*, München, 2012, S. 137.

③ Holger Mühlenkamp, "Effizienzgewinne und Entlastungen öffentlicher Haushalte durch Public Private Partnerships", in: Hans-Ulrich Küpper (Hrsg.), *Chancen und Risiken von ÖPP. Eine Betrachtung aus ökonomischer und juristischer Perspektive*, München, 2012, S. 94.

④ Thorsten Beckers und Jan-Peter Klatt, *Zeitliche Homogenisierung und Berücksichtigung von Risiko im Rahmen von Wirtschaftlichkeitsuntersuchungen*, Endbericht zu dem Projekt "Übertragbarkeit der klassischen betriebswirtschaftlichen Methoden zur Festlegung von Diskontierungszinssätzen bei Wirtschaftlichkeitsuntersuchungen auf die öffentliche Verwaltung", Auftraggeber: Bundesrechnungshof. Unter Mitarbeit von Giacomo Corneo und Holger Mühlenkamp, Technische Universität Berlin, Berlin-Speyer, 2009.

⑤ Sibylle Roggencamp, *Public Private Partnership. Entstehung und Funktionsweise kooperativer Arrangements zwischen öffentlichem Sektor und Privatwirtschaft*, Frankfurt a. M., 1999, S. 148.

对整个社会和每个合作伙伴关系的参与者都具有积极意义。由此，在合作伙伴之间进行风险分担是政府和民间合作伙伴关系概念的中心特征。ÖPP项目中的风险管控程序，结合可能的激励结构，提供了具有最佳性价比的完成公共任务的方式。

第五节 德国的ÖPP与新公共治理的关联性

总体观察德国关于上述学科ÖPP的文献，可发现围绕其概念的讨论主要集中在三个主题上：以参与部门来源为依据的合作伙伴关系构成；在完成公共任务时不同的目标设定；机会共享和风险分担的作用及其对伙伴关系的影响。通过对这三个主题的文献分析基本上可以推导出政府和民间合作伙伴关系的属性特征。

根据德国的政府和民间合作伙伴关系所表现出的诸多特性，可初步得出结论：实现对ÖPP的一致性理解是有可能的。那些认为根本就不会有精准的ÖPP概念，或对ÖPP进行定义肯定是徒劳的观点实在太过消极和悲观。[1] 作

---

[1] 德国学者舒伯特曾就此给出评论，他认为，那些试图给出政府和民间合作伙伴关系定义的做法，实质上与"用针把布钉缝在墙上"的行为一样。学者博济则认为，对政府和民间合作伙伴关系概念的定义并无助于相关司法问题的解决。同样，凯末尔也对ÖPP概念的定义问题抱有怀疑的态度，他认为，这个概念是不确定的，是受多方面影响的，将ÖPP作为术语进行定义，迄今为止的法学和管理学都没有做到并且在将来几乎也很难做到。学者寿赫则直接认为，政府和民间合作伙伴关系并不是一个法律意义上具有约束力的规范概念，它只是一种发生在民间部门和政府部门之间，呈现出不同合作样式的，根本没有最终确定性的笼统的名称集合。对这样的集合进行所谓的定义既无必要，也不可能。学者鲍穆的见解与此大同小异，他认为，这种政府和民间的合作伙伴关系并不能和某种确定的组织形式等量齐观，因为这种多样性的合作不过是诸多不同法律现象的集合而已。参见 Gunnar F. Schuppert, *Grundzüge eines zu entwickelnden Verwaltungskooperationsrechts-Regelungsbedarf und Handlungsoptionen eines Rechtsrahmens für Public Private Partnership*, Rechts-und verwaltungswissenschaftliches Gutachten erstellt im Auftrag des Bundesministeriums des Inneren, Juni 2001, S. 4; Martin Burgi, *Funktionale Privatisierung und Verwaltungshilfe*, Tübingen, 1999, S. 98; Jörn A. Kämmerer, Privatisierung, Typologie-Determinanten-Rechtspraxis-Folgen, Tübingen, 2001, S. 66; Friedrich Schoch, "Public Private Partnership", in: Hans-Uwe Erichsen (Hrsg.), *Kommunale Verwaltung im Wandel*: Symposium aus Anlass des 60 jährigen Bestehens des Kommunalwissenschaftlichen Instituts der Westfälischen Wilhelmsuniversität zu Münster, Köln u. a. 1999, S. 101; Bettina Böhm, *Öffentlich-private Partnerschaften in der kommunalen Stadtentwicklung: öffentlich-rechtliche Vorgaben und gesellschaftsrechtliche Gestaltungen*, Frankfurt am Main 1999, S. 19.

为基于不同学科视角而产生的共同交集，这些属性特征应成为 ÖPP 概念研究的基点。

人类刚步入 21 世纪，伴随着经济全球化的不断深入和技术进步的迅猛发展，经济社会活动的复杂性日益增加，公共政策的执行和公共服务的提供都面临着前所未有的挑战和困难。传统的以官僚制为特点的公共行政和所谓的以竞争为特征的新公共管理都无法应对公共服务的设计、提供以及管理的复杂现实。① 政府已不再是整合公共秩序的唯一角色，其合法性和影响力越来越需要社会中其他行动者的协助和配合。

作为一种吸收了组织社会学及网络理论的因应方案，新公共治理超越了"行政—管理"二分法，用一种更全面和更注重整合的策略，强调在政府角色日益多元化的背景下不同部门间的协同与合作。它为公共任务的履行和完成提供了合理且务实的框架结构，克服了进入 21 世纪以来政府治理愈渐碎片化的困境。② 作为实现新公共治理的路径之一，政府和民间合作伙伴关系革新了公共产品和服务的提供方式，对政府角色的正向变迁具有重要而深远的意义。这种创新性制度安排要想获得进一步的良性发展，就必须在不同的学科领域、公共机构和社会组织之间推进多样式的合作。与此相适应，对政府和民间合作伙伴关系的研究也要从跨学科的视角，进行综合性和整体性的考察。各学科分析的角度和侧重点多有不同，但学科之间"地位平等"，无论是经济学、政治学还是法学，都不拥有天然就绝对正确的学说。一般都是本着具体问题具体分析的原则，结合案例从各学科对 ÖPP 的理解和认

---

① 竺乾威：《新公共治理：新的治理模式？》，《中国行政管理》2016 年第 7 期。
② Stephen P. Osborne, "The (New) Public Governance: a suitable case for treatment?", in: Stephen P. Osborne (ed.), *The New Public Governance? Emerging perspectives on the theory and practice of public governance*, London-New York, 2010, S. 9.

识中汲取有价值的观点，用以指导实践。① 到现在为止，德国针对 ÖPP 的研究还没有形成一个跨学科的完整体系②，对政府和民间合作伙伴关系概念的理解更缺乏一致性的共识。在德国的学术讨论中就存在对 ÖPP 的多样化表述，"制度安排、混合型组织、跨组织网络、复合型组织"等等，不一而足。这些对政府和民间合作伙伴关系的理解，其核心都可追溯到合作伙伴关系的运行机制上。当不同学科领域的学者从各自角度观察分析同一研究对象时③，基于统一概念的研究框架就有着至关重要的意义。④ 因此政府和民间合作伙伴关系明确的特征属性即可作为一种构建框架的尝试。

非常明显，迄今为止尚无来自不同学科领域的学者共同就 ÖPP 展开协作研究的成果。⑤ 当然，这从学术研究的传统和社会学的角度来说是可以理解的，因为很多学者并不关注其他专业领域的需求，一般就是在

---

① Kuno Schedler, "Forschungsannäherung an die managerialistische Verwaltungskultur", in: Klaus König, Sabine Kropp, Sabine Kuhlmann, Christoph Reichard, Karl-Peter Sommermann und Jan Ziekow (Hrsg.), *Grundmuster der Verwaltungskultur. Interdisziplinäre Diskurse über kulturelle Grundformen der öffentlichen Verwaltung*, Baden-Baden, 2014, S. 224.

② 但德国学者已就归纳出自成体系的 ÖPP 理论进行了初步尝试。参见 Dietrich Budäus und Birgit Grüb, "Anhaltspunkte und Hypothesenbildung für eine Theorie der Public Private Partnership", in: Dietmar Bräunig und Dorothea Greiling (Hrsg.), *Stand und Perspektiven der Öffentlichen Betriebswirtschaftslehre II.*, Berlin, 2007, S. 421 – 431; Dietrich Budäus und Birgit Grüb, "Public Private Partnership (ÖPP): Zum aktuellen Entwicklungs-und Diskussionsstand", in: Hartmut Bauer (Hrsg.), *Verwaltungskooperation. Public Private Partnerships und Public Public Partnerships*, Potsdam, 2008, S. 33 – 50; Holger Mühlenkamp, "Public Private Partnership aus der Sicht der Transaktionskostenökonomik und der Neuen Politischen Ökonomie", in: Dietrich Budäus (Hrsg.), *Kooperationsformen zwischen Staat und Markt. Theoretische Grundlagen und praktische Ausprägungen von Public Private Partnership*, Nomos: Baden-Baden, 2006, S. 29 – 48.

③ 也可称为"问题构建"，就是说提出问题，给出框架，做出假设。

④ Thomas Jahn, "Transdisziplinarität in der Forschungspraxis", in: Sebastian Bergmann und Engelbert Schramm (Hrsg.), *Transdisziplinäre Forschung. Integrative Forschungsprozesse verstehen und bewerten*, Frankfurt am Main-New York, 2008, S. 32.

⑤ Christoph Reichard, "Verwaltung aus Sicht der Managementlehre", in: Klaus König, Sabine Kropp, Sabine Kuhlmann, Christoph Reichard, Karl-Peter Sommermann und Jan Ziekow (Hrsg.), *Grundmuster der Verwaltungskultur. Interdisziplinäre Diskurse über kulturelle Grundformen der öffentlichen Verwaltung*, Baden-Baden, 2014, S. 255.

本领域内就认知需求和研究事项进行交流沟通，学者们首要的就是为"自身需求"而进行生产。① 这种现实状况根本无法满足政府和民间合作伙伴关系快速良性发展的需要。伙伴关系参与者各自的目标不同，专业能力有强弱之分，组织文化和行为习惯迥异，面对公私合作伙伴关系这个复杂的新生事物，相关学科的学者加强协作开展跨学科研究非常紧迫且必要。② 对于 ÖPP 项目的融资选择和战略发展等特殊问题，就更要借助多种学科的方法进行研究和分析了。以往对 ÖPP 概念的研究多集中在相关领域的界定或排除上③，事实已经证明，这个方向的努力大都会导致争论不休。而如果把关注点调整到多元研究视角的融合上，则将别有一番天地。④

第六节 小 结

政府和民间合作伙伴关系诸多跨学科的属性特征为就其开展跨学科研究构建了一个专业体系，这避免了 ÖPP 概念成为诸物尽可投放其中的"筐"。通过对 ÖPP 的探讨，项目参与者有可能从不同的规范模式、现实情况、相互作用和合作形式中做出选择。新公共治理理论对于开展政府

---

① Jörn Lüdemann, "Rechtsetzung und Interdisziplinarität in der Verwaltungsrechtswissenschaft", in: Andreas Funke und Jörn Lüdemann (Hrsg.), *Öffentliches Recht und Wissenschaftstheorie*, Tübingen, 2009, S. 127.
② Manfred Röber, "Institutionelle Differenzierung und Integration im Kontext des Gewährleistungsmodells", in: Manfred Röber (Hrsg.), *Institutionelle Vielfalt und neue Unübersichtlichkeit, Zukunftsperspektiven effizienter Steuerung öffentlicher Aufgaben zwischen Public Management und Public Governance*, Berlin, 2012, S. 20.
③ Jan Ziekow und Alexander Windoffer, *Public Private Partnership, Struktur und Erfolgsbedingungen von Kooperationsarenen*, Nomos: Baden-Baden, 2008, S. 38 – 68.
④ Kuno Schedler, "Forschungsannäherung an die managerialistische Verwaltungskultur", in: Klaus König, Sabine Kropp, Sabine Kuhlmann, Christoph Reichard, Karl-Peter Sommermann und Jan Ziekow (Hrsg.), *Grundmuster der Verwaltungskultur, Interdisziplinäre Diskurse über kulturelle Grundformen der öffentlichen Verwaltung*, Baden-Baden, 2014, S. 247.

和民间合作伙伴关系讨论具有锚定作用，它为 ÖPP 项目的精准界定和继续研究提供了可能。① 同时也为错综复杂和情态万千的政府和民间合作提供了可资借鉴的理论经验。对公共管理实践来说，依据对政府和民间合作伙伴关系的统一理解，尤其是当其被视为新公共治理的实现路径和问题解决方案的创新概念时，定会在政府和民间产生无数新的合作可能。在推进国家治理体系和治理能力现代化的背景下，这种合作必将在新的高度上对民众日益增长的公共产品和服务需求给予成本更低、质量更优的满足。

---

① 在德国，继续深入研究的需求主要产生于公共机构、私人企业和第三部门参与 ÖPP 的动机，以及 ÖPP 是否会导致公共部门雇员岗位角色的变化或数量的削减等方面。

第二章

ÖPP 在德国发展的基础：政府资产管理的民营化

第一节 德国政府资产管理的制度和理念支撑

在德国，政府与民间合作伙伴关系的确立和发展，与公共部门大力推行民营化密切相关。20世纪70年代，民营化浪潮席卷西方发达国家，至90年代达到鼎盛。鉴于英美在相关领域内的变革图强，德国亦不甘落后，开始尝试实施政府资产管理的民营化。作为一种制度创新，德国的政府和民间合作伙伴关系就是在这个微观背景下孕育而生并茁壮成长起来的。对德国的官民合作进行研究和分析，就必须深入探讨其政府资产管理制度以及在这个领域内政府主导的民营化。

德国的政府资产主要由两大部分构成：第一部分是归属于国家所有的土地以及自然资源，包括文物名胜古迹在内的具有非营利特征的公共设施，这些设施是拥有公益属性的政府资产；第二部分是由德国联邦州政府和地方市镇政府举办的政府独资企业所拥有的资产，或由这些政府控股及参股企业中属于公共机构的股份，此外还有具有一定营利属性的公用事业单位的资产，这些资产在德国都是具有营利性的政府资产。①

---

① 上海市赴联邦德国国有资产培训考察团：《联邦德国国有资产管理制度》，1995年政府法制研究报告，上海市行政法制研究所专题资料汇编。

第二章 ÖPP 在德国发展的基础：政府资产管理的民营化

在第二次世界大战中战败，德意志第三帝国崩塌，国家陷入分裂，经济濒临崩溃，消沉气氛笼罩全国，人民生活困苦不堪，这是当代德国史上最为艰难的至暗时刻。但经过短暂的修整和重建，德国就实现了跨越式发展。在不到 20 年的时间里，德国人在废墟上再次创造了"经济奇迹"，实现了战后繁荣和崛起，一度使国家的经济实力进入世界前三位，进出口贸易总额居全球之冠。目前按国际汇率计算，德国为世界第四大经济体。① 德国是以出口为导向的世界贸易大国，同 230 多个国家和地区保持着贸易关系。几十年来，德国贸易出口额高居世界第一位，是享誉全球的"出口冠军"。作为欧盟预算最大的出资国，德国是欧洲经济表现最为强劲的国家，一直被视为欧洲经济的火车头。② 2009 年世界金融危机爆发后，德国经济并没有如预测的那样受到严重冲击③，2010 年国民生产总值较之 2009 年增长了约 3.7%，是继民主德国并入联邦德国后 20 年以来德国经济发展最好的一年，德国也因强劲反弹而成为当年西方发达国家中增长最高的经济体。④ 2017 年德国的国民生产总值为 3.26 万亿欧元，人均国民生产总值为 3.95 万欧元⑤，位列全球二十强。⑥ 2021 年在克服新冠疫情对经济造成的严重影响的情况下，德国的国民生产总值增长至 4.22 万亿美元，同比增长 2.89%。在创造奇迹和保持经济繁荣的过程中，由政府举办的各类

---

① 以购买力平价计算则为世界第五大经济体。
② Deutschland ist Europas Lokomotive. http://www.badische-zeitung.de/wirtschaft-3/deutschland-ist-europas-lokomotive--37680721.html。
③ 李以所：《全球化：德国的应对、经验与启示》，《改革与战略》2013 年第 6 期。
④ 如非特别注明，本书数据都取自德国 Statista 公司的官方网站（http://de.statista.com/statistik/faktenbuch/355/a/laender/deutschland/wirtschaft-in-deutschland/），该公司系德国在互联网中最领先且权威的数据统计企业。
⑤ 截至 2021 年 9 月 30 日，德国总人口数为 83222442 人。数据来自联邦统计局官方网站（https://www.destatis.de）。
⑥ World Economic Outlook Database, September 2017 des Internationalen Währungsfonds, Merkmale NGDPDPC und NGDPRPC.

企业发挥了至关重要的作用。

在20世纪50年代初期,德国的国民经济开始恢复重建,首先就是为经济的快速发展创造或完善相应的公共基础设施,为了防止发展秩序混乱和恶性竞争,对事关国计民生的具有战略意义的经济部门,德国联邦政府开始推行国有化或推进政府控股、参股举措。那些因为规模宏大、管理层级较多而很难产生优良经济效益的邮政、铁路、高速公路、轨道交通、航空、港口、发电等产业部门,一般都由德国联邦政府直接经营管理。① 不同于私人部门仅是单纯地追求利润最大化,德国政府管理的企业还兼负了各种公共职能。因为德国政府设立企业并无营利意图或旨在商业目的,而是希望通过这些手段使相应的政府资产不会因通货膨胀而贬值,在更好的情况下,还可以实现增值的目标。很明显,这种将公共机构置放在市场之中,平等地参与商业竞争的行为,较之直接采用行政干预的方式更能取得令市场主体信服的良好效果。

在这样的背景下,在战后将近30年的时间里,德国政府一直对其所属企业的低效和亏损保持着容忍,甚至还给予这些企业大量的政府补贴。在德国政府执意扶助冗员众多、效率低下的公共企业的过程中,西方发达国家的发展模型也悄然发生着变化。尊奉传统自由主义为圭臬的守夜人国家,在不断地将政府干预压缩到极限之后,又开始逐步转向重点强调国家要对民众提供全面的照顾,并自豪地标榜自己的国家为社会福利国家,执政者为了讨好选民获得选票,不计成本地持续将提供越来越多的公共产品和服务作为政府不可推卸的责任。在普通公众日渐习惯享受这种由国家提供的"从摇篮到坟墓"的幸福的时候,作为公共产品和服

---

① 德国大约62%的电力生产,96%的电网和煤气生产掌握在联邦政府手中。同样,在煤、焦炭、石油、生铁和钢生产以及汽车制造业中,政府一般也占有较大的股份。参见柴野《德国国企对经济奇迹功不可没》,《光明日报》2013年5月29日第8版。

第二章 ÖPP 在德国发展的基础：政府资产管理的民营化

务给付主体的西方政府却早已不堪重负了。① 随着时代的发展，西方政府对公民福利大包大揽的政策偏好逐渐面临严峻的考验。僵化、迟钝、循规蹈矩的传统管理模式，面对日新月异的社会环境，基本上毫无作为。日益窘迫的公共财政使得政府愈发孱弱无力、步履维艰。市场和政府相继"失灵"，使得"市场万能"的误区被破除，"全能政府"的神话被粉碎。在这种情况下，如何重新诠释政府所应承担的责任以克服迫在眉睫的危机，已经成为亟须解决的难题。深受英美现代化治理潮流影响的德国，自20世纪80年代初开始，即着手将政府所属的企业进行多种样式的民营化。

两德统一后，对原东部地区政府所属的企业实行托管后拍卖。② 尽管各类民营化的政策已经基本穷尽可能，但仍没有从实质上改善具有官办背景的企业在经济中占有偏重比例的状况。③ 通过对政府资产的有效管理，国家的经济发展目标得以实现，在战略性产业部门的资源配置可以有序进行，内需扩大，市场拓展，支撑着整个国民经济发展的公共基础设施亦得以改善，政府对尖端科技的巨额投入，规避了逐利企业对先进技术的垄断，使德国社会可以用较小的经济代价去享受前沿的研究成果，这些都会促进德国国内市场环境的优化，加速其国内企业生产力的发展，进而提升这些企业在国际市场上的竞争能力。在德国制造的产品再次享誉世界、畅销全球的时候，德国国内的就业问题、经济结构问题都得到了解决和改善。可以毫不夸张地说，德国政府对所属资产的有效管理，在保证德国经济发展和技术进步的过程中，发挥了十分重要的作用。

---

① 李以所：《德国担保国家理念评介》，《国外理论动态》2012年第7期。
② Marcus Böick, *Die Treuhand*: *Idee-Praxis-Erfahrung 1990 – 1994*, Göttingen: Wallstein Verlag, 2018; Andreas H. Apelt und Lars Lüdicke, *Die Treuhandanstalt*: *Pragmatismus, Erfolgskonzept oder Ausverkauf?* Halle (Saale): Mitteldeutscher Verlag, 2021.
③ 德国政府所属企业在整个经济中所占的比重仍在15%左右。

一 德国的"社会市场经济"和"担保国家"

历经将近半个世纪的应用和实践,德国首创的"社会市场经济"已经作为德国特色的经济秩序为多数民众所认可。如果说联邦德国在建国初期迅速取得的经济和社会的巨大成就是由多种内外因素合力促成的,那么其中社会市场经济制度的确立绝对是最为关键的具有决定性的因素。[①] 所谓的社会市场经济方案是一个蕴含着多种思想与原则的秩序体系。在解决现实问题或应对现代社会挑战时,它屡屡显示出其自身的合理性和有效性。无论是在联邦德国50多年的发展,还是在两德统一后的新联邦州重建的过程中,德国人都已经从这个超凡的制度设计中受益良多。[②] 德国政府在资产管理方面的诸多创新也都是根源于这个基本的经济制度的。

社会市场经济的原则理念是形成于德国并首先在此贯彻实施的秩序方案,最初是由艾哈德政府中主持欧洲事务的秘书米勒·阿尔马克制定出来的经济纲领。[③] 但它起初并非作为一种理论模式出现的,务实的德国人更多的是将之视为一种着眼于实践和操作的经济秩序设计。这种制度设计融合了多种思想和原则,并立足于对既往多种经济秩序的理论和经验的认知。遵照这种框架秩序,德国在尊重市场规律的前提下实施国家对经济有条件的干预和监控,基本上较好地实现了经济良性发展和

[①] A. Müller-Armack, *Wirtschaftsordnung und Wirtschaftspolitik. Studien zur Sozialen Marktwirtschaft und zur Europäischen Integration*, 1976; F. Quaas, *Soziale Marktwirtschaft. Wirklichkeit und Verfremdung eines Konzepts*, 2000; E. Tuchtfeldt, "Soziale Marktwirtschaft als ordnungspolitisches Konzept", in: Quaas und Straubhaar (Hrsg.), *Perspektiven der der Sozialen Marktwirtschaft*, 1995, S. 29 – 46.

[②] Günther Heydemann und Karl-Heinz Paqué, *Planwirtschaft-Privatisierung-Marktwirtschaft: Wirtschaftsordnung und-entwicklung in der SBZ/DDR und den neuen Bundesländern 1945 – 1994*, Göttingen: Vandenhoeck & Ruprecht, 2017.

[③] 何正斌:《经济学300年》(上),湖南科技出版社2009年版,第370页。

社会和谐稳定的目标。① 在探索国家和经济的恰当关系方面，德国虽然也难免瑕疵，但从实际效果来看，其社会市场经济模式在世界上三种市场经济模式中几乎是相对最优的。②

所谓"社会市场经济"就是指按市场经济规律行事，但要以全面和完善社会保障制度作为辅助，其意义就是将市场自由的原则和社会公平结合起来。在本质上，社会市场经济仍然是一种自由经济，只是更强调"竞争的秩序"，但绝非集中管理型的经济或计划经济，而是由政府从宏观视角出发主导实施的针对国民经济的适当程度的调整与控制。它既反对经济上的自由放任，也不接受对自由竞争的普遍限制，主张社会进步与个体创造的协调共生。在处理国家和市场的关系时，它遵循的原则是国家要尽可能地节制使用公权力，在不到万不得已的情况下，不可调控市场的自由运行，国家施加给市场的干预应具有必要性和被动性。国家在市场经济中主要起调节作用，并为市场运作规定总的框架。这种经济的特点是，在微观方面实行市场经济，充分发挥市场主体的生产经营积极性和自主性，使他们随时可以采取适当的措施灵活应对纷繁复杂的市场挑战；在宏观方面，实行适当的计划调节和调控，政府有义务和责任采取预见性的政策措施以防止经济危机的发生，同时对已经出现的经济混乱进行整顿和纠正。

自20世纪70年代始，全球化趋势开始影响政府在传统上所担负

---

① 第二次世界大战结束，联邦德国的政治家和学者开始对魏玛共和国进行反省。他们认为，德国没有民主体制的传统，在第一次世界大战后仓促建立的魏玛共和国存在诸多天然不足，对个人自由强调太多，而对政府责任却着墨太少。这为专制独裁政体的出现提供可能，因为野心家如希特勒这样的人，可以凭借强调政府责任来蛊惑民心。所以德国社会市场经济模式既反对自由放任，又批判计划统制。它是在保证个人创造性和私有财产安全的前提下，强调政府在市场经济中所担负的制定和维护规则的责任。

② 一般来说，西方发达国家有三种颇具代表性的市场经济模式：以美国、英国为代表的自由市场经济模式；以日本、韩国为代表的政府主导型市场经济模式；以德国、瑞典为代表的社会市场经济模式。

的功能和作用，其角色亦因之而不断转变。德国社会市场经济中的"福利国家"因素也面临着前所未有的挑战，亟待解决的问题纷杂繁多，失业问题的顽疾、通货膨胀的危险、社会保障的乏力和欧盟一体化问题的纠缠，都曾使日耳曼战车步履维艰。① 不过这些困难绝非源自社会市场经济本身，相反，在这个制度设计中还蕴含着解决这些问题和挑战的答案，只不过它们是被无知或疏忽或一知半解或自以为是掩盖了而已。很多对社会市场经济的随意性诠释使其原本极富生命力的秩序原则大打折扣了。②

实际上，作为对社会福利国家弊端的纠正，德国还在社会市场经济框架下提出了建设"担保国家"的理念③，该理念的实施和贯彻使德国的社会市场经济建设重新焕发了生机并继续展示其独有的魅力。④ 在21世纪以来金融和经济双重危机的冲击下，德国几乎可以做到全身而退，还取得了较好的成绩；在欧债危机中，德国一枝独秀，独力支撑，挽狂澜于既倒，其最终根源就是德国已然制度化的市场经济框架秩序。这种框架秩序具备坚实的可靠性，因为它是由极端精致的法律规则和条款构建而成的，这些法条紧密相连，环环相扣，左右兼顾，前后呼应，穷尽可能的立法追求，严谨恰当的立法技术，使德国实现

---

① 李以所：《全球化：德国的应对、经验与启示》，《改革与战略》2013年第6期，第112页。

② R. H. Hasse, H. Schneider, K. Weigelt, *Lexikon Soziale Marktwirtschaft*, *Wirtschaftspolitik von A-Z*, Verlag: UTB; Schöningh, 2005.

③ "担保国家"的译法一般为中国台湾地区的学者所采用。例如，林家旸《担保国家概念下的电信普及服务》，硕士学位论文，台北大学，2010年；朱玮华《从担保国家理论探讨中国促参案件监督管理之规范架构》，硕士学位论文，政治大学，2010年；陆敏清《国家担保责任与长期照护之实现》，博士学位论文，台北大学，2010年；许登科《德国担保国家理论为基础之公私协力（ÖPP）法制——对中国促参法之启示》，博士学位论文，台湾大学，2007年；蔡宗珍《从给付国家到担保国家——以国家对电信基础需求之责任为中心》，《台湾法学杂志》2009年第122期。

④ Schuppert, Gunnar Folke (Hrsg.), *Der Gewährleistungsstaat: ein Leitbild auf dem Prüfstand*, Baden-Baden: Nomos, 2005.

良好的治理成为可能，使德国可以自如地应对全球化进程所带来的各种挑战和变化。也就是说，德国悠久深厚的法治传统、先进精致的立法技术和公平高效的治理①水平，都对社会市场经济的良性健康运行发挥着极端重要的作用。这使政府在宏观经济层面所实施的调整和引导，以及在具体事务中对市场主体不法行为的监管和正常经营活动的保护，都能够做到收放有序、有法可依。

用法律保障并促进正当良性的市场竞争是现代政府必须承担的任务，同时为公民谋求社会福利的最大化亦是政府义不容辞的责任。作为一种调和性概念②，担保国家要做的就是尝试着将这两个方面结合起来。其最基本的目的是：在政府亲力亲为完成公共任务和担保私人部门完成公共任务之间寻找到最佳的契合点。③

作为一种国家模型，担保国家意味着政府责任从履行责任向担保责任的简化。但担保国家比担保责任有着更为丰富的内涵，它不仅表明了政府在全球化冲击下的角色转变，同时还兼具国家政策的功能，对国家未来的发展有指引方向的作用。④

担保国家理念的出现具有一定的历史必然性。20 世纪 90 年代的欧美发达国家，政府和社会之间的关系发生了很大的变化，曾经一度大包

---

① 所谓"治理"，就是一种方式、方法或手段，通过它可以实现对社会和经济的管理与调控。参见 Braun Dietmar, Giraud Oliver, Steuerungsinstrumente, in: Schubert Klaus, Bandelow Nils C., *Lehrbuch der Politikfeldanalyse*, München, Wien 2003, S. 147.

② Claudio Franzius, "Die europäische Dimension des Gewährleistungsstaates", *Der Staat* 45, 2006, S. 547.

③ Jens-Peter Schneider, "Der Staat als Wirtschaftssubjekt und Steuerungsakteur", in: *Deutsches Verwaltungsblatt* (DVBl.), 2000, S. 1252.

④ Gunnar Folke Schuppert, "Der Gewährleistungsstaat-modische Label oder Leitbild sich wandelnder Staatlichkeit?", in: ders (Hrsg.), *Der Gewährleistungsstaat-Ein Leitbild auf dem Prüfstand*, Baden-Baden, 2005, S. 13ff; Gunnar Folke Schuppert, "Die neue Verantwortungsteilung zwischen Staat und Gesellschaft-oder: Wessen Wohl ist das Gemeinwohl?" vhw FW 4 /Aug. -Sept. 2008, S. 193; Bernhard Blanke, Stephan von Bandemer, Frank Nullmeier, Göttrik Wewer, (Hrsg.), *Handbuch zur Verwaltungsreform*, 3., völlig überarbeitete und erweiterte Auflage, Wiesbaden, 2008.

大揽的政府不再无所不能，来自民间的社会力量却日臻强大，在很多领域都表现出较之政府更具活力、更加高效。不管是自由主义、保守主义，还是倡导福利国家的社会民主主义，都无一例外地面临着一个残酷的现实：在日趋多元的社会面前，政府的操控开始捉襟见肘且力不从心。市场和竞争机制被引入公共领域，公共任务开始向民营企业或公民社会转移，公民被视为"顾客"开始享受"上帝"的待遇，政府的角色开始从亲自给付向保证给付转变。与此同时，政府部门的效率、财务和人事管理的现代化以及最新信息技术的应用，也在很大程度上促发了政府功能的革新。正是这两个方面的协同作用，担保国家理念的发酵和产生就不是偶然的。①

作为西方发达国家中的主要成员，德国的担保国家理念也在20世纪80年代开始萌芽并在90年代生根。不过，担保国家成为一个明确的概念名词，还是因为1998年德国吉森大学马丁·艾菲尔特教授在其《担保国家中的电信基本服务》一书中首次正式使用。② 在20世纪90年代，受欧洲一体化进程和民营化思潮的影响，德国传统意义上的政府功能和作用不断发生着变化和调整。这种调整在处处洋溢着法治精神的德国首先体现在其《联邦基本法》③的修订之中，确切地说是《联邦基本法》第87f条。④ 公共产品及服务的履行责任和担保责任的分离，使政府开始有

---

① Gunnar Folke Schuppert (Hrsg.), *Der Gewährleistungsstaat: ein Leitbild auf dem Prüfstand*, Baden-Baden: Nomos, 2005.

② Martin Eifert, *Grundversorgung mit Telekommunikationsleistungen im Gewährleistungsstaat*, Band 33 von Materialien zur Interdisziplinären Medienforschung, Nomos Verlagsgesellschaft, Baden-Baden, 1., Aufl., 1998.

③ Grundgesetz für die Bundesrepublik Deutschland in der im Bundesgesetzblatt Teil III, Gliederungsnummer 100 – 1, veröffentlichten bereinigten Fassung, das zuletzt durch Artikel 1 des Gesetzes vom 11. Juli 2012 (BGBl. I S. 1478) geändert worden ist.

④ 该法条典型地反映了担保国家理念，并为执政者在施政过程中贯彻应用担保国家理念提供了坚实的宪法基础。它明确规定在邮政和电信领域自由化的过程中，国家必须承负起担保责任。根据第87f条第1款，联邦在邮政和电信领域保证提供覆盖面广的、适当的、充足的服务。除此之外，第87f条第2款规定，该服务可以在市场范畴内由原来的国营企业和私人部门提供。

第二章 ÖPP 在德国发展的基础：政府资产管理的民营化

了更多的精力承担其核心义务，即确立市场规则和规范市场行为①，而不像以往那样对所有微观的经济活动都"事必躬亲"。政府的角色更多的将是掌舵人而非划桨人，是协调人而非把控人，是公共产品及服务的提供者而非具体的生产者。②

担保国家理念的提出，是以政府的责任层级为基础的，而该层级划分则来源于国家理论。③ 不同于传统给付国家理论中政府责任的单一性，就德国学界的共识来说，担保国家中的政府责任按层级可被区分为履行责任、担保责任和承接责任。担保责任是指政府必须"确保"公共部门按照一定的标准向公众提供公共产品和服务，但"确保提供"并不意味着政府亲自"履行提供"，举凡必须由公共部门直接面对服务对象而独自实施完成的公共任务都属于政府的履行责任。承接责任是由柏林洪堡大学的法尔克·舒伯特教授创造性地提出的，其意涵是指在由民间部门完成公共任务的过程中，政府部门虽然原则上不能参与或干涉具体的事务操作，但每当出现民间部门的操作瑕疵或履行不能时，政府都应该随

---

① Sodan Helge (Hrsg.), *Grundgesetz: GG, Beck'scher Kompakt-Kommentar*, Verlag C. H. Beck, München, 2011, S. 546f.

② 按照担保国家理念，政府保证公共任务的完成，但具体的完成过程并不一定必须由政府亲力亲为独自完成，原则上也可以通过民间部门、公益组织甚至是公民个人来实现。完成这项公共任务的组织形式也具有较高程度的灵活性，政府和民营公司的合作、政府和公益组织的合作，甚至公民之间的合作都是允许的。最终采用哪种合作形式，其最根本的标准取决于在符合最优给付的前提下，具有最高的效率。基于担保国家理念，参与社会治理的主体日趋多元，政府将不再是社会构成中具有唯一性和垄断性的权力主体，政府的雇员也不再如往常那样 5 + 2、白 + 黑地忙碌，也不再全方位无死角地参与社会生活，更不再是什么都管，尽管事实上这个群体并没有做到什么都可以管好。政府在主权领域内进行资源配置的垄断地位将会被打破，在得到公众认可的情况下，社会组织甚至公民个人都有成为社会权力中心的可能性。社会的资源配置由政府的"有形之手"和市场的"无形之手"协调配合共同完成，它们各司其职，各展所长。各种形式的社会组织是这一整套协调配合体制的润滑剂或者链接齿轮。在政府和社会共同携手治理的过程中，公共部门和私人部门在传统上泾渭分明的界限与责任也变得模糊起来，政府在传统意义上管理职能的专属性和排他性也愈加弱化和淡化，取而代之的则是，政府和社会组织之间相互依赖与合作的关系得到强化。

③ Gunnar Folke Schuppert, *Verwaltungswissenschaft. Verwaltung, Verwaltungsrecht, Verwaltungslehre*, Nomos, 2000, S. 400ff.

时接手来保证该任务被无瑕疵地履行完毕。汉堡法学院的沃尔夫冈·霍夫曼—里姆教授则将该责任称为替代责任。①

从国家责任的层级出发，政府的公共任务的类型可被分为核心任务和担保任务。② 公共核心任务是关系国计民生的战略性任务，比如立法、治安、国防和外交等，其担保责任、财政责任和履行责任都应归由政府独立承担完成。而对于担保任务，除涉及公共利益的担保责任必须由公共部门负责外，其相应的财政责任和履行责任则既可以由政府部门亦可以由私人部门或由政府和民间合作来实现。③

政府责任和公共任务的区分体现了一种思路的转变：在政府辅助性原则的基础上，政府、市场和公民社会之间的工作分工被重新考虑，担保国家理念就是这些思考的结晶。④ 也即政府开始从部分公共领域退出，其退出后留下的空白地带将由更具有活力和服务意识的私人部门替代，但这种退出并非毫无保留⑤，政府肩上的担保责任和承接责任会使其继续保持合法性，公众也不会因之而感到公共产品

---

① Wolfgang Hoffmann-Riem, "Tendenzen in der Verwaltungsrechtsentwicklung", in: *Die Öffentliche Verwaltung*, Jg. 1997, S. 433ff. 除去这三个层级的责任外，还有学者提出了政府的财政责任，就是政府在完成公共任务的过程中负有提供资金的融资责任。在很多政府和民间部门合作的项目中，融资责任一般都由政府部门承担，具体的项目建设以及随后的公共产品和服务提供则由民间部门负责。参见 Reichard Christoph, "Das Konzept des Gewährleistungsstaates", in: *Neue Institutionenökonomik Public Private Partnership Gewährleistungsstaat*, Referate der Tagung des Wissenschaftlichen Beirats der Gesellschaft für öffentliche Wirtschaft am 5./6. März 2003 in Berlin, 2004, S. 49.

② Felix Greve, *Die staatliche Gewährleistungsverantwortung für offene Standards: Interoperabilität von Dateiformaten als Voraussetzung des E-Governments, Problem des Wettbewerbsrechts und telekommunikationsrechtliche Notwendigkeit*, Baden-Baden: Nomos, 2015.

③ Inkook Kay, *Regulierung als Erscheinungsform der Gewährleistungsverwaltung: eine rechtsdogmatische Untersuchung zur Einordnung der Regulierung in das Staats-und Verwaltungsrecht*, Frankfurt, M.: PL Acad. Research, 2013.

④ Röber Manfred, "Aufgabenkritik im Gewährleistungsstaat", in: Blanke u. a. (Hrsg.), *Handbuch zur Verwaltungsreform*, 3. Aufl., 2005, S. 88.

⑤ Gunnar Folke Schuppert, "Rückzug des Staates? Zur Rolle des Staates zwischen Legitimationskrise und politischer Neubestimmung", in: *Die Öffentliche Verwaltung*, 1995, S. 761 ff.

第二章 ÖPP在德国发展的基础：政府资产管理的民营化

和服务的减少或质量的下降。因此担保国家理念便拥有了一种政策功能，该政策界定了政府和市场的混合交叉区域，在该区域内应用了既不是实质民营化，也不是形式民营化，而是功能民营化的形式，实现了在保障社会公众基本福利的前提下，公共财政负担得以减轻的目的。

担保国家意味着政府在部分领域放弃了自行直接完成公共任务的责任，而将之转交给私人部门。但原则上，政府仍保留在该领域内维护公共基本利益的责任，是为政府的最终责任。① 尽管在这些公共任务的实际执行层面，政府在具体履行上已经退出，但就私人部门在该领域内的活动而言，政府仍负有制定规则和框架的义务，并在必要的情况下对私人部门实施监督和规制。② 在这个意义上，担保国家还是一个规制国家③，规制责任也就成为担保责任中的重要环节。④ 具

---

① Hoffmann-Riem, Wolfgang, "Das Recht des Gewährleistungsstaates", in: G. F. Schuppert (Hrsg.): *Der Gewährleistungsstaat-Ein Leitbild auf dem Prüfstand*, Baden-Baden, 2005, S. 89.

② G. F. Schuppert, "Der Gewährleistungsstaat-modische Label oder Leitbild sich wandelnder Staatlichkeit?", in: ders (Hrsg.), *Der Gewährleistungsstaat-Ein Leitbild auf dem Prüfstand*, Baden-Baden, 2005, S. 17.

③ Edgar Grande, "Vom produzierenden zum regulierenden Staat-Möglichkeiten und Grenzen von Regulierung und Privatisierung", in: König, Klaus und Benz, Angelika (Hrsg.), *Privatisierung und staatliche Regulierung-Bahn, Post und Telekommunikation, Rundfunk*, Baden-Baden, 1997, S. 576–591.

④ 关于规制理论，一般可分为积极规制理论和规范规制理论。前者是在实践的基础上研究规制措施的驱动力和效果，后者则致力于探讨是否应该进行规制，以及在必要的情况下如何进行规制。根据积极规制理论，规制的成功首先取决于规制者。于是在国家理论的视角下，一种两难困境便出现了。因为规制者在政治上应尽可能地保持其独立性，但同时其自身的民主合法性却因之而受到了威胁。规制者的决策权和自由裁量权越大，其合法性问题也就越大。Borrmann Jörg und Finsinger Jörg, *Markt und Regulierung*, München, 1999. Müller Jürgen und Vogelsang Ingo, Ist eine Effizienzsteigerung der öffentlichen Verwaltung durch Anwendung des Instrumentariums der amerikanischen "Public Utility Regulation" möglich?, in: Charles Beat Blankart und Monika Faber (Hrsg.), *Regulierung öffentlicher Unternehmen*, Königstein/Ts, 1982, S. 147–160. Grande Edgar, "Vom produzierenden zum regulierenden Staat-Möglichkeiten und Grenzen von Regulierung und Privatisierung", in: König Klaus und Benz Angelika (Hrsg.), *Privatisierung und staatliche Regulierung-Bahn, Post und Telekommunikation, Rundfunk*, Baden-Baden, 1997, S. 576–591.

体来说，担保国家意义上的规制责任主要包含了两个方面：一方面，政府要制定由民间部门提供的公共产品和服务的质量标准，其目的是保护公共利益不会受到损害。另一方面，还要限制在公共领域内司空见惯的行业垄断，杜绝与政府具有裙带关系的部门攫取垄断利润。

如前所述，伴随着经济全球化和欧洲一体化进程的加快，德国的政府角色也处在不断的变迁之中，传统政府的影响力在社会事务中日渐式微，民间部门越来越多地参与到公共事务中，私人部门的逐利本性，与国家代表的公共利益之间的冲突日益加剧，于是要求国家在相关领域加强规制力量的呼声再度涌出。加强规制的最直接表现就是增设规制机构和扩展规制权力，这么操作的后果很可能与担保国家理念"减负增效"的初衷背道而驰。作为具有悠久法治传统的国家，在德国规制机构设立、规制规则确立都需通过不同层级的立法程序，规制者行使规制权也是一个援引或应用相关法律的复杂过程，这会在无形中增加国家的行政负担。作为因应之道，强调民间部门自愿自觉的自我规制开始受到重视①，政府依照辅助性原则仅充当协助角色并发挥担保之作用。②

在社会市场经济条件下，遵循担保国家的理念实现对政府资产的有效管理，主要体现为德国对政府所属企业的"民营化"政策。③

二 政府资产管理的分级和分类

德国是联邦制国家，其政府管理层级分为联邦、州和地方乡镇三级④，

---

① P. Badura, "Der Sozialstaat", *DÖV*, 11/1989, Fn. 41, 1989, S. 499.

② H. F. Zacher, §28 Das soziale Staatsziel, in: J. Isensee und P. Kirchhof (Hrsg.), *Handbuch des Staatsrechts der Bundesrepublik Deutschland*. Bd. 2, 3 Aufl., Heidelberg, 2004, Rn. 27, Fn. 44.

③ 民营化原是日本政府在进行政府资产管理体制改革中提出的一个基本概念。

④ 德国狭义的地方政府主要包括乡镇（Gemeinden）、乡镇联合体（Gemeindeverbände）、县（Landkreise oder Kreis）和县级市（Kreisfreie Städte），广义的地方政府则包括联邦州（Bundesländer）和城市州（Stadtstaaten），其中城市州有三个，即汉堡、柏林和不莱梅。如无特别说明，本书所使用的联邦州也包括了城市州。对所使用的地方政府这个概念，本书采用其狭义含义。Manfred G. Schmidt, *Wörterbuch zur Politik*, Alfred Kröner Verlag, 2010, S. 281.

相应地，其税收按照征税机构则分为联邦税、州税和地方税。① 基于明确的分税制，德国实行以政府财政部门为主的多级管理的政府资产管理体制，也即联邦政府资产的预算和统计由联邦财政部负责，州一级的政府资产预算和统计由联邦州财政厅负责。联邦、州和地方政府都独立对自己所有的政府资产实施管理，上级政府无权干预下级政府的资产管理活动。也就是说，政府资产的产权非常清晰，根本就不存在模糊地带。②

德国政府还根据政府资产是否具有经营性，实施分类管理。对于具有经营性的政府资产，政府要采用适当的形式将其投入市场中，平等地与其他市场主体展开竞争，政府对资产的管理和经营不能进行直接的行政干预，而是要充分引进市场机制，使这些政府资产在遵循市场规律的前提下，自求生存和发展。而对于非经营性的政府资产，政府则采取加强资产预算和统计的措施，以提高政府资产的使用效率，同时尽量避免浪费。在这个方面，联邦政府资产管理遵循的原则是：分散与集中管理相结合。具体来说，集中管理那些非行政性的政府不动产，由各个行政事业单位自行管理政府动产和具有行政性的政府不动产。

作为辖区内政府所属企业和相关资产的主管部门，各级财政部门作为政府资产的所有者代表，对各行各业的政府资产进行统一管理和监督。③ 在各级财政部门中都设有专司政府资产管理的机构，它有权就非经营性的政府资产进行预算和统计，同时对政府所属的经营性

---

① 参见李以所《地方政府征税权研究——基于德国经验的分析》，《地方财政研究》2013年第2期。
② 当然，在具体的政府资产管理上，各级政府的方向和目标各有侧重。
③ 德国联邦政府内部有若干主管其部属资产的部长，他们在政策制定方面并无协作关系。在联邦政府中也不存在以管理政府资产或制定相关政策为主要任务的部长联席会议。

资产进行间接监督和管理,也就是说,并不通过行业管理部门进行监督,而是通过监事会、经济审计人①、财政部门②以及审计院系统③等综合管理部门与监察部门进行监督,并向相应层级的政府和议会负责。

第二节 德国政府资产的治理结构

德国的政府资产要在法律上确权为政府所有,且服务于社会公共利益的产生和增长,由此而形成的各种经济资源都可以被看作政府资产。一般来说,德国的政府资产分三级所有,即联邦、州政府和地方政府。其中具有经营性的资产是德国政府资产的重要组成部分。这主要包括能源(水、电、煤)、重要交通(航空、铁路、公共交通)等以社会效益为主的具有公共福利性质的政府所属的企业。

一 德国政府所属企业的形式和治理结构

德国政府所属的企业一般分为两种:一种是作为公法法人的企业,

---

① 经济审计人的审查与监督主要表现在其对政府所属企业的年终结算所进行的查验上。在德国,经济审计人具有地位上的独立性。S. Bernhard, L. Petra, H. Richard, K. Gerrit, *Berufsrecht und Haftung der Wirtschaftsprüfer: Praxishandbuch und Nachschlagewerk. Kommentierung. Praxistipps. Schaubilder. Herne*: NWB Verlag, 2022.

② 具体来说,财政部门要审批政府所属企业的组建、改组、合并、解散、股份购买和出售等重大资产经营决策措施,同时还要负责审查政府所属企业的资产经营计划,任免公司的监事会成员、董事会成员,听取公司的工作报告,为公司的发展提供或帮助筹措资金,审批、审核、监督公司的经营状况等。

③ 在德国,联邦政府所属企业均由联邦审计院负责核审。审计院依法享有独立地位,宪法明文规定审计院主席由政府提名,经国会选出。其职责是稽核政府及其所属企业的开支和经济行为的合法性,并向政府和议会报告其审核结果。M. Holger, *Die Unabhängigkeit von Bundesrechnungshof und Abschlussprüfern vor dem Hintergrund paralleler Prüfung und Beratung: eine vergleichende Untersuchung*, Baden-Baden: Nomos, 2006.

另一种是作为私法法人的企业。① 其组织形式则大都采用有限责任公司或股份公司。按德国法律规定，股份公司设有股东大会、监事会、董事会或经理委员会②和职工委员会。其中公司管理机关由股东会、监事会、董事会组成，三者具有隶属关系，股东大会产生监事会，监事会之下设董事会，监事会向股东大会负责并报告工作，董事会向监事会负责并汇报工作。德国的这种公司治理结构是建立在"共同决定制"③ 的原则基础上的，以监督职能为中心构建委员会，由"股东代表"和"职工代表"共同组成位居第一层的监事会，负责监督，包括制定公司政策，拟定执行目标，监控执行过程，评价执行结果，提名并决定位居第二层的

---

① 所谓公法法人是指根据国家意志或法律授权，为了实现公共目标和推进实施公共行政而设立的具有权利能力的组织体。一般来说，德国的公法法人包括了公法社团、公营机构（Anstalten）和公法财团三类。公法法人依公法设立并实现公法规定的任务，其宗旨则是履行国家管理职能，行使国家权力。与之相应，私法法人则是指依私法（如民法、公司法等）所成立的法人，其以追求私人事业为目的，主要表现为公司、企业等社会组织。其宗旨是追求私人利益即法人成员的利益，如有限公司是为了实现投资者的利益。私法法人的宗旨、设立和解散由法人成员意志决定。将二者进行区分的意义在于可以确定管辖法院和诉讼程序。一般而言，有关公法法人的案件，适用行政救济程序，通过行政诉讼程序解决，由行政法院受理；有关私法法人的案件，通过民事诉讼程序解决，由普通法院受理。可以确定能否行使国家权力。私法法人大都具有营利性，而营利则会与政府的公益性产生冲突，故而私法法人并不宜担负公共职能。公法法人是德国行政法上的特有概念，是"由行政工作人员和物质手段共同组成的独立的行政机构"。参见［德］哈特穆特·毛雷尔《行政法学总论》，高家伟译，法律出版社 2000 年版，第 577 页。在法国法中，"公务法人"与之具有相似的含义。参见王名扬《法国行政法》，中国政法大学出版社 1988 年版，第 127—133 页。

② 适用于有限责任公司。

③ 共同决定制是德国以法律规定的形式来规范企业雇主和雇员关系的制度，是指企业的雇员通过由其民主选举而产生的雇员代表，与企业的雇主及管理层共同做出企业重大决策的制度，可以被理解为企业雇员在企业运行过程中的制度化参与，其核心意涵就是"人人平等"。共同决定的需求和概念在德国有着悠久的传统，在联邦德国的法律体系中，表现为一系列的调整和规范雇员与雇主关系的准则和制度。1976 年 5 月 4 日，德国联邦议会通过了《共同决定法》，参见 Mitbestimmungsgesetz vom 4. Mai 1976 (BGBl. I S. 1153)。该法第 17 条在 2021 年 8 月被重新修订，参见 BGBl. I S. 3311；Thomas Raiser, *Mitbestimmungsgesetz: Kommentar*, Berlin/Boston: De Gruyter, 2020; Adrian Bayer, *Das Mitbestimmungsgesetz. Zweck, Wesen und gegenwärtige Bedeutung*, München: GRIN Verlag, 2020; Felix Gieseke und Sebastian Sick, *Übersicht zu den Rechten und Pflichten des Aufsichtsrats nach dem Mitbestimmungsgesetz*, Düsseldorf: Hans-Böckler-Stiftung, 2022.

董事会。① 建立监事会和董事会的"双层制",其核心目的就是要强化股东对公司的控制与监督。② 与其他国家的公司治理制度相比较,德国监事会与董事会之间的关系颇为微妙复杂。③

股东大会是公司的权力机关,每年举行一次,所有股东都可以参加。其权限为选举任命监事会成员,审议年度预决算报告和董事会工作报告,决定红利、股息分配方案,减免监事会成员和董事会成员的责任,任命结算审计员,批准公司的合并、解散,增减注册资本,决定发行公司债券,修改公司章程等。④

监事会是政府所属企业的直接监督控制机构,是公司的控制主体,负责任命管理董事会的董事成员,监督董事会的经营业务,向董事会提供咨询,但不履行具体的经营职能。故监事会是公司监督机关,亦是董事会的领导机关。⑤ 其人员由数目相等的股东代表和雇员、工会代表组成。其成员人数视公司大小而定,监事会主席的人选由政府财政部门的首长推荐,一般应由受股东信任的人出任,监事会副主席则是雇员代表,

---

① 陈丽红、汪文豪:《中外公司治理结构对监事审计的影响及启示》,《审计与经济研究》2002年第17卷第1期,第44页。

② 宁敖、陈联、强莹、成国平:《关于完善上市公司治理结构的若干措施》,载郭锋、王坚主编《公司法修改纵横谈》,法律出版社2000年版,第239页。

③ 唐德华主编:《股份有限公司设立与内部运作法律实务》,人民法院出版社1998年版,第582页。

④ 故股东会仅仅是实行"股东民主"的场所,其职权只局限于法律和公司章程所规定的任务。参见樊光鼎《银行与企业产权融合及银行参与公司监控问题的探讨》,《中国工业经济》1995年第6期。Marina Kitzinger, *Die Organe der Aktiengesellschaft. Vorstand*, *Aufsichtsrat*, *Hauptversammlung*, München: GRIN Verlag, 2018.

⑤ 德国的监事会不仅行使监督权,还有董事任免权、董事报酬决策权及重大业务批准权等,它不仅对董事会的业务活动有广泛的审核、监督和了解权力,而且有权审核或委托职业机构审核公司的账簿,核实公司资产,并在必要时召集股东大会。所以德国公司监事会的职能相当于美、日公司的董事会的职能。故有学者称德国公司监事会是公司最高经营机构。参见段强《国外公司治理结构比较研究与启示》,《新东方》第10卷第6期。新山雄三:《股份有限公司的立法和解释》,日本评论社1993年版,第56页。Sean Needham, Björn Schildhauer, Stefan Müller, "Bericht des Aufsichtsrats an die Hauptversammlung: Empirische Analyse der Sitzungspräsenz und Ausschussarbeit", *Zeitschrift für Corporate Governance*, 2022, Nr. 02, S. 76–81.

监事会主席团由监事会正副主席和数名监事组成,其中,股东代表和员工代表比例各半。监事会的所有重要决定都需通过主席团的讨论和商定。① 监事会的职权是选举并任命董事会成员,监督董事会的工作,检查、讨论董事会的重大经营活动,听取董事会的书面与口头汇报。董事会的重要决策要经监事会批准②,但监事会只有否决权,并不能直接就董事会的具体经营活动发表指令和意见,也即监事会有权监督公司的业务,但无权给董事会下达指令。③

德国实行董事会中心主义。依照德国法律的规定,政府所属企业的生产经营和管理由董事会全权负责,不受股东大会的指示和约束,只在某种程度上受制于监事会的决议。④ 董事会为公司经营决策机关、业务执行机关,同时代表企业对外开展经营活动。企业的经营权和代表权可授权给董事及其代理人行使。⑤ 董事会执行监事会决议、负责企业的日常运作,董事的任免、报酬都由监事会决定,董事会向监事会负责,有义务向监事会报告公司的重大经营方针及公司绩效,由此可见,德国董事会的地位相当于美、日公司中的经理部门,与美、日企业的董事会并

---

① 在监事会休会期间,部分重大决策可以由监事会主席团讨论决定,但主席团需在下次监事会开会时向所有监事报告相关情况。Marina Kitzinger, *Die Organe der Aktiengesellschaft. Vorstand, Aufsichtsrat, Hauptversammlung*, München: GRIN Verlag, 2018.

② 主要是指如下商业行为:设立或解散企业;购买或出售企业;涉及50万欧元以上的投资;涉及250万欧元以上的贷款;雇用或解雇企业的高层经理人。

③ 鉴于监事会拥有极大的权力,考虑到绝对的权力可能会带来绝对的滥权与腐败,故其职权仅限于监督公司业务,而不得参与具体业务的执行,也即不得将具体的经营行为委任给监事会,在法律制度上严格区分经营机关和监察机关,使监事会具有监察机关的职能更为明确。参见王志诚《论股份有限公司之监察机关——兼评中国监察人制度之立法动向》,《证券管理》(台湾)第13卷第1期。

④ 德国的法律严格区分董事会和监事会的权限,严令禁止监事会参与企业管理,因此负责执行的董事会在经营上有一定的自由度,在正常情况下不承受来自股东会或股东的直接压力,但董事会在经营不善时会被监事会撤换。Stefan Siepelt, Barbara Dauner-Lieb, *Die Haftung von Vorständen und Aufsichtsräten: Professionelle Ausübung der Organschaft und konkrete Handlungsempfehlungen zur Risikoabsicherung*, Köln: Bundesanzeiger, 2018.

⑤ 毛亚敏:《公司法比较研究》,中国法制出版社2001年版,第151页。

不可完全等同。①

从前述"共同决定制"中可以看出通过法律保障雇员参与公司治理②是德国企业的特点③，对此政府所属的企业也不例外。设立企业雇员委员会，这种雇员参与制度是劳资双方经过多年斗争后妥协的产物，深深植根于德国的政治、经济、社会、文化当中，已经成为德国社会稳定和经济繁荣的保证。④ 笼统而言，政府所属企业的监事会成员三分之一或半数要从雇员中经选举产生。⑤ 具有法律保障的雇员参与管理制度直接导致了德国公司治理结构的变革。自 20 世纪初开始，伴随着企业民主化与社会化的要求，劳工阶级自觉意识的增强及其政治地位的提升，德国社会必须重新定位雇员在企业中的角色。1920 年，德国颁布了《企业雇员委员会法》，这部法律基本上遵照了"职工就是企业"的理论，从而改变了传统德国法中的"企业主就是企业"和"有产者对公司绝对支配"的思想。⑥ 依据工会法的相关规定，为维护雇主与雇员共同的经济利益，以及实现企业经营的目标，举凡雇员人数在 20 个以上者，均需设立企业雇员委员会。雇员通过该组织参与企业的劳动、生产、财务的经营及管理。尤其是设有监事会的企业，应指派一到两

---

① 银温泉：《美国、日本和德国的公司治理结构制度比较》，《改革》1994 年第 3 期。

② 在德国，雇员参与思想在 200 年前就被早期的社会主义者提出来了，在 1848 年法兰克福国民会议讨论营业法时，就有少数人提出在企业层次应建立雇员委员会，作为参与决策的机构。1891 年德国在重新修订营业法时，首次在法律上确认了雇员委员会，雇员参与决定制度因之而得以确立。1919 年德国《魏玛宪法》第 165 条规定：雇员有平等地与企业家共同决定工资和劳动条件的权利，雇员在委员会以及在按地区划分的区雇员委员会和在国家雇员委员会中应拥有法定代表，并通过他们来了解自身的社会经济利益。Thomas Raiser, *Mitbestimmungsgesetz*: *Kommentar*, Berlin/Boston: De Gruyter, 2020; Adrian Bayer, *Das Mitbestimmungsgesetz*, *Zweck*, *Wesen und gegenwärtige Bedeutung*, München: GRIN Verlag, 2020.

③ 倪建林：《公司治理结构：法律与实践》，法律出版社 2001 年版，第 187 页。

④ 曹凤岐：《股份制与现代企业制度》，企业管理出版社 1998 年版，第 109 页。

⑤ 陈乃蔚主编：《公司法教程》，首都经济贸易大学出版社 2002 年版，第 16 页。

⑥ Th. Brauer, *Das Betriebsrätegesetz und die Gewerkschaften* (1920), Kessinger Publishing (Sept. 10 2010). J. Reinhart, 75 *Jahre Betriebsrätegesetz*: *vom Betriebsrätegesetz 1920 zum Europa-Betriebsrat 1995*, Braunschweig: DGB Kreis Region Braunschweig, 1995.

名雇员委员会的成员担任监事。① 雇员有机会参与企业的经营并在一定程度上行使监督权,是德国公司治理制度的一大特色。② 这种制度的优点是首先保证雇员可以与公司形成利益与共、休戚相关的事业共同体③,减少劳资纠纷和冲突;使雇员在公司的发展目标上更具长期性,进而可以使公司资源的配置更趋优化合理,减少不必要的损耗;④ 经民主选举产生的雇员代表充当监事,可以最大限度地实现决策公开和透明,消除信息不对称所带来的误解、猜忌和博弈,提升了监督的有效性,降低了代理成本;同时,雇员进入监事会还间接促进了公司管理层的稳定性。⑤

从上述企业的治理结构中可以看出,德国政府所属企业中的雇员参与权具有一定的独特性。企业的运营和管理是在监事会、董事会、企

---

① 1934 年德国制定的《国民劳动秩序法》(Gesetz zur Ordnung Nationalen Arbeit) 取代了《企业雇员委员会法》。1937 年的《股份法》更是在《国民劳动秩序法》的基础上,规定了企业董事必须在其职责范围内,本着保证企业与雇员福址,以及国民与国家共同利益的要求,从事企业的经营活动。1945 年第二次世界大战后,在普遍要求恢复《企业雇员委员会法》的背景下,1952 年的《企业组织法》(Betriebsverfassungsgesetz) 将雇员的参与决定权一般化,扩及煤炭钢铁等以外的产业。参见王志诚《论股份有限公司之监察机关——兼评中国监察人制度之立法动向》,《证券管理》(台湾) 第 13 卷第 1 期。D. Wolfgang, K. Thomas, W. Peter, *BetrVG*: *Betriebsverfassungsgesetz*: *Kommentar für die Praxis mit Wahlordnung und EBR-Gesetz*, Frankfurt am Main: Bund-Verlag, 2022.

② 德国的公司雇员在 500 人以上,2000 人以下的,适用 1952 年制定的《企业组织法》;超过 2000 人的,则适用 1976 年制定的《职工参与决定法》(Mitbestimmungsgesetz, Mitbest G)。参见 G. Recht, *Mitbestimmungsgesetz-Mitbest G*, Create Space Independent Publishing Platform (July 30, 2014).

③ 因为雇员享有选举权和被选举权以及对企业生产经营状况的知情权和质询权,可以监督与雇员利益相关法律法规的执行情况。

④ 罗培新:《公司内部权力制衡之立法缺漏及其完善》,载顾功耘主编《市场秩序与公司法之完善》,人民法院出版社 2000 年版,第 167 页。

⑤ 因为雇员在监事会中占有席位,一旦公司面临兼并或重组,接管者必须和雇员代表就相关事宜进行谈判,鉴于雇员有可能会对兼并重组采取抵制的态度,这会使接管者颇为忌惮。这也是德国公司很少受到外国投资者并购威胁的主要原因之一。参见银温泉《美国、日本和德国的公司治理结构制度比较》,《改革》1994 年第 3 期。Lynn Bay, *Die Adaption des anglo-amerikanischen Corporate Governance Modells in Japan und Deutschland im Vergleich*, München: GRIN Verlag GmbH, 2015.

业雇员委员会三方的互相制衡监督、彼此沟通协调的情况下实现的。但在具体经营业务上董事会又享有相当程度的独立地位，并不受股东会、监事会和雇员委员会的直接干预，这样就保证了其可以在尊重市场规则和经济规律的前提下，科学得当、优化合理地行使企业的经营管理权。在这样的体制下，所有权和经营权恰当地实现了分离，又使企业产权所有人、经营管理层和雇员群体三者之间的关系实现了各施所长、和谐共生。

二 德国政府资产的治理结构特点

第一，注重监督和制约。作为政府资产的所有权归公共部门所有，其经营和管理的好坏由政府直接承担责任，对具体经营者缺乏恰当的激励，产生冗员、低效、浪费是自然结果。对此，德国政府主要采取了社会化监督的形式，以制约具体的政府资产管理行为。政府资产管理不管是采取有限责任公司，还是采取股份有限公司的组织管理形式，都必须设立监事会。[①] 企业的重大经营决策活动都需经监事会讨论决定。除监事会外，德国的各级议会都内设了财经委员会，由它们行使对政府资产管理和经营的监督权。除了纵向的政府和议会对政府资产管理的监督之外，还有横向的社会监督，即政府委托社会审计机构监督政府资产管理状况。[②]

第二，注重政府资产管理的统一性。政府拥有必要资产的目的是维护和发展社会公共福祉、保障社会公共利益。政府资产管理和经营的公益性和非营利性，与一般意义上的企业要从根本上谋求经济利益最大化

[①] 德国法律规定企业有雇员 500—2000 人的，监事会中的雇员代表不少于三分之一；有雇员 2000 人以上的，监事会中的雇员代表不少于二分之一。

[②] 其主要内容是审计政府资产管理的目标是否实现，在对政府资产进行管理的过程中，是否违反了相关的法律法规，管理层是否做出了错误决策，以及错误决策给政府资产带来了何等程度的损失等。

第二章 ÖPP在德国发展的基础：政府资产管理的民营化

是相矛盾和冲突的。对于一些政府所属的公用企业①，其经营和管理兼具社会和经济效益，在公益性和营利性之间比较容易觅得平衡。但对于那些纯粹公益的政府资产的管理和经营，就面临着社会效益和经济效益不可调和的矛盾。这部分政府资产已经变相成为政府的负担，其管理和经营水平也一直在较低的水平上徘徊。在20世纪60年代初，德国就此进行了相应的税法修改，将都属于政府资产的这两类企业重组合并为一个股份公司，统一核算盈亏，并统一纳税。这样就可以用资产管理经济效益好的企业的部分利润，填补转移到同属一家公司的没有较好经济效益的企业。政府不再对这些没有经济效益的企业进行特别的扶助和补贴，公共财政负担因之得到了极大缓解，但由相关公用企业承接的公共服务则并未减少。

第三，政府资产管理的民营化。这也是德国当代公用企业管理的一个重要特征。所谓民营化有二层含义：一是政府资产所有人的社会化，即

---

① 在德国国内法中，并没有对公用企业做出明确的界定。德国公用企业的概念最多是不同类型的表现形式的集合或总称，故对此问题只有在相关的文献资料中进行搜寻和梳理，从而总结出在德国法框架下的公用企业的特征，根据这些特征可以看出德国对公用企业概念的理解：公用企业必须是旨在能长期执行赋予它的任务而设立的，有确定的、稳固的组织机构的独立主体。在欧盟法层面上，《欧盟运行条约》第106条第1款使用了"公用企业"这个概念，但没有具体给出公用企业的法定定义。根据该条款的要求，涉及公用企业的成员国须尽到对《欧盟运行条约》，尤其是其第18条及第101—109条的注意义务。欧盟委员会基于《欧盟运行条约》第106条而颁布的《透明指令》第2条第1款b项规定，公用企业是指"任何企业，只要政府能够凭借其所有权、财政参与、章程以及其他规范企业活动的规定，可以直接或者间接行使支配性的影响。如果政府对一个企业能够直接或者间接地在企业注册资本中占有多数股份；或拥有与企业份额相关的多数表决权；或者可以决定企业的管理机构、领导机构或者监事会一半以上的成员，这就可以推断政府对这个企业能够行使支配性影响"。这个概念虽然是欧盟委员会在一个指令中提出来的，但它在欧盟的司法实践和学术研究中得到了广泛的认可。参见 Stefan Storr, *Der Staat als Unternehmen*, Öffentliche Unternehmen in der Freiheits-und Gleichheitsdogmatik des nationalen Rechts und des Gemeinschaftsrechts, 2001, S. 35, 269; Josef Ruthig und Stefan Storr, Öffentliches Wirtschaftsrecht Rn. 653; T. Vollmöller, in: Reiner Schmidt, Thomas Vollmöller, *Öffentliches Wirtschaftsrecht* § 5 Rn. 3; VGH Mannheim NVwZ-RR 2006, S. 715; Richtlinie 2006/111/EG der Kommission vom 16. November 2006 über die Transparenz der finanziellen Beziehungen zwischen den Mitgliedstaaten und den öffentlichen Unternehmen sowie über die finanzielle Transparenz innerhalb bestimmter Unternehmen, ABl. Nr. L 318/17.

由单一的公共部门所有制向所有人多元化的方向发展；二是政府资产管理结构由传统意义上政府独自独力实施治理，向多方参与转变，在政府和民营机构之间建立合作伙伴关系，进而推进管理决策的民主化和治理结构的科学化发展。政府资产管理的民营化淡化了政府资产的所有制性质，而更关注政府资产管理的现代化。这是德国实施正确和理性的政府资产管理的重要经验。

第四，尊重经济规律，严格按照市场规则办事，坚决贯彻政企分开。德国政府对已经实施民营化的政府资产的管理，更强调政府的督查和监管，以避免本应由政府资产享受的特别优待惠及私人部门。同时还注重防止因具有政府背景的企业凭借其雄厚实力与民争利而侵害私人企业的利益。这两个方面都极大地保证了市场竞争的公平性。对于那些有政府官员参加的企业监事会，相关行政官员也尤其注意保持必要的克制，不直接干预企业的生产经营活动。其监督权的行使仅仅局限于关系到政府资产管理和经营的发展方向与规划等重大事项。

第三节　德国政府资产管理的民营化

一　关于民营化的理论基础

对于"民营化"这个概念①，无论是在德国的经济政策中，还是在法律中都没有清晰明确的定义，就是在德国学术界也没有形成通说。跟政府与民间合作伙伴关系这个概念的情况相类似，迄今为止，学术界基本上达成共识的就是：鉴于民营化现象的复杂性，表现形式的多

---

① 有很多国内文献也采用"私有化"这种表达，一般来说，私有化和民营化只是翻译的不同，两个都是德文 Privatisierung 和英文 Privatization 的中文表达，可以同义使用。本书只是从现实国情的角度考虑，认为采用"民营化"这种表达似乎更容易为官方和民间所接受。参见吴易风《关于非国有化、民营化和私有化》，《当代经济研究》1999 年第 10 期。

第二章　ÖPP在德国发展的基础：政府资产管理的民营化

样性，故不能对其进行统一的定义。①但综合各种德文的学术文献，本书考虑可以为民营化做一个粗略性的概括，即在全球范围内，可将民营化大致定义为：将公共任务全部或部分分派给私营企业或私法主体的行为。②对这个简单定义的准确理解可以借助对民营化形式进行基本划分来获得。

从将政府担负的任务和责任向民间转移的视角来观察，可以根据转移程度的大小强弱划分民营化的各种形式。首先是根本就不涉及转移的公法组织形式，这主要包括行政机关、受命企业③和自有企业④，这时任务履行和任务责任都保留在公共部门；其次是形式民营化，主要是指公共部门的自有公司，一般采用有限责任公司或股份公司的形式，这时任务履行及其责任仍保留在公共部门；再次是功能民营化，主要涉及行政权限授予私人、行政协助、政府与民间合作伙伴关系等。一般采用的形式有基于交换合同的合作和混合经济公司，由私人部门负责任务履行，而政府则承担担保责任；最后是实质民营化，即将公共任务完全移交给私人部门，政府承担必要的监管责任和承接责任。

---

① Nicole Pippke, *Öffentliche und private Abfallentsorgung*, *Die Privatisierung der Abfallwirtschaft nach dem Kreislaufwirtschafts-und Abfallgesetz.* Duncker & Humblot GmbH, 1999, S. 24; Jörn Axel Kämmerer, *Privatisierung: Typologie, Determinanten, Rechtspraxis, Folgen*, Mohr Siebeck, 2001, S. 16.

② Jan Ziekow, "Rechtliche Rahmenbedingungen der Privatisierung kommunaler Dienstleistungen", in: Meyer-Teschendorf, *Neuausrichtung kommunaler Dienstleistungen*, Deutscher Sparkassen Verlag Stuttgart 1999, S. 136.

③ 受命企业属于发起成立机构的一部分，一般发起成立受命企业的机构多是地方市政当局。受命企业没有自己的法人资格，这意味着它不是一个独立于发起机构之外的法律主体。Kummer, Ulrike, *Vom Eigen-oder Regiebetrieb zum Kommunalunternehmen: Ziel und Weg der Umwandlung nach Art. 89 Abs. 1 BayGO*, Berlin: Duncker und Humblot, 2003.

④ 自有企业是公用企业（Öffentliches Unternehmen）在德国地方乡镇层面上的传统组织形式。Schraffer Heinrich, *Der kommunale Eigenbetrieb: Untersuchungen zur Reform der Organisationsstruktur*, Baden-Baden: Nomos-Verl.-Ges., 1993.

对于上述分类很有必要进行澄清的是任务责任和任务履行这两个概念：所谓的任务责任是指公共任务的履行者应担负起相关任务的最终责任，确保任务在事实上的完成，从而满足这些相关的公共需求，特别是政府承诺公民的给付能够在实际上被保质保量地提供。而所谓任务履行是指向需求者提供给付以完成任务的实际行为。公共任务的责任和履行并非一定要由同一主体承担完成，而是可由不同的主体各司其职分工负责。其中，公共任务履行和任务责任的义务向私人部门的转移程度是民营化过程分类的决定性因素。

所谓形式民营化，也被称为表面民营化或组织民营化，指的是将公共任务的履行转交给由政府100%控股的采用私法形式设立的公司[1]，即所谓的自有公司。[2] 在这个方面，比较典型的做法是将隶属于德国地方政府的受命企业或自有企业转型为有限责任公司或股份公司。在这种形式民营化的情况下，任务和责任向私人部门转移的程度最低，也就是说，履行公共任务的责任依旧由公共部门承担，只是它在具体的履行工作的过程中采用了其他的组织形式。[3]

---

[1] Monopolkommission, Hauptgutachten 1990/1991, S. 23ff.; Hartmut Bauer, "Leitsätze des Berichterstatters", *Veröffentlichungen der Vereinigung der Deutschen Staatsrechtslehrer*, VVDStRL 54, 1995, S. 243, 251; Franz-Joseph Peine, "Grenzen der Privatisierung-verwaltungsrechtliche Aspekte", *Zeitschrift für Öffentliches Recht und Verwaltungswissenschaften*, DÖV 1997, S. 353.

[2] 例如经济促进公司（Wirtschaftsförderungsgesellschaften）、国家的银行机构、德国农业中心营销有限公司设立的营销基金（Der Absatzfonds bedient sich der Centralen Marketinggesellschaft der deutschen Agrarwirtschaft GmbH-CMA）。

[3] 进行形式民营化的主要目的是：期望在履行任务的过程中实现更高的效率。也即通过消除与政府行政层级制度、公共财政预算和服务法规的关联，来增加负责完成任务的组织的行为灵活性，以此将行政行为转变为企业行为。参见 Ulrich Cronauge und Georg Westermann, *Kommunales Unternehmen: Eigenbetriebe-Kapitalgesellschaften-Zweckverbände*, Erich Schmidt Verlag GmbH & Co, 2002, Rn. 86. 而由此产生的公共管控缺位的风险，则由预算法和地方宪法通过制定相关规范进行规避。在这种情况下，行政管理部门仍然保留对公共任务履行过程施加影响的权力，以确保公益目的的持续实现。

第二章 ÖPP在德国发展的基础：政府资产管理的民营化

但在具体实践中，表现形式最具多样性的是功能民营化。① 从广义上说，功能民营化是指一个至少在部分程度上独立于公共部门的私人主体参与公共任务的完成工作，而公共部门则在考虑民主合法性基础②的情况下，对于依法完成公共任务承担担保责任。

一般来说，在这方面可分为两种情况：一种是使用不属于主权活动的行政协助；另一种则是将行政权限授予私人。此外还包括那种委托私人执行公共行政的补充业务。这种行政的"补充任务"或"附随任务"一般采用政府合同出租或外包的形式，这主要是指公共部门某项单一功能对外发包的情况，这并非维持行政运营所不可欠缺的，一般是不触及政府与公众外部关系的行政机关内部事务。如办公大楼的清洁、公务车辆的维修、法律咨询、印刷服务等。法律规定的功能民营化事例在德国《循环经济和垃圾法》③《联邦水利法》④《巴登符腾堡州水资源法》⑤ 中都有提及，另外在《建筑法典》中还单独专门规定了功能民营化的程序步骤。⑥

作为功能民营化的特定表现形式，在政府部门和私营经济主体的多样化合作中，首先在英美国家中产生了作为新型制度安排的 PPP

---

① Martin Burgi, *Funktionale Privatisierung und Verwaltungshilfe: Staatsaufgabendogmatik-Phänomenologie-Verfassungsrecht*, Mohr Siebeck, 1999.
② 国家行为的民主合法性是《联邦基本法》第20条民主原则的本质内容。这个体系建立在层级划分严密的行政机构的基础之上，任何弱化或规避法律限定和合法监管的措施都会形成对民主合法性基础的冲击，乃至最后丧失了民主合法性。在这种情况下，国家行为就会因为违反了民主原则而违宪。
③ § 16 KrW-/AbfG.
④ § 56 Gesetz zur Ordnung des Wasserhaushalts（Wasserhaushaltsgesetz-WHG）vom 31. Juli 2009（BGBl. I S. 2585），das zuletzt durch Artikel 2 des Gesetzes vom 8. April 2013（BGBl. I S. 734）geändert worden ist.
⑤ § 45c Wassergesetz für Baden-Württemberg in der Fassung vom 01. 01. 1999（GBl. S. 1）zuletzt geändert durch Verordnung vom 25. 01. 2012（GBl. S. 65）.
⑥ § 4b Baugesetzbuch（BauGB）in der Fassung der Bekanntmachung vom 23. September 2004（BGBl. I S. 2414），das durch Artikel 1 des Gesetzes vom 11. Juni 2013（BGBl. I S. 1548）geändert worden ist.

概念。① 这种制度安排的特点是：政府和民间在长期的、有着共同目标的项目中，在签订合约的基础上共同负责，共担风险；在这种合作关系中，私人经济主体为公共项目②的完成做出突出贡献。而作为附随任务的政府合同出租或外包以及纯粹的融资业务，也即所谓的融资民营化，显然都不能满足上述前提条件，而不能被视为是合作伙伴关系项目。对

---

① 在英文文献方面，被中国学者引用最多的是美国民营化学者萨瓦斯（E. S. Savas）对PPP 概念的定义。萨瓦斯将 PPP 归纳为三个层次：首先，它在广义上是指公共和私人部门共同参与生产和提供物品、服务的任何安排；其次，它指一些复杂的、多方参与并被民营化了的基础设施项目；最后，它指企业、社会贤达和地方政府官员为改善城市状况而进行的一种正式合作。而英国学者格里姆西（Grimsey）和澳大利亚学者刘易斯（Lewis）则将 PPP 定义为如下制度安排：私营实体参与或为基础设施供给提供支持，ÖPP 项目的结果是：在达成的合同项下，私营实体为公共基础设施提供服务。从官方层面上说，政府与民间合作伙伴关系的具体概念是在美国卡特政府时期（1976—1980）首创提出的，但对其概念的有代表性的完整定义，最早则可以追溯到 PPP 理念的发源地英国。该国财政部在 2000 年发布的一份名为《PPPs：政府的举措》的官方文件中，将 PPP 定义为公共部门和私人部门为了共同的利益而在一起进行长期合作，并列举了其主要包含的三种形式。2004 年欧盟委员会在其发表的关于 PPP 的绿皮书中，首先强调了目前在欧盟范围内尚无统一有效的 PPP 定义，同时指出 PPP 作为一个专业术语，从一般意义上说，它主要涉及的是在公共部门和私人企业之间为了基础设施的融资、建设、修缮、运营、维护或公共服务的提供而进行合作的各种形式。与欧盟对 ÖPP 概念的阐释相类似，美国的 PPP 全国理事会（美国没有像英国、德国那样有一个统一的官方机构来引导和推动本国 PPP 事业的发展，PPP 全国理事会仅是一个以推广 PPP 为宗旨的非营利性的民间社团组织）将 PPP 概念解释为是公共机构与营利性公司之间的一个协议。通过该协议，这两个部门共享彼此的技术、资产来为公众提供服务和设施。除了共享资源外，它们还要共同承担提供服务和设施中的风险并分享其相关的收益。参见 E. S. Savas, *Privatization and Public-Private Partnerships*, Seven Bridges Press, LLC, 2000, pp. 105 – 106; Darrin Grimsey and M. K. Lewis, *Public Private Partnerships: The Worldwide Revolution in Infrastructure Provision and Project Finance*, Edward Elgar, 2004, p. 2; President's Urban and Regional Group Report. Katharine C. Lyall, *Public-Private Partnerships in the Carter Years*, Proceedings of the Academy of Political Science, Vol. 36, No. 2, Public-Private Partnerships: Improving Urban Life, 1986, pp. 4 – 13; HM Treasury, *Public Private Partnerships: The Government's Approach*, 2000, p. 10; Commission of the European Communities, *Green Paper on Public-Private Partnerships and Community Law on Public Contracts and Concessions*, Brussels, 30, 04, 2004, COM (2004) p. 327; The National Council for Public-Private Partnerships, *For the Good of the People: Using Public-Private Partnerships to Meet America's Essential Needs*, 2002, p. 4.

② 适合采用政府和民间合作伙伴关系的公共任务领域主要有：交通基础设施（道路和机场建设）以及公共高层建筑（如学校建筑，政府行政楼，图书馆，医院，监狱建筑，运动休闲建筑），也包括国防物流，供水、供电、供气和垃圾处理，公共短途客运，教育和科学，电子政府，城市或地区发展和经济促进，旅游，文化，环境保护，福利政策，发展援助和内部安全（即所谓的警察与私人的合作伙伴关系，Police Private Partnership）。参见 J. Ziekow und A. Windoffer, "Public Private Partnership als Verfahren-Struktur und Erfolgsbedingungen von Kooperationsarenen", in: *Neue Zeitschrift für Baurecht und Vergaberecht* (NZBau) 2005, S. 665.

第二章　ÖPP在德国发展的基础：政府资产管理的民营化

于公共部门和私人部门之间的合作可以采用多种形式加以实现。①

为了使国家履行其担保责任，ÖPP 项目需要一个可持续的、具有生命周期导向的规划和控制。因为根据合作任务和组织的不同，行政管理部门需要长期承担数额庞大的财政投入和可能出现的巨大风险。合作过程调控的关键因素是公私合作制成果评估，在计划和实施项目的每个阶段②，ÖPP 成果评估都要求对项目目标的实现情况和经济性做出全面的

---

① 主要包括以下几种形式：（1）政府公共部门和参与项目的私营企业成立混合经济公司，其中政府部门占多数份额（如51%控股），这也就是所谓的公司合作模式。参见 C. Sched und M. Pohlmann, in: Martin Weber, Friedrich Ludwig Hausmann, Michael Schäfer, *Praxishandbuch Public Private Partnership*, Verlag C. H. Beck 2005, S. 146ff. （2）收购人模式：期限在 30 年以内；由私人伙伴负责一个项目的计划、建设、融资和运营，该项目服务于政府部门，且政府部门定期向私人伙伴支付报酬，在约定期限到期后，该项目的产权被转交给政府部门。（3）租赁模式：期限在 30 年以内；在这种模式中，私人伙伴同样负责项目的计划、建设、融资和运营，该项目的产权归私人伙伴所有，政府部门可向私人伙伴支付租赁费以使用该项目设施；在合约到期时，政府部门可自主选择购买该项目的所有权。（4）出租模式：期限在 30 年以内；在这种模式中，同样由私人伙伴负责项目的计划、建设、融资和运营，他可将项目设施出租给公共部门供其使用。在合约到期时，若政府部门行使其购买权，则该项目设施的所有权转移给政府。（5）所有人模式：期限为 15—20 年；在这种模式中，私人伙伴在生产方面负责的可能只是部分重建或翻新建设。这种模式与上述各种模式的不同之处在于：政府自始至终就是项目设施的所有者和物主。（6）外包模式：期限在 15 年以内；在这种模式中，合作双方的合约内容局限于专业的项目设施部件，由私人伙伴负责对其进行一体化安装或优化（例如在能源经济领域），之后由私人伙伴负责运营。（7）特许经营模式：这种模式可与前述（3）—（6）四种模式组合运用，其特点是：私人伙伴不通过收取定期报酬来回笼资金，而是通过对项目设施征收使用费来实现再融资。它们在实际运用中呈现出多种变式，并以不同方式进行组合。参见 Bundesministerium für Verkehr, Bau und Stadtentwicklung, *PPP Handbuch*: *Leitfaden für öffentlich-private Partnerschaften*, VVB-Vereinigte Verlagsbetriebe Bad Homburg, 2009, S. 61ff.

② 阶段 1（项目识别）：目标描述，策略描述；预见性 ÖPP 成果评估（可行性研究，ÖPP 资格测试，经济性调查，包括风险分析：成本—收益分析，净值法，使用价值分析）；阶段 2（项目细化）：市场调查；设计方案的具体化；附带性 ÖPP 成果评估（经济性比较/风险分析）；阶段 3（形式化）：准备和实施招投标程序；附带性 ÖPP 成果评估（经济性比较/风险分析）；阶段 4（实施）：项目实施的工作步骤：计划—建设—运营—融资；回顾性 ÖPP 成果评估（项目实施过程观察，附带性成果控制，合同管理/合同控制）；阶段 5（结束）：合约结束/回收所有权等；回顾性 ÖPP 成果评估（最后的成果控制）。其中 ÖPP 项目的经济性考察，可参见李以所《公私合作伙伴关系（PPPs）的经济性研究——基于德国经验的分析》，《兰州学刊》2012 年第 6 期；其他则参见 J. Ziekow und A. Windoffer, *Public Private Partnership*: *Struktur und Erfolgsbedingungen von Kooperationsarenen*, Nomos, 2008, S. 71ff. ; A. Viethen, *Der Wirtschaftlichkeitsnachweis als entscheidungssteuernde Komponente bei ÖPP-Projekten*, Speyer: DHV, 2008, S. 25ff.

调查。

在实质民营化（也叫任务民营化）的情况中，政府并不具体参与相关任务和项目，而是将整个项目和任务，包括项目建设和与任务相关的责任都转交给私营部门。在遵守竞争规则以及相关法律规定，尤其是管制法律规定的前提下，项目和任务被放到市场上由多家私营企业进行竞争。①

如果民营化的项目和任务是为了维持和保证向全体公民提供质优价廉的给付，即该给付带有强烈的公共福祉利益色彩，政府就要对这类实施实质民营化的项目承接担保责任。当然，这种责任具体表现为政府的管制责任和民营化效果责任。此外，如果私人供应者缺位，在必要时政府则还需负担承接责任。所以，对此一定要有一个基本认识，就是即便在实质民营化中，也并不意味着政府绝对的全面退出。

二 德国实施民营化的法律框架

与公权独占相关的政府核心任务，如政府的内外安全、外交、国防、国家行使司法管辖的义务（包括强制执行、刑罚执行）以及财政资源保障等，不能采用实质民营化。② 另外，在干预式行政领域内③，政府承担着不可推卸的义务，或者政府可以采用负担设定的形式干预公民的自由和财产。④ 考虑

---

① R. Oster, *Gemeinde und Stadt Beil.* 9/2000, S. 5f. 在这方面比较有名的案例是，德国电力供应和天然气供应领域的民营化以及铁路、邮政和电信行业的民营化。

② M. John-Koch, *Organisationsrechtliche Aspekte der Aufgabenwahrnehmung im modernen Staat*, Berlin: Duncker & Humblot, 2005, S. 145ff.

③ 具体来说是秩序行政。S. Hermann, *Das Ermessen der Eingriffsverwaltung: zugleich e. Studie z. richterl. Ermessenskontrolle im Kartellrecht u. z. Bedeutung d. détournement de pouvoir im franz. Verwaltungs- u. europ. Gemeinschaftsrecht*, Heidelberg: Winter, 1973; G. Robin, *Die Eingriffsverwaltung und "Ethnic profiling": Untersuchung der Polizeiarbeit im Spannungsfeld zwischen Berufserfahrung und Diskriminierungsverbot*, Frankfurt: Verlag für Polizeiwissenschaft Prof. Dr. Clemens Lorei, 2017.

④ H. Maurer, *Allgemeines Verwaltungsrecht*, 17. Aufl. 2009, § 1 Rn. 20.

到德国联邦和各州皆需遵守①的功能保留原则②，属于干预式行政的国家任务一般也不适宜进行实质民营化，在涉及实施主权决策权限和执行主权行为权限的情况下③，则坚决不能进行实质民营化，没有任何通融之余地。

较之干预式行政，属于给付行政的公共任务就更适合进行民营化，这主要是指那些政府通过给予公民或法人利益和便利等方式实现行政目的的活动。④ 在将部分给付行政进行民营化的情况下，其相应的活动要遵守宪法规定并接受普通法律的约束。在德国，需要特别注意的宪法框架条件是：

因为从民主原则⑤和法治国家原则⑥派生而出的法律保留原则⑦，根

---

① StGH Bremen, *Die Zeitschrift für Öffentliches Recht in Norddeutschland* (abgekürzt: NordÖR), 2002, S. 63.

② 该款规定："行使国家主权事务通常应作为常设任务交与有公法服务和效忠关系的公共服务人员完成。"这个条款当然没有涉及针对国家的任务分配，因此也不包含"任务保证"，而是以某项正在履行的主权任务的存在为前提。参见 StGH Bremen NordÖR 2002, S. 64; J. A. Kämmerer, *Privatisierung: Typologie, Determinanten, Rechtspraxis, Folgen*, Mohr Siebeck, 2001, S. 214ff.

③ 在功能民营化的过程中将私人部门纳入进来，只能在遵守法定保留规则的前提下，采用将行政权限授予私人（Beleihung）的方式，而且根据《联邦基本法》第33条第4款的规定（即在一般情况下，由国家公务人员负责行使常规的国家主权权限），只是将之视为一种例外情况，但不得以常规方式、在更大范围内牵涉私人部门。参见 BVerwG DÖV 2006, S. 651; StGH Bremen NordÖR 2002, S. 61; BVerfGE 9, 284; BVerwGE 57, 59. 由于《联邦基本法》第33条第4款确定的一般的和例外的关系不容置疑，因此要将主权任务进行功能民营化，就需要一个客观理由。参见 BVerwG DÖV 2006, S. 651. 私人的行政协助者，如拖车公司，只能负责准备性或执行性工作，不得拥有主权决策权限；故对此并不需要法律的专门授权。如果私人在公私合作制的框架下活动，如参与建设公共高层建筑（例如行政大楼、学校建筑或监狱）的 ÖPP 项目，他们也只能负责诸如项目建设和翻新、维护保养和物业管理等任务，而不得从事这些建筑中所发生的国家主权活动。

④ H. Maurer, *Allgemeines Verwaltungsrecht*, 17. Aufl. 2009, §1 Rn. 20.

⑤ Art. 20 I, II GG. 即"（1）德意志联邦共和国是民主的和社会福利的联邦制国家。（2）所有国家权力来自人民。通过公民选举和投票并以立法、行政和司法机关行使国家权力"。

⑥ Art. 20 III GG. 即"（3）立法应遵循宪法秩序，行政和司法应遵守正式法律和其他法律规范"。

⑦ 是指在特定的情形和特定的前提下，国家行政机关只有在得到法律的正式授权后才可以采取或实施行政行为。K. Walter, *Vorbehalt des Gesetzes und Grundrechte: Vergleich des traditionellen Eingriffsvorbehalts mit den Grundrechtsbestimmungen des Grundgesetzes*, Berlin: Duncker & Humblot, 2018.

据联邦宪法法院的重要性理论[①]，并不局限于干涉性案例，而是适用于所有基本规范领域，尤其是与基本法有重大关系的领域，故该法律保留在给付行政的领域内，也适用于具有重要意义的民营化决策。这个方面的典型案例是，允许私营企业参与公民个人信息和敏感数据的处理工作，如关于国家公务人员的疾病信息。[②]

此外，在形式民营化和功能民营化的框架下，民主原则都至关重要。一般来说，民主原则与功能民营化并不存在对立。鉴于政府行为民主合法性的相关规定[③]，政府要就民营化的公共任务承担相应的担保责任。根据这种责任，那些将行政权限授予私人的行为要接受来自政府的专业监管，而且政府的这种监管权具有相当的裁量自由，对此，民间部门要给予必要的尊重。[④] 如果政府部门以私法形式运营企业，也即采用自有公司或混合经济公司的形式，同样它也需要确保自己能够对私人权利主体施加适当的影响，这在预算法和地方宪法等普通法律中都有具体的规定。

社会国家原则[⑤]要求地方乡镇政府确保能够提供恰当质量的、在适当条件下可用的公共设施，这些设施对当地居民的经济、社会和文化福利是非常必要的。[⑥]

《联邦基本法》第 28 条第 2 款以及相应的州宪法保障，承认了地方乡镇政府在法律框架下全面处理当地事务的权限以及决定任务完成方式

[①] BVerfGE 49, 126f.；83, 142. Arnim, Hans Herbert von, *Zur "Wesentlichkeitstheorie" des Bundesverfassungsgerichts*, Speyer: Deutsche Universität für Verwaltungswissenschaften, 2016.

[②] C. Sellmann, *Neue Zeitschrift für Verwaltungsrecht* (NVwZ), 2008, S. 820f.

[③] BVerfGE 107, 87f.

[④] StGH Bremen NordÖR 2002, S. 62.

[⑤] 当然，这种原则性的要求是和立法者和行政部门将之具体化和形象化紧密相联系的。参见 BVerfGE 1, 105；65, 193；97, 185；100, 284.

[⑥] S. Schönrock, *Beamtenüberleitung anlässlich der Privatisierung öffentlicher Unternehmen*, 2000, S. 28.

方法的权限。① 但对于乡镇政府的经济活动，上述规定只适用与公益目的直接相关的情况，所以那些属于纯粹营利性的活动就不在这些规定的限制之内。②

另外，地方政府民营化的许可还取决于任务的性质③：自愿性任务一般允许进行实质民营化，例外的是那些需要履行社会国家规定的生存照顾的给付任务。在这个方面，联邦行政法院做出了扩张性的解释规定，即《联邦基本法》第 28 条第 2 款要求乡镇政府有义务完成其自身的经常性任务，只要这些任务是植根于当地事务的。因此，一个乡镇政府是无法摆脱与当地相关的任务的，哪怕是自愿性任务。不过，在必要的情况下，乡镇政府的经济性任务可委托给第三方完成，但若这些经济任务与文化、社会和传统背景有关，则另当别论。若地方乡镇长期自行负责该任务，则禁止将其进行实质民营化。在形式民营化或功能民营化的情况下，地方乡镇都保留了对任务的责任。《联邦基本法》第 28 条第 2 款保障乡镇政府对当地所有事务的自治权，但这并不意味着乡镇必须自行承担当地所有的任务。地方政府自治权当然也包括这样的权利：在法律范围内它们可以自行决定是否承担自愿性任务。同样，地方乡镇政府还可根据地方自治周围环境条件的变化而对已经履行的地方任务做出与时俱进的判定。因为从《联邦基本法》第 28 条第 2 款中并不能推断出地方乡镇现有任务必须保持一成不变的状

---

① BVerfGE 79, 127 (143, 146).

② W. Otto, *Staatliche und gemeindliche Selbstverwaltung: Vorschläge zur Vereinfachung d. Verwaltung in Bayern*, Leipzig; Frankfurt am Main: Deutsche Nationalbibliothek, 2022; N. Michael (Hrsg.), *Kommunale Selbstverwaltung: Europäische und nationale Aspekte*. Berlin: Duncker & Humblot, 2021; Heinrich M. Robben, *Soziale Demokratie und wirtschaftliche Selbstverwaltung: eine christliche Gesellschaftsordnung*, Neunkirchen-Seelscheid: Editiones Scholasticae, 2021.

③ S. Schönrock, *Beamtenüberleitung anlässlich der Privatisierung öffentlicher Unternehmen*, 2000, S. 29ff.

态。① 所以对于自愿性任务，德国的地方乡镇政府也可将其进行实质民营化。②

在许可进行形式民营化和功能民营化的过程中，对于设立自有公司或混合经济公司的情况，还需注意相应地方宪法的法律限制。地方乡镇承担的没有约束性的义务性任务不能进行实质民营化，但政府在任务的具体实施方式上拥有一定的自由度。在法律框架下，这些任务可通过在自有公司或国家履行担保责任的前提下，采用公私合作制的形式完成。与之相反，那些具有约束性的义务性任务，尤其是国家任务，在没有明确法律授权的情况下，不得进行任何形式的民营化。③

如果正在履行的行政行为是主权活动，则适用于《联邦基本法》第33条第4款规定的功能保留原则。④ 只要私人部门能证明其拥有相应的专门知识和技能，并且可以更加高效地完成相关任务，政府就可以通过功能民营化的方式将任务委托给该部门。⑤

不考虑那些被严格限定的例外情况，基于私人竞争者的基本权利并不能直接得出针对参与经济活动的公共部门进入市场的抗拒权，因而也就不能禁止形式民营化或功能民营化。但这样的权利却可能因违反保护第三方的地方宪法规定，也即所谓的三位一体限制规范⑥而产生。如果存在客观理由且遵循了相称性原则，公用企业服务的接受者并不能援引

---

① F. Schoch, DVBl. 2009, S. 1535.
② K. Winfried, *Funktionale Selbstverwaltung：Verfassungsrechtlicher Status-verfassungsrechtlicher Schutz*, Tübingen：Mohr Siebeck, 2020.
③ 针对法律允许的形式民营化，公用企业由于缺乏基本权利能力而不能援引基本权利保护。参见 BayVerfGH BayVBl. 1996, S. 656. 反过来，《联邦基本法》第28条第2款并不保护乡镇不受在法律框架下活动的私人竞争，只要这种竞争没有影响到地方自治的核心领域。参见 BayVerfGH NVwZ 1997, S. 482.
④ StGH Bremen NordÖR 2002, S. 63.
⑤ BVerfG DÖV 2006, S. 652.
⑥ 这些地方宪法的规定或规范对经济活动的许可都有一定的限制。

基本权利来阻碍这些企业的形式民营化。①

德国政府在做民营化决策时，还注意到重要的普通法律框架条件：

在特别行政法中有关功能民营化的特殊规定。②

在联邦和联邦州层面预算法中的经济性规定③，该规定要求公私部门在从事给付生产时有义务进行经济性比较。此外还应注意对企业参股的特殊限制。④

在地方乡镇层面的经济性规定⑤和针对一般性经济活动以及在特殊情况下设立采用私法形式的企业的地方宪法限制规定。⑥

对于采用ÖPP的功能民营化，不管是设立混合经济企业还是以签订交换合同的方式进行合作，都应遵守公共采购法的基本规定。

在与采用私法形式设立的企业有关联的情况下，还要考虑遵守公务员法和劳动法的相关规定。

单纯的附随任务，例如建筑物清洁，印刷厂、公用厨房、洗衣店等，政府完全可以委托给民间部门承担，因为它们不涉及公共任务的履行，而只是在其框架下进行的准备性和附加性的协助工作。至于这种情况是否可以考虑将其进行功能民营化，则一般要由其效率决定。⑦

三 德国政府资产民营化的缘由和方式

德国和多数西方发达国家把20世纪70年代末80年代初以来的国有企

---

① BVerwG NJW 1995, S. 514f.
② 例如《循环经济和垃圾法》第16条、《联邦水利法》第56条、《巴登符腾堡州水资源法》第45c条的规定。
③ §7, 24 II BHO.
④ §65 BHO.
⑤ 例如《莱法州乡镇条例》第93条第3款，§93 III GO RP;《莱法州的乡镇预算条例》第10条第1款，§10 I Gemeindehaushaltsverordnung Rheinland-Pfalz (GemHVO RP).
⑥ 例如《北威州乡镇条例》第107和第108条，§107, 108 GO NW.
⑦ I. Ewald, Privatisierung staatlicher Aufgaben, 2005, S. 54.

业改造的基本政策都概括为"私有化"或者"非国有化"。本书之所以没有采用这一概念是因为这一基本政策实际上涉及两个不同层面的政府资产变革内容：政府资产所有领域的变革和政府资产经营管理方式的变革。

按照德国《联邦基本法》的规定，政府不同于企业，在一切竞争性领域内，政府都不能参与经营，与民争利。因此，德国的政府所属企业主要是在公用事业、基础设施方面投资经营或参与投资经营。德国西部的政府资产民营化经历了一个很长的过程。在20世纪50年代和60年代，与中国改革开放前的情况大致相同，德国西部的政府所属企业实际上就是德国各级政府的附属机构。政企界限模糊不清，政府主导企业发展方向，对具体的资产管理活动进行直接干预，政府资产管理不善、亏损严重等问题非常突出。在这种背景下，政府的负担日渐沉重，囊中羞涩已是常态，公共财政亟须纾困，于是政府资产管理的民营化作为缓解财政压力的良药被提上议事日程，并很快就被加以实施。① 德国政府资产民营化决策机制在通常情况下分两个层次进行。第一层次是作为国家政策由联邦、州、市议会决定，由各级政府执行。② 第二层次是在实施民营化后的经营决策。这种决策主要由政府或财政部门派出的代表以政府资产

---

① 德国地方政府实施政府资产管理民营化的先驱是北威州的科隆市，该市自20世纪60年代初就已经开始全力推进政府资产管理的民营化。以科隆市公用事业总公司为例。该总公司也即康采恩在1962年组建，科隆市政府是唯一的控股股东，下设供电、供水、供气、公共交通、港口货运五个子公司。其中的公共交通公司一直处于亏损状态，其他则有一定的盈余。成立康采恩的最主要目的就是平衡子公司之间的盈亏，获得实际减免税收的优惠。从政府资产经营方式角度来看，康采恩的设立使政府原来的直接附属机构改造成为与私人企业相同的联合公司和有限责任公司，企业获得了经营自主权，政府资产的管理状况得到了极大的改善。目前，科隆市公用事业总公司已经发展成为一家规模庞大且具有较好效益的集团公司。在整个科隆市，政府所属企业都已转制为有限责任公司或股份公司，不再有直接隶属于市政府的非法人型的无限责任企业。

② 以科隆市为例，政府资产的出售、国有有限责任公司或股份公司的设立须由市议会决定；政府所属企业民营化后由市财政局主管并按股份比例派出监事，选出董事；其中一些重要的民营化企业可由行政市长作为监事会主席。在这一层次的决策中，按联邦多党制国家的分权特点，联邦、州、市各有自己的政府资产，在服从宪法的前提下，按各自的权限分别单独做出联邦、州、市之间的政府资产民营化决策，并不一定统一，甚至可能相反。

所有权人的身份，按民商法、公司法规定的程序和方式做出。①

具体来说，德国政府资产的民营化主要是指政府资产经营方式的民营化，也即将政府所属企业的组织形式改制为有限责任公司或股份有限责任公司，而非政府资产的私有化。在这个方面，政府资产民营化的典型示范案例在联邦层面上就是将东西德的铁路合并改组成为德国铁路股份有限责任公司；将德国飞行安全局改制为德国飞行安全有限责任公司；将联邦邮政总局拆分为三；② 将联邦印刷厂③、联邦司法部公报都转制为面向市场的公司。在地方层面上则是各大中城市的公用事业公司民营化④，更具代表性的则是科隆—波恩机场。⑤

另外，从政府是否控股的角度来观察，德国公共部门对已经实施民营化的政府所属企业有两种施加影响的方式：在政府资产数额可以实现控股的企业中，政府除了通过宏观经济政策对其施加管控之外，更主要的是直接对企业的运行和经营进行干预，以保证其不偏离政府设定的以公共利益最大化为目标的轨道；对于自己只是参股的企业，政府则主要通过制定宏观经济政策来间接影响或调整其相应的经营活动。

---

① 在这种决策中，具体的经营管理者享有在民商法上的充分权利，可在其权限内直接处分政府资产。当然，关系到经营中的重大决策，作为政府主管的财政部门需要向议会请示，有的需经议会批准。但作为企业可以独立地做出决定，不受议会的制约，除非法律有特别规定。因为在有限责任公司或 333 股份公司中，政府资产代表只享有相应股份比例的权利，而没有超越于其他股东之上的权利。一切企业决策均需由各方股东按民商法、企业法协商或表决做出。政府资产代表可以贯彻议会决定，但不能保证按议会决定执行。何况一个企业中的国有资产股份也可能由多个不同政府资产主体投资构成，它们之间也存在着利益差别、目标差别。

② 拆分为德国邮政股份有限责任公司（Deutsche Post AG）、德国电信股份有限责任公司（Deutsche Telekom AG）、德国邮政银行股份有限责任公司（Deutsche Postbank AG）。

③ Deutsche Bundesdruckerei. 现在该印刷厂又再次国有化。

④ 比较知名的案例有柏林市自来水厂（Berliner Wasserbetriebe）民营化；斯图加特市的内卡公用事业局（Neckarwerke Stuttgart）民营化；埃森市公用事业局（Stadtwerke Essen）和杜塞尔多夫公用事业局（Stadtwerke Düsseldorf）民营化。

⑤ 德国的国家体制共分为联邦、州、市三级政府。这三级政府各自拥有独立的财产，都属于政府资产。科隆—波恩机场的财产由六个不同的国有主体投资形成：联邦政府占 31%，北威州占 31%，科隆市占 31.12%，波恩市和其他两个市占其余部分股份。这个百分之百的政府资产但由六个投资主体形成的有限责任公司，产权关系清晰。参见 http://www.koeln-bonn-airport.de/。

第四节 原民主德国区域内政府资产的托管和转让

一 政府资产托管局的设立

1990年东西德实现了统一，实质上就是民主德国[①]被整体并入联邦德国。为了实现两种迥然不同的经济体制的顺利并轨，也即将原东德的中央计划经济转换为西德的社会市场经济。[②] 1990年3月，原民主德国的人民议院依法设立了托管[③]局，[④] 其背景是在东德并入西德后，应该怎么处理原属政府的庞大的国有资产。除去将其组织形式转换成为西德常见的公司模式外，是否将全部政府资产都建立成一个国家控股公司也在

---

① 德国东部地区，也即原民主德国，其面积约为10.8333万平方公里，人口为1667.4万人（1988年），共有六个联邦州。在1990年之前，民主德国实行的是社会主义计划经济体制。当时分为14个行政专区，最高行政机关部长会议高度集权，建立了庞大的垂直领导的企业联合体，采取各自为政、自给自足的模式，各联合体垄断着各自的市场，拥有各自的后勤企业，学校和社会服务设施。当时，除了历史遗留下来的一些小规模的手工业私营企业的私有财产和国家行政机关公共服务机构、军队等使用的国有财产外，大部分都是政府所属企业的资产，被称为人民财产（Volkseigentum），因没有精确的统计数字，据估计，这些财产当时的账面价值约为6000亿—8000亿马克。参见 Constanze Paffrath, *Macht und Eigentum. Die Enteignungen 1945 – 1949 im Prozess der deutschen Wiedervereinigung.* Böhlau, Köln u. a. 2004; Siegfried Wenzel, "Was war die DDR wert? Und wo ist dieser Wert geblieben? Versuch einer Abschlussbilanz." *Das Neue Berlin*, Berlin 2009.

② 原民主德国实行计划经济，所有制基础是公有制，其国有资产的管理都是在国家政府机关的统一安排下进行的。各种产业都通过计划指导运行。政府资产的管理活动既受政府计划的限制，又得到政府的保护和扶持，没有任何竞争和破产的压力。在微观经济结构中，联合企业是东德经济结构中最重要的单位。东德共有316个联合企业，其中152个直接隶属于国务委员会并且直接经营。这种联合企业由10—15个企业组成。非中央隶属的联合企业在规模上要小一些，它们隶属于各个地区（上述数据皆来自德国联邦银行1991年的数据）。

③ 德文原文是"Treuhand"，直接翻译是"信托"，但是国内多数学者将此翻译为"托管"。

④ Beschluss zur Gründung der Anstalt zur treuhänderischen Verwaltung des Volkseigentums (Treuhandanstalt) vom 1. März 1990. 整个涉及托管局的法律共有两部：一是1990年3月1日的法律，二是6月17日规定托管局任务的法律。Andreas H. Apelt und Lars Lüdicke, *Die Treuhandanstalt: Pragmatismus, Erfolgskonzept oder Ausverkauf?* Halle (Saale): Mitteldeutscher Verlag, 2021; B. Marcus, *Die Treuhandanstalt 1990 – 1994*, Erfurt: Landeszentrale für politische Bildung Thüringen, 2015.

讨论之中。① 此时托管局的主要任务是如何拆分东德政府所属的联合企业以及如何将其继任企业转换为资本公司。

1990年6月《人民财产民营化和重组法》②等法令相继颁布，正式对原属政府的资产实行民营化。由此专门针对原东德政府资产的托管制度③被确立，根据这个法律，托管局成为原属东德政府的8500多家企业的"所有者"④，负责对这些政府资产进行管理⑤，这些资产的组织形式也逐步转换为公司模式，也即有限责任公司和股份公司两种形式。

托管局作为联邦政府直辖的公法法人⑥，其任务是将原属于民主德国的资产按照市场经济的原则进行民营化转制，或者在无法实施民营化的情况下⑦，将部分企业予以关闭，或确保相关企业的效率和竞争

---

① 1990年2月1日，当时的反对派"现在民主"（Demokratie Jetzt）就圆桌会议提出了一个草案，即关于尽快组建托管公司以维护原东德国民在人民财产中股权的建议。该建议规划了一套向原东德国民发放相应股票的方案，该方案只是作为非硬性的规定被列入了《经济、货币和社会联盟条约》中，但最终并没有实施。参见 Laabs, Dirk, *Der deutsche Goldrausch. Die wahre Geschichte der Treuhand*. Pantheon-Verlag, 2012. S. 30 ff, 73 – 78, 99.

② 也被简称为托管法。Gesetz zur Privatisierung und Reorganisation des volkseigenen Vermögens (Treuhandgesetz) vom 17. Juni 1990.

③ 就托管法又专门出台了托管章程（Durchführungsverordnungen zum Treuhandgesetz vom 17. Juni 1990）。

④ 单纯从时间上看，在两德合并之前便确立西德的一个机构是东德国有企业的"合法所有者"似乎存在着一定的法律障碍，其实，两国在1990年5月8日签订过一个《经济、货币和社会联盟条约》，这个条约确立了两国自1990年7月1日开始，将以联邦德国的社会市场经济为基础，结成经济、货币和社会联盟。所以两国事实上自1990年7月1日就实现了实质意义上的统一了。

⑤ Die Aufgaben der Treuhandanstalt: Von der Planwirtschaft zur Marktwirtschaft. Deutsches Rundfunkarchiv, 23. Juni 2009, abgerufen am 10. Oktober 2013.

⑥ 其主要是接受联邦财政部的监管。德国《托管法》第1章第2条规定："财政部负责公有财产的私有化和重组工作，并向议会负责。"第3条规定："财政部将其相应的任务执行委托给托管局。"

⑦ 托管局不是将所有的国有资产都要进行民营化，《托管法》第1章第5条规定："国家、德国邮政以及它的领导机构、运河的管理机构、公共街道网络的管理机构以及其他国有企业不适用本法。"托管局必须使得经济结构适应市场的发展要求，同时也对企业采取恢复发展的措施以使其变得更加有竞争力。还要注意区分政府资产存在的不同形态。德国政府资产托管局对属于政府的资源型资产进行民营化的态度是非常谨慎的。《托管法》第1章第6条规定："对于林业和土地方面的政府资产的民营化，托管局必须考虑到这些领域的经济、生态、结构、私有法律方面的特殊性。"

能力。① 同时，在民营化的背景下，还有可能出现滥用公共资产和经济犯罪的案件，托管局也有职责对之进行管控。

按照原来的规划，托管局在完成东德政府资产改造后将于1994年12月31日正式解散，但在同年8月有关托管局设立和任务的法律就被修改了。遵照新的法律规定，托管局在1995年1月正式改名为德国统一特别事务联邦局。② 该局承接了原来托管局的主要职责。③ 修改后的法律还授权联邦政府可以向政府所属的公司和其他机构发布指令。④ 原由东德政府机关控制的不动产买卖的职权被转移到了联邦财政部；同时，联邦政府取得了托管局不动产公司的股份。⑤ 在还没有实施民营化的企业中，政府所持股份多数都被转移给托管局全资拥有的子公司。⑥

二 政府资产托管局的法律基础和目标

托管局的法律基础主要是两德《统一条约》和《托管法》，同时

---

① §8 Treuhandgesetz. 也即托管局必须使得经济结构适应市场的发展要求，同时对企业采取恢复发展的措施以使其变得更加有竞争力。B. Franz, J. Martin, *Management-Buy-Outs in Ostdeutschland*, Halle (Saale): IWH, Institut für Wirtschaftsforschung Halle, 1996.

② §1 Treuhandanstaltumbenennungsverordnung vom 20. Dezember 1994, "Die Treuhandanstalt wird in Bundesanstalt für vereinigungsbedingte Sonderaufgaben umbenannt", Unger, Jobst-Friedrich von, *Staatliche Kontrolle über die Treuhandanstalt: ein Beitrag zur Vereinigungsgeschichte*, Berlin: Finckenstein & Salmuth, 2015.

③ 如13000多家企业民营化合同的监督与执行、清算剩余未拍卖政府资产、为环境清理与整治提供财政援助，等等。

④ 也即它们仍处于联邦政府的直接与间接控制之下。不过，联邦政府不能向德国统一特别事务联邦局分派任务。

⑤ 事实上，这种做法助长了本欲革除的官僚主义作风，因为政府更关注如何获取更多的职权和利益，对于如何满足投资者的需求则漠不关心。参见 Bundesministerium der Finanzen: Bund verkauft TLG IMMOBILIEN GmbH-Größte Unternehmensprivatisierung des Bundes seit fünf Jahren. Presseerklärung Nr. 81/12 vom 12. Dezember 2012.

⑥ 这个子公司持有那些还没有民营化或者适合将来民营化的公司的股份。现在这些股份随着托管局的解散而被转移到了联邦财政部，这些公司的民营化将由联邦财政部负责继续推进。某些还没有实施民营化的公司的股份仍然由统一特别事务联邦局持有，该局将负责将之民营化。参见 Giesenans-Michal, The Treuhandanstalt Lives on, *International Financial Law Review*, London: Feb. 1995, Vol. 14, p. 53.

在必要的情况下，还需经过民主德国党和群众组织的资产审核委员会①的同意。具体来说，这些法律主要包括《人民财产民营化和重组法》《原人民财产之配置确认法》《赔偿和补偿法》《处置产权未定财产问题法》。②

托管局的上级主管部门是联邦财政部，它向审计部门负责，同时还要接受联邦总理的直接监督。在具体业务上，托管局由董事会领导，董事会由一个总裁和其他四个董事组成，他们由管理委员会聘任和解聘，向部长会议报告工作，并且在对外事务中由董事会的成员代表托管局。③ 作为一个公法法人，该局实际上只负责那些经营不善、陷于困境的政府所属企业，并就其实际损失予以必要的支付。故不可将之视为控股公司，尽管它拥有依法通过改制公有财产而形成的股份公司的股权。④ 其职责就是将国有资产的管理民营化，并按社会市场经济的原则来使用公有财产。⑤ 其相应的逻辑是，托管局将现有国有资产的管理结构予以彻底改变，使其中具有竞争性的政府所属企业直接面向市场，政府只承担那些不宜进入市场的国有资产的管理工作，其最终结果是从整体上提升国有资产管理的效率和效益。⑥ 在工作的初期，托管局就是将政府所属的大型企业拆分到中小企业⑦，采取直接出售或通过必要

---

① Kommission zur Überprüfung des Vermögens der Parteien und Massenorganisationen der DDR (UKPV)，该委员会以民主德国的政党法为基础，具有独立性。

② Vermögenszuordnungsgesetz (Gesetz über die Feststellung der Zuordnung von ehemals volkseigenem Vermögen); Gesetz über die Entschädigung nach dem Gesetz zur Regelung offener Vermögensfragen und über staatliche Ausgleichsleistungen für Enteignungen auf besatzungsrechtlicher oder besatzungshoheitlicher Grundlage (Entschädigungs-und Ausgleichsleistungsgesetz-EALG); Gesetz zur Regelung offener Vermögensfragen am 23. September 1990.

③ 参见德国《托管法》第3章。

④ 参见德国《托管法》第2章第4条。

⑤ 参见德国《托管法》第2章第1条的规定。

⑥ 参见德国《托管法》第2章第6条的规定。

⑦ 也就是将德国的联合企业拆分成为更小的且享有独立法律地位的法人。当然仅仅是简单的拆分并没有解决如何使那些新的法人变得更有效率的问题。

的改造后再转让的形式。此外,托管局的工作任务还包括将部分国有资产①划归地方所有以及将一部分资产归还原所有人。划归地方的国有资产管理由托管局在地方上的分支机构负责②,之后这些分支机构的管理工作几乎完全由来自联邦德国的职业经理人接管。

确切地说,托管局是融合了政治和经济双重因素的混合产物。这种身份上的混合性主要源自相关法律对其职责和目标规定的模糊性。因为法律规定了托管局可就自己的职权范围进行解释和说明,在责权利不明晰的情况下,这种稍显模糊的授权会给托管局的工作带来一定的麻烦③,因为它必须对不同的利益集团的代表④做相应的说明或辩解。托管局初期确定的工作指导方针是"迅速的民营化、坚决的创新和仔细的清算"。在这个时期民营化被视为"万能神药",认为其是确保政府在就业、公共基础设施和社会问题等方面的政策取得成功的前提条件。但很明显的是,民营化并非意味着无所顾忌地将政府资产全盘出售给私人部门。就业问题、社会问题都是民营化过程中必须予以充分考虑的因素⑤,因为这些和地方政府、政党和工会组织的利益休戚相关。⑥ 所以托管局的人员构成也是多元化的,不同的利益集团在其中都有相应的代表。⑦ 但对于多方面的目标

---

① 例如一些政府所属的幼儿园、体育设施、公共服务机构等。

② 通常而言,托管局的分支机构负责该地区所有的企业,大概有1500名雇员。每个地区性的分支机构负责管理200—300个小型或者中型企业。它们有权谈判、批准贷款额度以及按照所涉及的限制范围内的资本额提供担保。然而,涉及民营化的最终决策还是要由设在柏林的托管局总部拍板。

③ 例如托管局在工作初期就遭受了社会民主党(SPD)发起的调查。

④ 一般是指各个政党。

⑤ 也即不能仅按照经济逻辑要求对政府资产进行清算,托管局的工作既要重视政治因素,还要兼顾公众反应,因为民营化的决策一方面可能会导致部分雇员失业,另一方面还涉及纳税人支付的钱如何使用的问题。

⑥ Klaus Dieter Schmidt, "Strategien der Privatisierung", *Preliminary version contribution of a research paper of the Treuhandanstalt*, March 1993, p. 342.

⑦ 以受托人委员会为例,在其24个成员中,11个具有政治背景,5个是新的土地所有者,4个是贸易部门的代表,两个是联邦政府的代表。

需求①，托管局还是显得力不从心，其原因是这些目标在客观上受限于市场规律，并非仅靠主观意愿就能实现。同样，最终将政府资产进行转让或处理仅是民营化复杂冗长程序中的最后环节，托管局并非一个简单的政府资产的拍卖者。因此，按照联邦德国的惯例，为雇员在500人以上的政府企业配备监事会②，成为托管局的首要任务和工作目标。同时，加速民营化进程也成为托管局的主导政策。③ 调整经济结构与就业问题不再交付给托管局解决，而是留给政府和工会各自处理。④

三 托管局实施民营化的具体做法

依照法律规定，托管局可以自由确定如何将政府资产民营化。一般来说，主要有三种方式：拍卖、招标和证券化。根据政府资产的具体性质、规模和所处的地理位置等条件，托管局可以灵活安排民营化的具体方式。如果实行拍卖，托管局就要发布拍卖公告，最终由价高者得。但在实际民营化的过程中，托管局并没有采用这种方式。因为政府资产的民营化并不是一个单纯的经济问题，而是不可避免地含有政治考量。故而托管局采取的更多的是招投标的方式。

就招投标方式来说，首先就是要为政府资产寻找买主。托管局通过

---

① 例如托管局要补贴部分经营不善的企业，以保证相应的工作岗位得以保留；要确保部分城市工业中心的地位；要实现相应的经济结构的调整。参见德国《托管法》第2章第6条。

② 在监事会中，80%的监事会主席和70%的成员来自于其他公司（主要是西德的公司），20%的成员来自西德的银行。监事会最初的职责是在与企业的管理人员协商后拟订重组计划，他们有权解雇经理并雇用外部的职业经理人来取代他们。参见"Hand of Kindness: is Germany's Treuhandanstalt a good Thing?" *The Economist*, London: Mar. 21, 1992, Vol. 322, p. 71.

③ 在德国统一之后，在基民盟和自由民主党之间发生过党争，这两个党派在联邦议会中都拥有财政与经济部门的席位。经济部长主张托管局应该承担重建机构的职责，财政部长则主张托管局应该努力推进民营化，在经过激烈的争论后，经济部长取得了胜利，赢得了这场争论。参见 Collier Jr, Siebert, Horst, "The Economic Integration of Post-Wall Germany", *Kiel Working Paper*, No. 462, Kiel Institute of World Economics, February 1991.

④ 但托管局的决议相对于政府还是无法保持其独立性，政府的整体宏观政策还是会对托管局的决策产生间接影响。

国内外报纸等新闻媒介，刊登拟转让政府资产的公告，招标寻找买主，并为有意向者提供必要的资料。① 民间投资者在获知相关政府资产民营化的消息后，可根据自身需要，向托管局提出书面申请。该申请作为投资者的标书，除提出报价外，投标人还应就中标后如何就相关政府资产的管理和运营计划做出详尽说明。② 此外，投资者还应保证提出的民营化计划不与国家相关的法律法规相抵触。

托管局要求每个潜在的投资者都要提交相应的竞标计划。投标人是否中标的关键并不完全取决于报价的多少，而是在于计划的可行性、是否对劳动力市场有所贡献及其未来的投资计划是否具有可信度。在有多个投标人的情况下，托管局会更倾向于关注那些有持续发展计划，且大致不改变现有政府资产功能的投资者。③ 对于那些有可能对当地整个区域产生影响的民营化项目，托管局将会邀请与之相关的各个部门都参与谈判的过程。④

在具体的投标谈判过程中，主要出现了三个方面的问题。一是相对托管局而言，在政府相关资产的民营化方面，投标人往往拥有更多的信息优势，从而在谈判中更具主动性，进而导致谈判的结果并不一定有利于政府资产的保值增值；二是托管局在谈判过程中暴露出其协商过程缺乏透明性，在确定中标人的标准方面也不具有统一性；三是对那些没有

---

① 托管局除了提供东部地区各工业部门规模大小不等的企业和供开发的土地及农业设施林地的名称、地址、电话号码外，还通过在局内设立的企业信息服务机构，向投资者提供企业主要的产品门类、职工工作的能力水平、隶属行业部门等详尽的资料。

② 这主要包括开展业务和投资财务计划、雇工计划、与供销双方业务关系设想。这样做的关键目的是，通过观察投资者制定的清晰明了的资产管理规划，可以大致预测在相关的政府资产实施民营化后是否有可能出现亏损的情况。

③ 当然，这种原则在事实上并没有什么可行性，因为强调政府企业的存续性跟经济效益的追求这两个目标之间存在着不可调和的冲突，因为只要有竞争，就得要求相关经济结构进行重组。

④ 例如 Henningsdorf 公司的民营化，当时德国国内共有 5 家投资者提交了计划书，投资者在中标之前与联邦政府、工会、雇员委员会、托管局以及当地政府进行了接近 6 个月的谈判。

获得托管局要约的潜在投标人存在一定的不公平性。①

政府资产的定价，需要由托管局与投资者协商谈判，一般要参照市场价格来确定。为保证定价的公平合理，就要参考有关资产评估的财务评估标准。

在投标人中标后，按照相关的法律规定，有义务接收现有的全部雇员。要是在彻底改变政府资产管理运营模式，或企业是在破产或无力偿付债务的情况下，投标人可以适当地对雇员的工作岗位做出裁撤和调整。对被解雇的雇员应支付一定的补偿，以保障其基本的生活水平。如果接管者无力承担这笔费用，托管局应给予必要的补贴和支援。②

在两德统一之前，原民主德国的许多政府所属企业都因向银行借贷而负有债务。由此德国政府做出规定，对这些企业进行的民营化改造或以提升竞争力为目的的重组，其现有的或继承的债务均可得到豁免。托管局可以制定减免债务的比例，根据企业债务是否豁免以及豁免多少的具体情况，可以制定新的转让价格。对那些受债务拖累非常严重的企业，托管局给予一定的宽限期，同时还可以为其获得商业银行的贷款做必要的担保。

托管局推行民营化的目的是培育一个有利于竞争的市场环境，使政府资产得到有效管理和运营，同时为促进中小企业的发展提供良好的机遇。所以托管局欢迎投资者投标获取政府所属企业的某一部分去搞专业化管理和运营，同时也鼓励投资者从托管局购买一家企业的经营权，而无须购置该企业所拥有的土地产权。托管局允许中标人在一定时期内采取租赁营业场所的形式，以照顾那些拥有良好发展规划，但财力却有限

---

① 1991年托管局在将近3万家政府所属的企业民营化时采用的就是向公众发出投标要约的方式。为了控制民营化的风险，托管局只是将招投标的要约发给了原属那些企业的雇员。

② 在讨论定价阶段，应该将安置雇员的费用考虑进去。

的中小投资者。①

关于通过证券交易所来进行民营化。最初只有一个东德政府所属的企业真正实现了上市，因为这种方式存在着一个逻辑上的困境：通过上市实现民营化的前提就是必须先得民营化，至少要就相应的资产结构进行重组。② 故而实际上当时的政府所属企业并没有进入股票市场的机会。

四　托管局推行民营化的工作成果

在三年内，托管局对约 13000 家政府所属企业进行了民营化改造。其余 370 个不隶属于托管局的企业也在一定时间内进行了民营化。从 1996 年开始，私人部门在德国东部的经济投资达 1824 亿马克，在服务业方面创造了约 70 万个工作岗位。③ 托管局用了仅仅三年的时间就将东德地区几乎所有政府资产都实现了民营化，为社会市场经济在德国东部地区的快速发展奠定了坚实的基础。

第五节　小结：借鉴和思考

建设可以实现对政府资产实施有效管理的运营体系。在德国，无论是联邦层面还是联邦州层面，或者是地方乡镇政府层面，都有一套专门

---

① 也即为加快民营化进程，托管局将相关程序予以简化，允许投资者可先采取长期租赁的形式，在一定时期内，有按预定价格的优先购买权，或延期支付一部分价款。对没有找到合适投资人的政府资产项目，托管局将考察该项目在未来是否有发展效益，如有较好的发展前景，则由托管局拨款先委托私人部门进行治理，等治理的效果显现之时，则无偿划拨给实行治理的私营企业。

② 为此德国学者还讨论提出德国需要修订现有的上市法律，将严格的上市门槛予以废除。参见 Siebert, Horst, Holger Schmieding, Peter Nunnenkamp, "The Transformation of a Socialist Economy-Lessons of German Unification", *Kiel Working Paper* No. 469, March 1991.

③ 前东德约有 320 万名劳动力，托管局虽能确保 150 万个就业机会，但也只有一半的人可以保留其工作位置。一些经济发展比较薄弱的地区在中短期内面临着大约 50% 的失业率。参见 Hrst Schulz, *Das Wagnis der Einheit*. Stuttgart: Deutsche Verlagsanstalt, 1993, S. 79.

针对政府资产进行管理和运营的成熟体系，这保证了政府资产管理的有序性和有效性。在这个体系中，政府资产的产权非常清晰，政府和企业之间的职能也有明确划分。也即政府仅承担其社会经济的管理职能，对政府资产的管理职能，则由专门的管理机构负责。政府资产的行政管理和资产的具体运营分开，政府负责资产的行政管理，专业公司负责政府资产的经营和保值增值。政府资产的所有权和企业法人财产权分开，使运营机构可以成为依法自主经营、自负盈亏、自担其责的市场主体。

严格划分中央和地方的政府资产管理权限。"央地关系"特别是在政府资产管理方面的权限划分是非常复杂的。在德国，并没有对所有的政府资产进行民营化，而是承认了地方的财产所有权。① 当然，这和德国的联邦制密切相关，但毋庸讳言，忽略各地的差异性而试图用几个简单的规定来统摄全国的政府资产管理和改造是不切实际的，在具体的执行层面其最终结局也不过是应付和敷衍。②

加快公司化，促进现代企业制度的建立。现代企业制度是德国政府资产进行有效管理和运营的基础，这为多元投资主体参与政府资产管理提供了可能。无论是国有独资公司、有限责任公司，还是股份有限公司，只要是明确参与政府资产管理的投资主体，就享有和其他投资主体相同的权利和义务；政府以其资产参与投资，作为投资主体，它应和其他股东一样，享有投资收益权，并以出资额为限对企业承担有限责任；政府仅仅是社会经济的主管部门，政府资产的管理与政府机构之间并不存在行政层级上的隶属关系。

使政府资产合理流动、重组，提高其运营效益。德国在政府资产流

---

① 德国《托管法》第1章第1条规定："服务于地方公务活动和任务的政府资产按照乡镇和城市的法律进行民营化。"同时其第1章第5条也规定："乡镇、城市、行政专区、州的政府资产不适用本法。"

② 那种所谓"中央统一所有、地方授权管理"的方式最终只能导致中央与地方政府之间的一种"博弈"，事实上降低了资产的使用效率。

动、重组方面有一整套行之有效的办法，其政府资产的管理已经从实物形态转化为价值形态；从静态的凝固化的管理调整为动态的、流动化的管理。政府资产的价值化有利于资产的流动，而只有资产的流动和重组，才会实现资产使用和运营的效率以及效益。在这个方面，德国政府在市场经济的框架内，扶持了大型企业集团和跨国公司，为政府资产的合理流动创造了条件。鼓励有条件的政府所属企业跨行业、跨地区、跨国界地相互参股、持股，促使产权主体多元化，经营范围多样化。同时，注重采取激励措施鼓励中小企业参与政府资产管理和运营，增强其活力，盘活了政府资产的存量。在这个过程中，注意加强对产权流动的管理，严格按照法律和程序办理，从是否有利于政府资产的保值增值，防止政府资产流失的角度，谨慎审核，妥善处置产权转让事宜。

将政府资产管理部门的行政职能与经济职能相分离，完善其内部治理结构。托管局虽是一个暂时性的机构，但在具体运作过程中它常因公益目标和经济效益冲突的不可调和而饱受争议。托管局在设立之初曾试图将这两个目标加以协调融合，但相关法律规定的模糊性造成了托管局在定位上亦不够清晰，政府资产民营化的过程涉及很多社会问题，这种错综复杂性使托管局在初期难有作为。最终德国政府还是将托管局的行政职能和经济职能适当分离，将调整经济结构以及促进就业等工作交由政府和工会负责，托管局将其精力集中投放在为政府所属企业配备监事会和进行民营化的等方面。在内部治理结构方面，德国托管局有董事会、承担股东会职能的管委会①以及下属的专业控股公司。其管理层的人员构成具有广泛的代表性，并非完全来自行政部门。② 管委会协助和监督

---

① 管理委员会由16个成员和一个主席组成，主席和其中7个成员由部长委员会任命，其中的两个成员由议会从议员中选举产生，剩余的7个成员由议会根据总理的建议来任命。参见德国《托管法》第4章。

② 例如托管局的董事会由管理委员会任命和免职，但同时它却向部长会议（Ministerrat）报告工作。参见德国《托管法》第3章第3条。

第二章 ÖPP在德国发展的基础：政府资产管理的民营化

董事会的工作，董事会则定期向管委会报告。① 托管局的章程也可规定何种行为必须经过管委会批准。由此可见，托管局隶属于联邦财政部更多的是在名义上，在具体运作中，它享有相当的独立性。这种管理层的构成方式也使托管局不同于一般意义上的行政机关，而是所谓的"公法法人"。托管局还非常重视社会力量，尤其是独立知识分子的参与。除去聘用大批职业经理人外，会计师、经济审计师、律师、企业顾问等专家也都通过托管局参与到政府资产的管理当中。②

注重法治建设，以法律作为实施政府资产管理的首要手段。作为一个法治国家，德国有深厚的立法传统。在推进政府资产管理民营化的过程中，德国无不是通过有关方面的立法来求解。立法过程有诸多必经程序，在反复争辩和商讨中，较之一时冲动式的拍脑袋决策，往往更会得出相对理性和成熟的方案，避免纯粹因为决策失误而带来不必要的损失。而在法律框架内解决相关问题，有章可循，有法可依，可使行为人对自己即将采取的措施或行为有充分合理的预期，有利于提升行动效率并享有必需的法律保障。所以德国在政府资产管理民营化上的一整套法规体系，对民营化的顺利推进起到了强有力的保证作用，这也是ÖPP在德国实现良性发展的基本前提。

尊重现有制度框架，政府有限参与。德国推出的新政策或新计划，都努力在现有的制度、政策或法律框架内做适当的修补增删，而不是轻

---

① 托管局董事长则向管理委员会主席报告所有重要的交易事项。
② 德国在出台政策或法律之前，一般都要委托独立的专家团队做调研并给出专家意见，在决策时，这些专家意见将是非常重要的参考依据。作为政府最高级的公务员，德国的教授一般都有丰厚的薪金收入和崇高的社会地位，经济上的独立和极高的自我期许，使德国知识分子可以充当国家和民族的良心和智者，他们一方面从专业的角度对政府决策给出合理化、科学化的建议，另一方面还从独立知识分子惯有的批判立场对政府政策和行为提出批评，为弱势群体说话，为普通民众代言。难能可贵的是，德国政府有尊重分子的传统，非常重视知识分子在政府决策中的作用，这使德国的很多政策和法律在发布后都显示出严谨至无懈可击、精细到穷尽可能的特点。这也是德国多项制度设计在全世界都堪称典范的主要原因。参见李以所《全球化：德国的应对、经验与启示》，《改革与战略》2013年第6期。

易地另起炉灶，推倒重来。这样一方面可以最大限度地保持政策和规则的连续性，另一方面还可以避免不必要的资源浪费。同时在政府资产管理民营化的过程中，德国政府始终坚持"有所为，有所不为"的原则。既采取了必要的调控监管措施，又严格限定自己的投入规模、行为边界和时间长度，充分尊重市场经济主体在民营化中的作用。这样既最大限度地发挥了政府调控的作用，又避免了对市场的过度干预，使政府资产管理的民营化主要依靠市场客观的自发力量，而不是政府主观的人为推动，从而把政府调控的副作用控制到最小。

第三章

德国政府的考量：ÖPP 的政治经济学分析

第一节 导论

政府选择与民间力量结合，建设合作伙伴关系，其首要考虑的就是采用这种形式的经济性问题。在面向社会推广合作伙伴关系的过程中，务必进行成本收益分析。对一个合作伙伴关系项目的总体成本投入、量化收益、资金缺口、项目提供的公共产品和服务的价格，都要进行科学的分析和衡量。如果缺少这个环节，政府的选择就没有正确依据，凭感觉盲目上马合作伙伴关系项目，烂尾几乎就是必然的结局。对来自民间的社会力量来说，在不了解政府本身的承担能力和可支配资源的情况下，贸然决策、草率参与，也很有可能造成深陷其中而不能自拔的后果。

作为政府与民间合作伙伴关系的先驱和引领者，英国自 20 世纪 90 年代以来实施"民间主动融资"的初衷就是，吸引私人资本进入公共领域，更好地实现资金的价值，从而减轻公共财政负担。[1] 在各国政府引入 ÖPP 的过程中，几乎无一例外都将 ÖPP 视为财政纾困的灵丹妙药。[2]

---

[1] Graeme A. Hodge and Carsten Greve, "Public Private Partnership—An International Performance Review", in: *Public Administration Review*, Vol. 67, No. 5, 2007, p. 548.

[2] Jan Ziekow und Alexander Windoffer, *Public Private Partnership: Struktur und Erfolgsbedingungen von Kooperationsarenen*, Nomos, 2008, S. 8.

从历史上看，民间机构接受政府部门的委托，与之合作参与公共职责的履行，既不特别亦不新鲜，① 尤其是德国甚至一直就有私人部门参与经济行政的传统。② 所以讨论ÖPP的关键并不在于是否能够将私人纳入公共任务的履行中，而是要考虑这种做法是否有效率，是否具有经济性。因为公共财政的减负并非单纯依靠与民间合作即可实现。有时较之传统的模式，政府和民间合作伙伴关系却需要付出更高的成本。③ 因此，德国联邦财政部明确提出："ÖPP并不是政府财政紧张时期实现融资的手段，而是为国家和公民以更高的效率提供更好服务的一种制度安排。"④

新政治经济学认为，在分析某项政治决策时，必须考虑到参与者的利

---

① Wettenhal Roger, "The rhetoric and reality of public-private partnerships", in: *Public Organisation Review*, Vol. 3, No. 1, 2003, p. 92; Urs Bolz, *Public Private Partnership in der Schweiz*, Schulthess, Zürich, 2005, S. 3.

② 在德国，经济行政的任务并不需要强制性地以公法组织的形式，通过直接或间接的国家行政由行政机关来履行。因此有些经济行政部门可以实施形式民营化，也就是说，借助私法上的法定形式使这些部门获得法律上的独立地位。同样，政府也可与民间合作组建一个独立的公司，来完成经济行政任务。在这个方面，德国比较常见的有地方政府和企业合作设立的经济促进公司，其目的是促进地方经济发展。具体来说，在德国私人部门参与经济行政主要表现为行政授权、辅助经济行政等。其中行政授权是指政府将行政权力委托或转移给私人部门，其目的是实现公共行政的非集权化，缓解和减轻公共行政的负担，挖掘和发挥私人部门的积极性、禀赋优势和资源潜能。一般来说，被授权人是作为私法意义上的自然人或者法人，通过法律或基于法律，他们被赋予国家公权力，以他们自己的名义履行某项行政任务。辅助经济行政主要是指行政助手和执行助手这两种情况。行政助手可以被理解为不以自己名义从事与经济行政有关活动的私人，他们不需要也没有获得任何来自公共部门的授权，只是接受和服从行政机关的任务分派和指示。行政助手的行为完全归属于委托他的行政机关。例如是在某官方决策的准备过程中聘请使用私人专家提供咨询服务。而执行助手最典型的事例是：某拖车公司接受公共部门的委托，将违规停放的机动车拖走。在这个过程中，拖车公司是独立履行其职责的，但是它与行政任务的实际履行产生了联系。故在很多文献中，都会将之称为"独立的行政助手"。不过，在最新的德国文献中已越来越不强调执行助手和行政助手之间的区别了。参见 Burgi, *Funktionale Privatisierung und Verwaltungshilfe*, 1999; J. Ziekow, *Öffentliches Wirtschaftsrecht*, 2. Aufl. 2010.

③ Holger Mühlenkamp, *Ökonomische Analyse von Public Private Partnerships（ÖPP）-ÖPP als Instrument zur Steigerung der Effizienz der Wahrnehmung öffentlicher Aufgaben oder als Weg zur Umgehung von Budgetbeschränkungen?*, Discussion Paper Nr. 55, Deutsches Forschungsinstitut für öffentliche Verwaltung Speyer, 2010, S. 2.

④ http://www.bundesfinanzministerium.de/nn_39840/DE/BMF_ _Startseite/Service/Glossar/O/004_ _Oeffentlich_ _Private_ _Partnerschaft.html.

益关系，这较之履行公共职责的效率更加重要。[①] 对政治家们来说，选票最重要。显而易见，通过对公共基础设施进行投资或者提供其他的公共产品和服务，最容易赢得选票。基于债务上限的原因而采取的财政预算紧缩性政策则会失去选票。既要遵守"债务刹车"规则，又要提供尽可能全方位的优质的公共产品和服务，最有效的方法就是大力推行ÖPP。

从这个角度上观察，一个合理的猜测是：政治家们关注ÖPP，不仅是为了提高履行公共职责的效率，而且是为了赢得选票。因此，虽然较之传统方式，ÖPP并不一定具有经济性，但在政治上它却表现出了吸引力。

第二节 背景：德国政府公共债务问题的治理

美国有评论人士认为，地方政府的债务负担过重是导致PPP出现的核心原因[②]，德国的情况虽不尽相同，但厘清其公共债务的相关问题却是探讨德国ÖPP的必要前提。对这个问题的背景有了深入了解，就能更好地理解德国政府为什么选择大力推行政府和民间的合作伙伴关系了。

在欧洲主权债务危机中，同属欧元区的德国政府表现出了较高的债务管理能力和水平，其公共债务一直保持着高等级的信用，且市场范围还在不断拓展。在金融和经济双重危机的冲击下，德国虽然也推出了大规模的经济刺激计划，但在保持相对较低通胀率的前提下，很快就恢复了经济增长。失业率并没有因为危机而上升，甚至还出现了就业的高潮。这不能不说是德国在全球化时代创造的另一个经济奇迹。

---

① Holger Mühlenkamp, "Public Private Partnerships ökonomisch analysiert-Eine Abhandlung aus der Sicht der Transaktionskostenökonomik der Neuen Politischen Ökonomie", in: Budäus, D. (Hrsg.), *Kooperationsformen zwischen Staat und Markt. Theoretische Grundlagen und praktische Ausprägungen von Public Private Partnership*, Baden-Baden, 2006, S. 29–48.

② R. A. Beauregard, "Public-Private Partnerships as Historical Chameleons: The Case of the United States", in J. Pierre (ed.), *Partnerships in Urban Governance-European and American Experience*, New York: St Martins Press, 1998.

这些成绩的取得与德国拥有丰富的通过立法限制公共债务规模的经验密切相关。① 因为德国的立法机关始终都在努力确定一个公共债务规模的界限，既要保证公共部门在可预见的时间范围内有能力逐步偿还这些债务，还要避免公共财政的灵活性因这些债务产生的利息而受到限制和影响。在这个方面，德国《联邦基本法》和欧盟的相关立法都是实现这个目标的法律保障。因为德国《联邦基本法》始终都在努力尝试给公共债务的规模和年度新增设定一个限额，欧盟也从国家条约的角度对各成员国公共债务的规模进行着宏观调整和控制。

一 1949 年、1969 年《联邦基本法》和现行《联邦基本法》关于公共债务的规定

德国在 1949 年 5 月 23 日通过的《联邦基本法》第 115 条关于国债规模控制的条款，承继了魏玛共和国 1919 年《德意志国宪法》第 87 条采用的标准。其中，关于国债规模控制的条款把国家的财政需求分为常规和非常规两种。在这部 1949 年《联邦基本法》的讨论阶段，其第 115 条就已经包含了一个特别条款。这个特别条款规定，为了应对国民经济发展的波动或消解已经出现的经济危机，联邦政府可以采取必要的融资措施或举债措施。同时该条款还强调，政府实施借贷要符合两个基本前提：首先，政府面临的财政需求必须是非常规的；其次，原则上政府实施的相关借贷要在未来几年内确定能够做到还本付息。②

在德国人的观念中，从根本上说，政府债务也是宪法赋予国家的一种获

---

① 德国的公共债务问题不单单是一个经济问题，同时也是一个法律问题。就公共债务来说，其相关立法不但可以保证公共部门举债行为的合法性和权威性，而且能够对公共债务发行及交易管理的公正性和有效性有所促进。

② 1949 年德国《联邦基本法》对国家债务规模控制的条款，和魏玛共和国 1919 年《德意志国宪法》中的相应条款具有同样的不足，因为对在未来几年内确定能够做到还本付息的规定太过模糊和宽泛，所以在实际操作中并不能适用《联邦基本法》第 115 条来实现限制国家的公共债务的目的。参见 Grundgesetz für die Bundesrepublik Deutschland 23.05.1949.

得收入的权利。只是和税收不同，政府的债务在数量上始终受到了限制。1969年修订的德国《联邦基本法》第109条第2款和第110条第1款第2项对政府的收入和支出做了基本的规定，与政府债务相关的内容则继续由第115条规定。这些条款之间的关联度非常紧密，其中，较之1949年笼统且模糊的宽泛规定，1969年《联邦基本法》第115条做出了具有重大意义的修正，表现出了更大的与时俱进的灵活性。在公共债务方面，联邦政府被赋予了更大的决定权。[①] 而在1949年《联邦基本法》的相关规定中，则显得相对僵化和保守。

按照1969年修正后的《联邦基本法》第115条的规定，原则上联邦政府年度新增债务不能超过政府财政预算中确定的政府投资总额。在国民经济平衡受到干扰的情况下，作为一种例外情况，确定的政府投资上限可以被打破，但其目的应仅限于用来排除这种干扰。不过，从总体上说，1969年《联邦基本法》的第115条对于政府债务的限制相对而言还是处于比较宽泛的状态。[②]

---

① 这次宪法修正案明确规定《联邦基本法》第115条仅适用于联邦政府，因为作为联邦制国家，在各个联邦州层面上都有其相应的独立的法律法规，财政法也规定了各级政府预算是独立的。自此《联邦基本法》第115条成为在联邦政府层面上最重要的政府债务限制条款。

② 因为依照这条规定，在国民经济发展周期的正常阶段，联邦政府筹措的债务金额可以和预算中投资的数量相同。但在国民经济发展的衰退阶段，为了重振国民经济的繁荣和景气，联邦政府就可以举借超过投资总额的债务。在法律实践中，对于究竟什么才是国民经济平衡受到的干扰，德国学界曾展开了激烈的讨论，最终德国联邦宪法法院给出了一个相对明确的定义。可对于什么是国民经济发展的正常阶段、繁荣阶段和衰退阶段却一直没有达成共识。尽管在国际上有明确的参数和指标来评价国民经济发展的状况，但每个经济体都有其特殊的情况且对国民经济发展的各个阶段有着各自具体的理解。在实际操作中，由于相关定义的不确定性导致联邦政府对于国民经济情况的估计和评价拥有很大的自由裁量度，这就使得1969年《联邦基本法》第115条对国家债务的限制效应的正常发挥受到了影响。前面已经提到，1969年《联邦基本法》第115条第1款第2项和第109条第2款有着非常紧密的联系。按照《联邦基本法》第109条第2款的规定，联邦政府在年度预算制定过程中，必须考虑到国民经济发展的周期和各阶段平衡的问题。这个要求同时也包含了对公共债务的法律限制效应。《联邦基本法》第109条第2款与第115条第1款第2项在立法上相互呼应，共同协作成为限制联邦政府举债行为的宪法基础。在国民经济发展周期的不同阶段，依据这些条款，联邦政府债务筹措的行为将得到认可或受到限制。借助《联邦基本法》第109条和第115条的协同作用，联邦政府可以在经济繁荣时期积攒收益，进而能够偿还之前的债务。这就意味着预算制定者在国民经济发展周期的正常和繁荣阶段可以使政府完全无须举债，或者在预算确定的投资限额之下筹措债务。也就是说，1969年《联邦基本法》第115条（转下页）

按照德国联邦审计院的说法，这个时期的德国宪法对于政府债务的限制在实际运行中是毫无效果的。

德国现行《联邦基本法》中关于政府债务的相关条款产生的背景是：在实际操作中，1969 年《联邦基本法》第 115 条根本无法控制日益增加的公共债务。2005 年秋，德国联邦财政部开始着手考虑调整与公共债务相关的法律法规，因为在之前的 15 个财政预算年度中没有任何一年的新增债务在 1969 年《联邦基本法》第 115 条规定的限额之下。正是在这种情况下，同时在德国联邦改革方案的框架之下，德国联邦议会和联邦参议会在 2006 年 12 月 15 日确定成立一个共同的委员会来改革联邦政府和联邦州之间的财政关系。这个委员会在 2009 年初确定了政府债务禁止法案，用来限制德国联邦政府的债务，也即《新债务限额》法案。为了强调其长期约束力，德国的立法者意欲将其写入《联邦基本法》。德国人形象地将这一法案称为"债务刹车"①。其详细规定是：自 2016 年起，不考虑因经济周期波动而引起的赤字，德国的结构性赤字不能超过其国内生产总值的 0.35%；并且各联邦州自

（接上页）确定的政府举借债务的限额只有在和国民经济周期发展相协调的情况下才可以使用。纯粹从理论上说，在 1969 年《联邦基本法》第 109 条和第 115 条的协同作用下每个预算年度都应该不需要举借债务。可是实际情况却并非如此，事实上联邦政府一直在持续性地举借债务，乃至在国民经济发展的繁荣阶段也无法偿还。德国实际的公共债务的运行情况和 1969 年《联邦基本法》第 109 条和第 115 条设定的情形完全不同。参见 Grundgesetz für die Bundesrepublik Deutschland in der im Bundesgesetzblatt Teil III, Gliederungsnummer 100 - 1, veröffentlichten bereinigten Fassung, das zuletzt durch Artikel 1 des Gesetzes vom 13. Juli 2017（BGBl. I S. 2347）geändert worden ist.

① 根据该法案，需要对 1969 年《联邦基本法》中的第 109 条和第 115 条的内容进行调整。德国联邦议会在 2009 年 5 月 29 日通过了新的条款，联邦参议会在 6 月 12 日也通过了新的条款，相应的《联邦基本法》修正案也在 2009 年 8 月 1 日开始实施。随着新的《联邦基本法》条款的实施，1969 年修正的《联邦基本法》第 115 条的内容不再有效。F. Johannes, *Die Schuldenbremse des Grundgesetzes und ihre Umsetzung in den Ländern: ein Beitrag zum föderalen Staatsschuldenrecht nach der Föderalismusreform II*, Berlin: Duncker & Humblot, 2021; F. Sabine, *Die Reform des bundesdeutschen Staatsschuldenrechts im Zuge der Föderalismusreform II: Ausdruck eines institutionellen Wandels?: eine Analyse der Weiterentwicklung der "Goldenen Regel" zur "Schuldenbremse" aus politökonomischer Perspektive*, Berlin: BWV Berliner Wissenschafts-Verlag, 2017.

2020年开始,不能新增任何债务。① 由此看来,这一规定不仅强调减少公共债务的数量,还旨在从根源上减少甚至消灭赤字。

从总体上说,新的《联邦基本法》条款是个伴随着例外情况的宪法规定。它不仅仅适用于联邦政府,同时还适用于联邦州政府。按照《联邦基本法》第109条第3款第1项和第115条第2款第1项的规定,联邦政府和联邦州政府的公共财政收入和支出在原则上应该无须举债即可达到平衡。也就是说,联邦政府和联邦州政府的财政预算基本上不能再开列赤字。② 对于联邦政府来说,当它的年度新增结构性负债,也即非因经济发展周期波动而引起的负债,不超过所在年度国内生产总值比重的0.35%时,即可视为联邦政府实现了财政收支平衡。这个著名的限制已经成为修正后的现行德国《联邦基本法》关于公共债务规模控制的核心内容。③

有一种例外情况是,当联邦政府或者联邦州政府面临自然灾害或者处于罕见的危急状态时,对于国家处于罕见的危急状态的认定需要经联邦议会四分之三的多数通过。④ 此外,在认定的同时还需要对举借

---

① 也就是说,联邦政府和各联邦州政府原则上都不能在财政预算中开列赤字,之前《联邦基本法》第115条中关于投资额上限的规则将不再适用。参见张峰、徐波霞《德国各级政府债务的刹车制度及其借鉴》,《中国财政》2017年第23期。

② 对此在《联邦基本法》第143条第1款中还有一个过渡规定:原定于2009年8月1日实施的《联邦基本法》第109条和第115条的新规定将从2011年财政年度开始实施。联邦政府需要从2016年开始实现公共财政收支平衡,而联邦州政府需要从2019年开始实现公共财政的收支平衡。这进一步明确了联邦政府和各个联邦州政府需要在随后的财政年度实现完全没有负债的目标。如前所述,自2020年始,各个联邦州政府在随后财政年度中的举债将受到严格禁止,其财政预算应基本不依靠贷款来进行平衡。

③ 为实现这一目标,德国联邦政府从2010年起每年都需在联邦财政预算中节约100亿欧元。此后,该法案规定的合法债务额将逐年减少。相对于美国的"债务刹车",德国的这一规定是个很大的进步。从其执行的具体情况来看,联邦政府的"债务刹车"已经于2013年提前三年完成。由此在德国红黑联盟协议中设定的目标,即结构性稳健均衡的联邦预算重新得以实现。参见张宪昌《德国债务刹车的运行设计》,《决策探索》2014年第7期。

④ 参见德国《联邦基本法》第109条第3款第2项和第115条第2款第6项的规定。BGBl. I S. 2347.

的债务绑定一个偿还计划①，显而易见，这是德国立法者试图通过一项特别规定给予政府更多的回旋余地或操作空间来应对不可预测的紧急状态。

如果联邦政府的实际举债金额超出了法律所规定的结构性债务和经济发展周期债务的上限，超出部分需要转入一个特别设立的控制账户。②当政府年度新增债务超过国内生产总值的1.5%时，相关债务要按照国家经济发展的实际情况进行偿还。德国立法者设立专门的控制账户的意图很明显，就是要让《联邦基本法》中的公共债务新规定并不局限于掌握联邦财政预算计划的制订，而且可以参与联邦财政预算具体实施的管控。

二 德国地方政府债务的治理

德国是三级政府结构的联邦制国家，其政府层级包括联邦政府、联邦州政府和地方政府。德国《联邦基本法》关于公共债务的相关规定，其调整对象主要针对的是联邦政府和联邦州政府，至于各个地方政府，则一般采用地方自治的原则进行处理。根据德国法律和财政体制，各地方政府都拥有一定规模的地方债务权限。不过，从德国各级政府债务比重来看，联邦政府债务占比最大，联邦州次之，地方政府债务占比相对较低。

由于欧洲央行多年来一直实行量化宽松政策，相应的借债门槛和成本都变得很低，这直接刺激和推动了欧元区内各个地方政府借债的积极性，在这个方面，德国的地方政府也不例外。鉴于政府贷款年利率仅为1%左右，故很多地方政府都试图通过借贷来促进当地经济的繁荣。早年德国地方政府的借贷主要用于基础设施或工程建设等，因为

---

① 也即政府所借的债务需要在适当的时间范围内能够还本付息。
② 参见德国现行《联邦基本法》第115条第2款第4项的规定。BGBl. I S. 2347.

如果没有足够资金来建设或完善公共基础设施，企业就会搬迁至其他基础设施条件相对更好的地区，造成社会资本外流，使得地方竞争力进一步下降，政府不得不借新债还旧债，进而导致地方财政状况的持续恶化。

对于地方政府举债而言，德国的治理结构体现出纵向控制和横向制衡的特征。从纵向控制来说，在地方自治制度下，各联邦州能够独立确定其地方政府的举债额度，故而在德国控制地方政府举债规模的法律规定在各州并不相同。总体而言，地方政府必须向联邦州财政部门或其相应的其他机构提交预算，这使地方预算的透明度得到了基本保证，有利于实现上级政府对地方财政实施早期的有效监督。[①] 除联邦和州自上而下的纵向控制之外，地方政府各部门之间也在公共债务的管理上形成横向制衡，这主要体现为地方议会实行的预算监督。[②] 从德国的经验来看，通常那些严格执行预算监督的地方政府，其公共债务的水平都是比较低的。

三 欧盟法对公共债务的限制

在欧洲层面上，欧盟规定各成员国需要保证每个财政年度新增的公共债务不超过国内生产总值的3%，而且国债负担率不能超过60%。从总体上说，《欧洲共同体条约》和欧洲《稳定与增长协定》一起确立了较为完善的法律框架体系。尤其是《稳定与增长协定》设定了各成员国

[①] 对于一些极端情况，也即在个别地方政府陷入财政困境时，财政部门可以拒绝批准该地方的预算申请，并要求修改预算后重新提交。或者由上级政府给予必要的协助，以使该地方政府脱离困境，避免其信用破产。

[②] 地方预算部门与市政会议相互独立，市长支出必须经市政会议授权并通过地方预算部门执行，未经市政会议同意，地方预算部门不得改变资金用途。如有预算外支出的要求，则须由财政局向议会提出。同时还有两个机构负责监管预算案的执行：一是在议会预算委员会下设的审计小组，专门负责审查上年度预算案的执行情况；二是垂直隶属的城市监督，拥有准司法性的调查权，对正在执行的政府预算和前一年的政府收支进行监督。

的预算赤字上限，因为财政赤字的增加将导致可利用的资金由私人领域转向公用领域，并削弱投资者对经济的信心。① 欧盟进行的与公共债务相关的改革也遵循了该协定的逻辑，即原则上各成员国的财政预算应接近平衡或略有盈余。②

按照欧盟的这些规定，各成员国有义务实现公共财政的基本收支平衡或者在国民经济发展周期的正常阶段实现财政盈余。欧盟法在原则上相较于各成员国的国内法具有优先适用的地位，包括各个成员国的宪法在内，这是在欧盟范围内得到广泛认可的共识和规则。③

欧盟关于尽可能收缩公共财政开支的规定和欧洲《稳定与增长协定》对各成员国预算赤字的限制，在视觉效果上简单明了，非常容易激发公众对成员国公共债务问题的关注。不过遗憾的是，这些条款对欧盟各国公共债务规模的实际控制却收效甚微。其中最具争议性的就是相关法律规定中的那两个临界值的问题。德国学界普遍认为，这个国内生产总值的3%和国债负担率的60%，在设定上太过于草率和武断，缺乏足够有力的理论支撑。另外，在相应的法律法规中并没有对逾越临界值的成员国制定令人信服的干预措施，这也引起了很大的争议。雷声虽然很大，雨点却很小，综合起来看，在欧盟法层面的相关法律法规对各成员国公共债务规模的控制只不过是在感观上产生了一

---

① Berthold Busch und Björn Kauder, *Der Stabilitäts-und Wachstumspakt*：*Bestandsaufnahme und Vorschläge für mehr fiskalpolitische Disziplin in Europa*，Köln：Institut der deutschen Wirtschaft Köln Medien GmbH，2021.

② 德国总理默克尔在2014年就指出，如果欧洲国家不遵守《稳定与增长协定》，那么欧洲的经济增长信心将受到损害。

③ 与德国现行《联邦基本法》中公共债务规模控制的条款相类似，欧洲的《稳定与增长协定》同样也有针对例外情况的规定：当重大的非常规事件，例如自然灾害或国民经济的严重衰退出现时，以及当国内生产总值在一年内下滑超过2%的情况下，当年新增政府债务超过国内生产总值的3%是被允许的。

定的积极影响，但在具体操作中却并无多大的实质意义。①

如此一来就直接造成了欧盟各成员国平均的政府债务负担率持续居高不下，即便是在2002年到2007年欧洲各国经济普遍比较繁荣的阶段也没有明显下降。一直到作为美国次贷危机延续和深化的欧洲主权债务危机爆发，欧盟各成员国才真正认识到在公共债务负担超过政府承受范围的情况下，必将引发政府严重违约风险。在这个严峻的背景下，欧洲多数领导人都同意实施一系列新的"全面"措施来平息债务危机。于是欧盟各成员国在2012年3月签署了名为"经济货币联盟稳定、协调与治理协议"的政府间协议，也即《欧洲财政协议》。② 伴随着这个协议的签署，欧盟各成员国必须在本国内确定禁止政府举债并把相关条款写入宪法。《欧洲财政协议》在2013年开始生效实施，以用来限制欧盟各国公共债务的规模。③ 实际上，欧洲经济和货币联盟的此番改革或多或少都借鉴了德国的经验，因为德国在2009年已经在《联邦基本法》中写入了"债务刹车"的条款，这个限制条款对于欧洲层面上的公共债务限制规则是一个新的补充，故而在欧洲公共债务控制方面，德国是处于引领地位的。

四 对德国现行公共债务立法的争议和批评

在德国国内，对于"债务刹车"等规则的实施一直存在着争议

---

① 比如按照欧盟条约的规定，突破规定公共债务上限的成员国可能会受到包括罚款在内的制裁，但在执行层面上，迄今还没有哪个国家曾受到这样的处罚。

② 德文为：Vertrag über Stabilität, Koordinierung und Steuerung in der Wirtschafts-und Währungsunion，参见Hannes Rathke, *Sondervertragliche Kooperationen: Systemrationalität einer Handlungsform der europäischen Integration am Beispiel der Kooperationen der EU-Mitgliedstaaten in der europäischen Staatsschuldenkrise*, Tübingen: Mohr Siebeck, 2019, S. 115.

③ Berthold Busch und Björn Kauder, *Der Stabilitäts-und Wachstumspakt: Bestandsaufnahme und Vorschläge für mehr fiskalpolitische Disziplin in Europa*, Köln: Institut der deutschen Wirtschaft Köln Medien GmbH, 2021, S. 23.

和批评。较之其他全球经济大国,因为受到欧盟和欧洲央行的双重制约,德国本身在宏观经济政策方面的操作空间和回旋余地被极大地压缩了,联邦政府实际上的作为已经变得非常有限。而那些在欧债危机背景下出台的一系列限制政府举债的立法举措,使联邦政府针对经济周期运行所能够采取的因应之策进一步受到掣肘,其最终损害的将是整个德国国民经济的发展。① 德国经济学家彼得·博芬格教授②就认为,"债务刹车"立法并不可取。因为面对繁复多变的经济形势,政府将因此机制而丧失使用财政手段的灵活性,根本就不利于经济复苏。

2016年9月,汉斯—伯克勒基金会宏观经济与周期研究院的一份研究报告认为,近年来,德国预算平衡的基本实现并非得益于"债务刹车"立法,而应归功于低利率、温和的经济复苏、就业率和工资水平提高等诸多因素。他甚至进一步指出,要是没有这些因素,"债务刹车"将会对预算平衡起到消极作用。同时相应的模拟模型也再次证明,正是基于这些因素的共同作用才决定了德国在2009年和2010年的实际经济增长率远高于预估水平。因为要是只达到预计的经济增长率水平,联邦政府在2016年就可能会减少410亿欧元的收入。这就是说,只通过债务刹车立法,而没有其他诸多因素的协同,德国的经济增长率从2011年到2016年可能会低于1.4%。在这种情况下,联邦政府财政收入的减少是必然的。③ 德国联邦财政部也在一份关于联邦议会质询的回复中承认,欧洲央行的持续低利率政策使得财政预算无赤字得以

---

① Die Schuldenbremse gefährdet die gesamtwirtschaftliche Stabilität und die Zukunft unserer Kinder, https: //www. boeckler. de/pdf/imk_ appell_ schuldenbremse. pdf.

② 德国政府的核心智库"五贤人委员会(Sachverständigenrat zur Begutachtung der gesamtwirtschaftlichen Entwicklung)"成员之一,德国维尔茨堡大学货币与国际经济学教授。

③ Christoph Paetz, Katja Rietzler, Achim Truger, The Federal budget debt brake since 2011, *IMK (Macroeconomic Policy Institute) Report* 117e, Düsseldorf, September 2016.

实现。2008—2015 年，德国政府实际节省了 1220 亿欧元的利息支出。2017 年预计债务利息支出为 201 亿欧元，而在 2008 年还曾高达 402 亿欧元。①

被迫的节俭并不能促进未来发展，德国政府的"节俭强迫症"在世界舞台上早已被诟病，如今在德国国内也争议不断。德国的多家智库发布的研究报告大都指出，德国政府应该在低利率的大环境下优先加大加快公共投资，同时对"债务刹车"政策提出了批评。即使是设计了德国债务钟的德国联邦纳税人协会（Bund der Steuerzahler, BdSt）也表达了类似观点。②

"债务刹车"立法的目的在于使公共债务不超出合理界限，故而这项新规则的实施受到德国公众和相关机构的欢迎。但相应的担忧和质疑也是绵延不绝，因为如果这项机制的目标不能实现或在运行中出现失误，那么最终仍是要由全德国的纳税人买单。如前所述，按照现行的《联邦基本法》第 109 条，联邦政府和各个州政府原则上都不能在财政预算中列明赤字，之前《联邦基本法》第 115 条中关于投资额上限的规则也不再适用。尤其是联邦各州到 2020 年将不再允许发行新的债务，例外情况仅为出现自然灾害或严重经济衰退时。这些规定将会引发很多新的问题，因为目前德国部分联邦州的财政状况要比联邦糟糕得多。③ 从 2020 年起，不莱梅、柏林、萨尔等公共财政已经陷

---

① Deutschland verdankt "schwarze Null" auch der EZB-Politik. 06. 09. 2016, https://die-presse. com/home/wirtschaft/international/5080910/Deutschland-verdankt-schwarze-Null-auch-der-EZBPolitik.

② Plötzlich sind Staatsschulden nicht mehr böse 11. 06. 201, https://www. welt. de/finanzen/geldanlage/article142370964/Ploetzlich-sind-Staatsschulden-nicht-mehr-boese. html.

③ Georg Hermes, Lukas Vorwerk, Thorsten Beckers, *Die Schuldenbremse des Bundes und die Möglichkeit der Kreditfinanzierung von Investitionen-Rechtslage, ökonomische Beurteilung und Handlungsempfehlungen*, Düsseldorf: Institut für Makroökonomie und Konjunkturforschung (IMK) in der Hans-Böckler-Stiftung, 2020.

入困境的联邦州的政府机构是否还能正常运营,仍将严重存疑。可以预见,最终还是要由联邦政府来解决这个难题。但联邦政府自身也是泥菩萨过河,在同样难以获批发行新债的情况下,这些州的财政纾困依旧可能无解。如果不给予相关州必要的财政援助,以满足债务削减的需要,德国各州出现不均衡发展的"两极分化"几乎是必然的结果。①

考虑到上述后果,德国联邦政府早在2012年就给予包括不莱梅州、萨尔州、石勒苏益格—荷尔斯泰因州以及柏林在内的各联邦州为期十年共计8亿欧元的援助以减少其结构性赤字。援助资金由联邦和联邦州各分担一半。但接受联邦援助的前提是,这些联邦州要采取一系列的稳定措施,包括财务重组计划以保证该州政府在2020年之前实现预算平衡并在之后遵守财政规则。接受援助就要付出相应的代价,很显然,德国在传统上得到充分保护的联邦州预算管理的完全自主权已经被牺牲掉了,受援助的联邦州不得不接受更严格的预算监控。设定这个财政援助的前提非常干脆且有效,任何反对财务重组计划的联邦州,其在未来的援助要求都将被拒绝。②

德国实施财政援助的背景是,那些经济实力比较薄弱的联邦州,如不莱梅、萨尔、柏林、萨克森—安哈尔特、石勒苏益格—荷尔斯泰因等,如何实现其预算平衡。对此,德国早就确立了一种横向均等化制度,即基于整体主义、国家利益的团结原则,由经济实力比较雄厚的联邦州直接向相对较弱的州实施转移支付。同时再加上联邦政府的转移支付,各

---

① Falter, Johannes, *Die Schuldenbremse des Grundgesetzes und ihre Umsetzung in den Ländern: ein Beitrag zum föderalen Staatsschuldenrecht nach der Föderalismusreform II*, Berlin: Duncker & Humblot, 2021.

② 关于财政援助的具体内容则由《团结援助法》(Gesetz zur Gewährung von Konsolidierungshilfen)和当事州与联邦所签订的行政协议来规定。参见 Gesetz zur Gewährung von Konsolidierungshilfen (Konsolidierungshilfengesetz-KonsHilfG) vom 10. August 2009 (BGBl. I S. 2702, 2705).

联邦州财力基本上能够达到全国的平均水平，从而可以实现各州的财力均衡，经济状况欠佳的联邦州所面临的预算难以平衡的问题就迎刃而解了。这是德国政府公共债务治理的鲜明特色，也是德国社会市场经济强调秩序自由主义的重要体现。①

德国学界针对"债务刹车"的批评还有很重要的一条，就是这个方案太过笼统，而且没有经历过必要的试验阶段。② 本来这个机制最重要的目的是，保障未来国民经济的正常运行，但实际上却只能局限于稳定公共部门债务水平。从这个意义上说，将禁止公共债务作为财政政策的手段太过单一了。而且随着减税政策的同步实施，必然会对社会的全面发展产生消极影响。虽然公共债务的增长会因此受到限制，但其代价则可能是下一代教育水平的下降、本可避免却因此未能避免的环境污染，以及陈旧落后甚至废弃无用的公共基础设施。③ 除了太过单一的缺陷之外，德国的"债务刹车"政策还存在很大的漏洞，因为实际上这个规则很容易被曲线绕开。④ 这就为德国公共债务的增长预留了可回旋的余地。⑤

---

① 参见李以所《地方政府征税权研究——基于德国经验的分析》，《地方财政研究》2013年第2期。

② 因为在此之前，除了瑞士之外没有任何国家实施过。即便是在瑞士也于2003年将相关债务立法予以废止。参见 Die Schuldenbremse gefährdet die gesamtwirtschaftliche Stabilität und die Zukunft unserer Kinder. https://www.boeckler.de/pdf/imk_appell_schuldenbremse.pdf.

③ Michael Hüther, Jens Südekum, *Die Schuldenbremse-eine falsche Fiskalregel am falschen Platz*, Düsseldorf: Düsseldorf Institute for Competition Economics (DICE), 2019.

④ 比如联邦政府可以通过增资的方式获取自有企业和私营企业的股份，而相关支出在净债务报表中是可以不显示的。也就是说，依据对这一新规定的创造性解释，联邦政府和州政府都可以举债来购买陷入经营困境的公司和银行的股份。那么类似于在2009年金融危机期间发生的通过举债融资而进行的对银行的援助，可以经常性地随时无限制地被批准许可。参见 Hält die Schuldenbremse das, was sie verspricht? http://www.gevestor.de/details/haelt-die-schuldenbremse-das-was-sie-verspricht-729433.html.

⑤ 比如德国公共债务规则限制的并非国家整体上的负债，而是联邦政府和各州政府的负债；对于公共企业参股所需的资金，可被允许无限制地举债募集；对在紧急情况下取得的贷款，并没有法定的偿还期限等。

第三节 ÖPP 和传统公共项目建设方式的比较

一 政府和民间合作伙伴关系的特征

如前面专章所述,尽管政府和民间合作伙伴关系概念十分流行,但由于其构成形式多种多样,在学界迄今还没有出现普遍认可的定义。合作伙伴关系在实践中呈现出不同的样式,各个国家采用的 PPP 模式和具体表述也不尽相同。不过,在这绚丽缤纷的多样化中,德国的 ÖPP 还是具有诸多一般性的要素特征的。①

在本书中,政府和民间合作伙伴关系可以被解释为在履行公共职责或完成公共任务的过程中,由私人承担两个或两个以上相互关联的价值链创造环节的政府与民间的合作方式。这个价值链创造过程可分为五个环节:计划设计,建造,投资,运营维护,使用。按照至少包含两个环节来计算,可以产生 26 种 ÖPP 类型。在传统的公共任务履行方式中,一般只允许一个私人经济主体参与一个价值链创造环节。如果来自民间的不同的私人经济主体相互独立地参与公共任务履行的多个环节,且不与政府承担共同责任,那么这种合作就不能被视为 ÖPP。②

概括来说,一个真正意义上的政府和民间合作伙伴关系项目应该具备如下特征:③

(1) 合作是跨部门的,政府和民间部门在地位上平等。

---

① 参见 [英] 达霖·格里姆赛、莫文·K. 刘易斯《PPP 革命:公共服务中的政府和社会资本合作》,济邦咨询公司译,中国人民大学出版社 2016 年版,第 12—14 页。
② Graeme A. Hodge and Carsten Greve, "Public Private Partnership—An International Performance Review", in: *Public Administration Review*, Vol. 67, No. 5, 2007, p. 545; Dorothea Greiling, "Public Private Partnerships—A Driver for Efficient Public Services or just an Example of Wishful Thinking", in: *Zeitschrift für öffentliche und gemeinwirtschaftliche Unternehmen*, Beiheft 37, 2009, p. 111.
③ Jan Ziekow und Alexander Windoffer, *Public Private Partnership: Struktur und Erfolgsbedingungen von Kooperationsarenen*, Nomos, 2008, S. 36 – 68.

(2) 合作是长期的，以项目的整个生命周期为指向。

(3) 合作的物质性投入是由民间部门承担的，目的是满足公众需要或完成公共任务。

(4) 共担责任，民间部门一般承担具体完成公共任务或满足公共需求的责任，政府则承担相应的保证责任。

(5) 共享资源，在合作过程中双方将发挥各自的优势并在彼此互补的协力中实现"双赢"。

(6) 共担风险。

(7) 双方合作要实现的目标必须明确、具体。

二 较之传统方式 ÖPP 所呈现出的不同

目前，无论政府还是民间都在致力于解决激励机制问题。与此同时，在学术界按照一般的经济理论都普遍认为，在私人部门这个问题能够得到更好的解决。[1] 私营企业能够以更低廉的实物资本和劳动力获得与公共部门相同的生产能力。在生产要素价格相同的情况下，私营企业的相应消耗要比政府部门更少。故而较之政府部门，私企的生产效率更高，生产成本更低。

如果私营企业对多个相互联系的价值链创造环节有影响力，那么其效率激励机制则更能发挥作用。如果一家私营企业同时负责计划、施工、

---

[1] Armin Riess, "Is the ÖPP Model Applicable Across Sectors?", in: European Investment Bank (ed.), *Innovative Financing of Infrastructure—The Role of Public-private Partnerships*, EIB Papers, Vol. 10, No. 2, 2005, pp. 10 – 29; Mathias Dewatripont and Patrick Legros, "Public-private Partnerships-Contract Design and Risk Transfer", in: European Investment Bank (ed.), *Innovative Financing of Infrastructure—The Role of Public-private Partnerships*, EIB Papers, Vol. 10, No. 1, 2005, pp. 120 – 145; Timo Välilä, "How Expensive are Cost Savings? —On the Economics of Public-private Partnerships", in: European Investment Bank (ed.), *Innovative Financing of Infrastructure—The Role of Public-private Partnerships*, EIB Papers, Vol. 10, No. 1, 2005, pp. 95 – 119; Oliver Hart, "Incomplete Contracts and Public Ownership-Remarks, and an Application to Public-private Partnerships", in: *Economic Journal*, Vol. 113, March, 2003, pp. C69 – C76.

运营和使用几个环节的工作,那么该企业将会倾向于关注多个环节的综合效率的提高。即以项目运行的整个周期及其过程为导向,而不仅仅是关注某个环节的效率问题。如在计划阶段,该企业就必须考虑建设成本和运营成本的问题。如果较高的建设费用能够通过降低运营成本得到补偿,那么这个项目就有可行性。另外,如果私人部门在合同期满后将该设施移交给政府,并因之取得收益的话,它就必须保证该设施在移交时还具有约定的使用价值。

在融资条件方面,占优势的却是政府。如果由公共部门负责一个项目的融资,其贷款所支付的利息往往要低于私人部门,因为政府信用在社会信用评级中一般都比较高,所以政府在融资成本的问题上拥有私人不可比拟的优势。[1] 当然,一个项目的融资成本并不仅仅取决于融资的条件,还要看融资的额度。如果私人部门投入的实物资本不同于公共部门,其融资额度也就不同于传统的公共融资额度。只要建设、投资和融资都由一方控制,那么由公共部门出面负责融资就会更加便利,此时下式成立:

$$I_{Pu} \cdot i_{Pu} < \alpha \cdot I_{Pr} \cdot i_{ec} + (1-\alpha) \cdot I_{Pr} \cdot i_{bc} \quad (3-1)$$

其中,I_{Pu} 代表的是由公共部门承担公共项目时的投资额度,I_{Pr} 代表私人部门开展项目时的融资额度,i_{Pu} 为由公共部门承担公共项目时的再融资利息,i_{ec} 为私人部门的自有资本利息,i_{bc} 为私人部门的外来资本利息,α 是私营企业融资的自有资本比例,$1-\alpha$ 则为相应的外来资本比例。

如果私人部门融资成本更具优势,不等式将反过来。

由上式可推导出下式:

$$I_{Pu} / I_{Pr} < [\alpha \cdot i_{ec} + (1-\alpha) \cdot i_{bc}] / i_{Pu} \quad (3-2)$$

也就是说,如果将融资和项目施工联系起来,则民间部门的施工成

---

[1] Beckers Thorsten und Jan Peter Klatt, "Kosteneffizienz von Public-Private-Partnerships-Erwartungen und empirische Erkenntnisse", in: *Wirtschaftsdienst*, 89. Jg., H. 3, 2009, S. 177.

本和实物成本优势必须足够抵消其在融资成本上的劣势。在这种情况下，只有当政府的资本需求超过私营企业融资资本需求的51%时，或者反过来，私营企业资本需求仅为公共融资需求的2/3时，进行私人融资才是有价值的。

在政府和民间部门的融资条件相差较大的情况下，政府承担基础设施建设和投资似乎要比民间部门更有优势。最理想的状态是以政府的融资条件获得资金，然后由来自民间的私营企业负责项目的建设和投资。为了达到这种理想状态，可由公共部门为私营企业提供所需资本。在这种情况下，相当于政府直接承担了信贷亏损的风险。但这样做却会产生一个不太好的负效应：如果完全由政府进行合作伙伴关系项目的融资，那么具有惩戒性的资本市场控制手段就很难发挥作用了。①

在民间部门因为较大的信贷风险而难以获得优惠贷款的情况下，政府可以采用保付代理②或者担保③的方式，协助私人部门按照与其所能获得的相近或相同的名义利率实现融资。这样政府除了要承担相应的信贷亏损风险外，还要承担其他风险。因为无论如何，交易行为越复杂，其交易成本就越高。

在合作伙伴关系项目运行的各个阶段，除了破产和信贷亏损风险外，还存在多种风险。在公共采购的法律框架下，这些风险基本上可以通过固定价格、合同违约处罚、有偿使用等方式转移给私人经济主体。因此，当项目的整体风险通过价值链创造的各个阶段的通盘考虑和运作而得到

---

① 一般来说，出于信贷亏损方面的考虑，自有资本和外来资本的出资人十分重视项目公司经理人的工作努力程度。如果没有私人资本投入，则这种机制也就无从发挥作用。

② Thorsten Beckers, Andreas Brenck, Jirka Gehrt und Jan Peter Klatt, *Rationalität und Ausgestaltung privater Finanzierung in ÖPP-Projekten*, Berlin, 2008, S. 11.

③ Alexander Viethen, Der Wirtschaftlichkeitsnachweis als entscheidungsteuernde Komponente bei ÖPP-Projekten—Strukturelle und rechtliche Anforderungen und Konsequenzen, Deutsche Hochschule für Verwaltungswissenschaften (DHV), Speyerer Arbeitsheft Nr. 197, Speyer, 2008, S. 31.

有效降低时，合作伙伴关系优势因之而呈现。

只要转移给民间部门的风险是其能够避免和降低的，那么私人经济主体就会竭尽全力去控制这些风险，这就是激励效应。

将风险转移给能最优控制该风险的行为主体①，是政府和民间合作伙伴关系的核心理念之一。

除了风险可控度之外，还要注意风险承受力（风险厌恶）。在一般情况下，政府的风险承受力要大于私人部门，因为私人部门所承担的风险成本更高。因此，从风险成本角度来看，应由政府承担风险，而从激励效应角度来看，应将可控风险全部转移给私人经济主体。这两者之间就产生了矛盾。在综合考虑激励效应和风险成本的情况下，可以得出妥协方案：将一部分可控风险转移给私人经济主体。但这个风险转移量应小于只考虑激励效应时转移给私人的风险量。②

政府将风险转移给私人需要支付一定的费用，即公共服务生产过程中为提高效率而应支付的费用。在通常情况下，私人完成公共任务比政府具有实际上的成本优势。当私人的风险成本高于这个成本优势时，其报价将较之传统项目建设框架下未曾转移风险时的报价要高。届时，政府则需权衡考虑它所能支付的风险转移的价格。③

在合作伙伴关系项目中，经常需要一种特殊的资本投入。具体来说，这种投入主要来自于合同当事人复杂、漫长的谈判过程以及较高的交易

---

① 也就是说，政府要将私人部门尤其擅长控制的部分风险，转移给私人经济主体，由其负责把控。

② Paul Milgrom, and Jahn Roberts, Economics, *Organization and Management*, Englewood Cliffs, 1992, p. 221.

③ Thorsten Beckers, Jan Peter Klatt, Giacomo Cornes und Holger Mühlenkamp, *Zeitliche Homogenisierung und Berücksichtigung von Risiko im Rahmen von Wirtschaftlichkeitsuntersuchungen*, wissenschaftliches Gutachten im Auftrag des Bundesrechnungshofs, Berlin/Speyer, 2009.

第三章 德国政府的考量：ÖPP 的政治经济学分析

成本。① 鉴于这种特殊的资本投入，传统的公共产品和服务的提供方式较之合作伙伴关系呈现出一定的优势。

合同的不完全性，尤其是长期合同的不完全性，使得合作过程中存在一种服务质量不高的危险性。在无法对所提供的服务进行完全量化和标准化的情况下，私人部门出于节省成本的考虑而降低服务质量的可能性就会增大。但在特定的前提下，降低成本的措施也有可能提高质量，并以此使得私人部门能够提供高质量的服务。由此，对具体质量的描述和相关协议也能影响 ÖPP 项目的优势或劣势。② 合同约定的质量水平和期望质量水平以及实际质量水平之间的差别可以质量成本的形式体现出来。

此外，还需要考虑到，政府可能出现短期内无法削减的成本，这类成本在公共部门履行职责时不会产生，或者量值较小，即所谓的剩余成本。③

根据上述分析可以得出的结论是：

第一，民间部门在合作伙伴关系项目建设过程中，其建设成本、运营成本以及最终的融资成本（非融资条件）必须有足够的优势去弥补其在风险成本、交易成本以及最终的质量成本和剩余成本等方面的劣势。此外，还应注意合作伙伴关系项目在公共产品和服务的质量方面可能会产生无法明确预测的效果。

第二，在产品和服务质量较容易清晰界定的情况下，如果在价值链创造的整个周期由政府和民间部门共同承担相关责任，则合作伙伴关系

---

① 交易成本包括签约前成本（如招标成本）、签约成本（如谈判成本等）以及签约后成本（合约履行及监管成本）。

② Oliver Hart, "Incomplete Contracts and Public Ownership—Remarks, and an Application to Public-private Partnerships", in: *Economic Journal*, Vol. 113, March, 2003, pp. C69 - C76; Oliver Hart, Andrei Shleifer, Robert W. Vishny, "The Proper Scope of Government—Theory and an Application to Prisons", in: *Quarterly Journal of Economics*, Vol. 112, 1997, pp. 1127 - 1161.

③ 例如，在委托私人经济主体时，公共部门可能会有一批不可解雇的员工。至少在可预见的短期内，这些员工没有用武之地。

方式比传统方式有优势。

第三，如果相关质量很难通过合同精确约定，那么在其他条件相同的情况下，当节省成本的负面结果较小，或由于技术进步，效率在保证质量的情况下有所提高，那么合作伙伴关系项目则更有优势。

第四，在其他条件相同的情况下，需要投入的特殊资本越高，那么合作伙伴关系的优势就越小。

第四节 德国 ÖPP 的经济性比较

一 ÖPP 经济性分析的法律依据

在德国联邦和各联邦州中，有关预算法和经济宪法的条款最先出现在《联邦基本法》第 109 条至第 115 条以及各个联邦州宪法中。此外，联邦和各联邦州还应遵守《联邦和联邦州预算法原则法》[①]，这部原则法的意义和目的在于确保联邦和联邦州法律的一致性以及不同地方预算的可比性。[②] 根据该法第 6 条第 2 款的规定，对于所有的能对财政产生影响的措施，其中包括政府和民间合作伙伴关系，必须进行恰当的经济性分析。[③] 另外，在联邦层面上还有《联邦预算法规》[④]，在联邦州层面上有各联邦州预算法规。[⑤] 这些法律法规从根本上对预算计划的制订、实施和控制做出了规定。《联邦预算法规》第 7 条第 2 款规定，对于部分

[①] Gesetz über die Grundsätze des Haushaltsrechts des Bundes und der Länder (Haushaltsgrundsätzegesetz-HGrG). 该法自 1969 年 8 月 19 日颁布施行，参见 BGBl. I S. 1273. 2010 年 5 月 27 日修订，参见 BGBl. I S. 671.

[②] 参见 Dieter Engels und Manfred Eibelshäuser (Hrsg.), Kommentar zum Haushaltsrecht, Loseblatt, Stand: Juli 2005, II., Vorbem. Zu Teil I BHO, Pkt. 3. 2. 1.

[③] § 6 Ab. 2 HGrG.

[④] Bundeshaushaltsordnung (BHO). 该法规自 1969 年 8 月 19 日颁布施行，参见 BGBl. I S. 1284. 2010 年 12 月 9 日修订，参见 BGBl. I S. 1885.

[⑤] Landeshaushaltsordnung, LHO.

合适的案例，私人供应商可以被授权做出解释，他们是否有能力以及在何种程度上能够更好地完成公共职责或其他类似公益性项目建设任务。[①] 这条规定也间接表示了要对合作伙伴关系项目进行经济可行性对比分析。

在地方乡镇政府层面上，对合作伙伴关系项目进行经济性分析的义务性就有所削弱。按照德国各联邦州《地方乡镇预算法规》[②] 的普遍规定，只有地方项目的投资额在特定值之上且有多种选择的可能性时，才需要进行经济性比较，比较的内容至少要包括采购成本、生产成本和后续成本等。这些一般性规定并没有明确表示合作伙伴关系项目也属于其调整对象，但也没有特别指出将合作伙伴关系排除在外。这可能与成文法的滞后性有一定的关系，因为政府和民间合作伙伴关系作为一种新型制度安排，与其有关的条款还没有在乡镇层面的立法实践中表现出来。

根据《联邦预算法规》第 65 条第 1 款及联邦州预算法规的相关规定，只有在通过其他方式不能更好、更经济地实现公共任务的目标时，才允许政府采取与民间合作的方式，吸纳私人部门参与。在各联邦州的地方乡镇法规中也有类似的规定，并强调私人企业的参与必须经过乡镇政府监管机构批准。[③] 这意味着地方政府部门在做出有关伙伴关系的决策之前都要进行相关的经济性分析。但就如何进行分析以及如何评判是否具有经济性等问题，上述法律法规都没有给出具体的具有可操作性的细则。[④] 另外还有一个问题是在出现违反预算法律规定的行为时，缺乏

[①] §7 Ab. 2 BHO.

[②] Gemeindehaushaltsverordnung (GemHVO).

[③] Alexander Viethen, *Der Wirtschaftlichkeitsnachweis als entscheidungssteuernde Komponente bei ÖPP-Projekten-Strukturelle und rechtliche Anforderungen und Konsequenzen*, Deutsche Hochschule für Verwaltungswissenschaften (DHV), Speyerer Arbeitsheft Nr. 197, Speyer, 2008, S. 33.

[④] Thorsten Beckers, Jan Peter Klatt, Giacomo Cornes und Holger Mühlenkamp, *Zeitliche Homogenisierung und Berücksichtigung von Risiko im Rahmen von Wirtschaftlichkeitsuntersuchungen*, wissenschaftliches Gutachten im Auftrag des Bundesrechnungshofs, Berlin/Speyer, 2009.

相应的惩罚机制。① 在联邦层面上的审计监督至多也就是在议会的免责程序框架下对此进行事后讨论，或者通过新闻媒体引导公共舆论对此予以关注。在地方层面上的相关审查则既不包括对经济性分析的具体要求，亦没有提到相应的惩罚措施。在有些联邦州，审查结果甚至是不对外公布的。②

在大多数公共采购人都非常重视的预算法和经济宪法框架下，一个合作伙伴关系项目是时常变化的。所以预算法除了具有经济政策的功能外，还担负着保障财政经济秩序的责任。

与之相应的是，受到预算法约束的政府有义务制订长期的财政计划。③ 在财政计划的框架下，与合作伙伴关系有关的重要项目应给予特别考虑。④ 一般来说，通过贷款获得的收入不得超过财政计划中估算的投资支出总额。⑤ 所谓贷款指的是直接向国家借款或在例外情况下向第三方借款，后者只有在国家以平衡预算为目的而向第三方借款作为资金来源时才会出现。⑥ 可被列为投资支出的项目在《联邦预算法规》的第13条第3款第2项中有着详细的说明。⑦ 与贷款相联系的财政负债仅是

---

① BRH-Bundesrechnungshof, *Gutachten des Präsidenten des Bundesrechnungshofs als Bundesbeauftragter für Wirtschaftlichkeit in der Verwaltung zur Erfolgskontrolle finanzwirksamer Maßnahmen in der öffentlichen Verwaltung*, Stuttgart, 1990, S. 25 – 26; BRH-Bundesrechnungshof, *Gutachten des Präsidenten des Bundesrechnungshofs als Bundesbeauftragter für Wirtschaftlichkeit in der Verwaltung zur Erfolgskontrolle finanzwirksamer Maßnahmen in der öffentlichen Verwaltung*, Stuttgart, 1998, S. 36.

② Andreas Glöckner und Holger Mühlenkamp, "Die Kommunale Finanzkontrolle-Eine Darstellung und Analyse des Systems zur finanziellen Kontrolle von Kommunen", in: *Zeitschrift für Planung und Unternehmenssteuerung* (ZP), 19. Jg., Nr. 4. 2009, S. 410.

③ Art. 109 Abs. 2 GG.

④ 即要考虑相关的 ÖPP 项目是否需要贷款；与之相关的支出有多少是投资，有多少是消费。

⑤ Art. 115 Abs. 1 S. 2 GG, §18 BHO.

⑥ BMVBW, Gutachten "ÖPP im öffentlichen Hochbau", 2003, Bd. II/1, S. 152.

⑦ §13 Abs. 3 Nr. 2 BHO. 其中一共有七项，主要包括：a. 与军事设施无关的建筑工程；b. 动产的购买，只要该动产没有被预算为事务性的行政支出或者该购买与军事采购支出无关；c. 不动产的购买；d. 参股和特别资产的购买，企业的债权和股权，企业的有价证券和资本增值；e. 贷款；f. 来自担保的要求；g. 对上述支出的补贴。

被有限度地允许。因此，若要进行贷款，通常需要预算法或其他法律的授权。①

与财政计划不同，预算计划的制订是为了财政需求的具体确定和满足，这里所谓的财政需求是指为了完成各个地方政府的公共任务而在批准期限内预先确定的必要的财政开支。② 作为经济计划的预算计划同时也意味着是由国家主导的以法律为表现形式的主权行为。③ 由此预算计划成为有关部门进行预算和经济管理的基础。④ 该计划还授权行政管理机关承担支出并且履行相关义务。⑤ 所以在预算计划中必须反映一个合作伙伴关系项目对财政的具体影响。在整个项目的生命周期中，必须遵守由政府部门依据宪法和普通法律确定的预算原则。

这些对合作伙伴关系项目具有决定性影响的预算法原则和规定，在预算生命周期意义上可以被划分为三个阶段：预算计划的制订、实施和监督。在整个生命周期中，需要注意经济性和节约性原则。这两个原则在公共部门的预算中一直具有很重要的意义，在相关的各个预算法律法规中对其都有规定。节约性原则一般在要求尽量减小支出额度时适用，而经济性原则重点关注的则是支出和收入的关系。故而符合节约性原则的措施是能以最小的支出完成既定目标的措施，即最小化原则。符合经济性原则的措施则是在目标和手段的关系中能以既定的支出得到最好结果的措施，亦即最大化原则。进行经济性分析的义务要贯穿 ÖPP 项目的各个阶段。因为从合作伙伴关系项目特有的生命周期视角来观察，在每个阶段都必须做出对项目下一步进展有影响的

---

① § 18 Abs. 2 BHO.
② § 2 Satz 1 HGrG.
③ BVerfG: Urteil v. 25. 05. 1977-2 BvE 1/74, BVerfGE 45, S. 1.
④ § 2 S. 2 HGrG.
⑤ § 3 Abs. 1 HGrG.

决策。①

预算法是内部法律，主要用于规范项目承担者的行为。② 违背预算法条款的行为基本上不会对合作伙伴关系项目的委托人和受委托人之间合同的有效性产生影响。③ 但如果被委托人违背了相关法律法规，则公共采购人一方的监管机构至少会采取相应的措施。

在德国《ÖPP 促进法》④ 颁布后，在预算法律法规方面，只有《联邦预算法规》得到了修订。即与《ÖPP 促进法》相关的预算法律法规的修订只发生在联邦层面。而各个联邦州必须相应地对本州预算法规和适用于各个乡镇的预算法规进行修改，以便协助实现修订后的《联邦预算法规》的目标。针对《联邦预算法规》的修订，主要遵循的就是节约性原则和经济性原则。⑤

经济性分析是项目委托方需要给予注意的预算法法律框架内容的一部分，同时也是审计院⑥和监管机构进行调查的基础。因此，经济性分析不仅具有替项目委托方调查合作伙伴关系项目优势的功能，而且从根本上看，它也是合作伙伴关系项目运行程序得到贯彻落实的法律前提。所以在项目招标程序中，经济性分析对于来自民间的经济主体或有兴趣

---

① Brigitte B. Bremer, Public Private Partnership, 2005, S. 118.
② § 3 Abs. 2 BHO.
③ Alexander Reuter und Julian Polster, *Refinanzierung Öffentlich-Privater Partnerschaften im Lichte von Haushalts-, Gebühren-, Preis-und Beihilferecht*, IR 2005, S. 266.
④ Gesetz zur Beschleunigung der Umsetzung von Öffentlich Privaten Partnerschaften und zur Verbesserung gesetzlicher Rahmenbedingungen der Öffentlich Privaten Partnerschaften (ÖPP-Beschleunigungsgesetz), 1. September 2005 (BGBl. I S. 2676).
⑤ 李以所：《德国公私合作制促进法研究》，中国民主法制出版社 2013 年版，第 176—185 页。
⑥ 参见 Karl-Heinz Binus, "Vor-und Nachteile des Leasing-Erfahrungen der überörtlichen Rechnungsprüfung", in: Michael Kroll (Hrsg.), *Leasing-Handbuch für die öffentliche Hand*, 10. Aufl., Lichtenfels, 2005, S. 124; Peter Wlasak, "Vor-und Nachteile des Leasing-Leasing aus Sicht der Rechnungshöfe", in: Michael Kroll (Hrsg.), *Leasing-Handbuch für die öffentliche Hand*, 10. Aufl., Lichtenfels, 2005, S. 128.

参与项目建设的企业都有重要意义。①

二 经济性分析的方法和步骤

经济性分析的程序可分为单一分析和总体分析两种。具体应用哪种程序，要根据项目的目标以及该项目对经济的影响来确定。② 单一分析一般针对政府部门应用在行政管理领域内。当某项目对私人经济主体产生重大影响，且这种影响并未在公共预算中得到体现时，则适用总体分析。此时选用的方法是成本收益分析法，唯此方可对该项目的最终效果进行比较，并确定项目的最佳规模。③

在德国 ÖPP 项目的公共采购过程中，前三个阶段对项目的顺利进行具有非常重要的意义，也即首先确定需求和措施；然后进行准备并设计方案；最后进行招标采购。④ 针对这三个阶段的经济性分析，逐渐发展出了三个测试步骤⑤：

首先就是关于合作伙伴关系项目的经济性资格测试。将这种新方式与传统的项目建设和开发方式做比较，在原则上确定新方式是否具有经济性。与之后的系列比较相同，主要采用现金价值比较的形式，因为这

---

① 参见 Holger Mühlenkamp, *Ökonomische Analyse von Public Private Partnerships（ÖPP）-ÖPP als Instrument zur Steigerung der Effizienz der Wahrnehmung öffentlicher Aufgaben oder als Weg zur Umgehung von Budgetbeschränkungen?*, Discussion Paper Nr. 55, Deutsches Forschungsinstitut für öffentliche Verwaltung Speyer, 2010, S. 25; Dirk Daube, *Public Private Partnership im Hochbau-Evaluierung der Wirtschaftlichkeitsvergleiche der ersten ÖPP-Pilotprojekte im öffentlichen Hochbau in NRW Public Private Partnership-Initiative*, im Auftrag der ÖPP-Task Force des Landes Nordrhein-Westfalen, 2005.

② 根据不同案例的不同要求，使用最简单、最具经济性的方法，同时必须在此过程中考虑实现目标的方法手段及其可能带来的影响。VV Nr. 2. 3. 1 zu § 7 BHO.

③ 参见 Holger Mühlenkamp, *Kosten-Nutzen-Analyse*, München/Wien, 1994; Anthony E. Boardman, David H. Greenberg, Aidan R. Vining, and David L. Weimer, *Cost-Benefit Analysis-Concepts and Practice*, 3rd. ed., Upper Saddle River, 2006.

④ BMVBW, Gutachten "ÖPP im öffentlichen Hochbau", 2003, Bd. I, S. 11.

⑤ Bettina Meyer-Hofmann, Frank Riemenschneider und Oliver Weihrauch (Hrsg.), *Public Private Partnership*, 2005, Rn. 763.

往往是政府最主要的参照标准。① 其次,如果测试给出的结果是积极的,即可进行项目招标方案的比较。因为招标方式的不同,也会对项目的经济性产生影响。一般来说,政府和民间合作伙伴关系项目的招标成本较之普通项目都要高出很多,这时就得衡量是否有必要付出这个成本。最后,在获得投标方报价并对之进行评估之后,便可出具项目经济性分析报告。②

具体来说,如某项目通过成本收益分析被证实对公共利益有积极作用,那么即可就实现该项目的不同方案进行比较分析。③

本书将主要对传统的公共项目实现方式和合作伙伴关系方式进行比较。

对于单一分析程序来说,一般适用的是净现值法。作为一种评价投资方案的方法,净现值法是利用净现金效益量的总现值与净现金投资量算出净现值,然后根据净现值的大小来评价投资方案。作为未来报酬总现值与建设投资总额的差,净现值的计算公式为:

$$NPV = \sum_{t=1}^{n} \frac{C_t}{(1+i)^t} - C_0 \qquad (3-3)$$

其中,NPV 表示净现值,C_0 表示初始投资额,C_t 表示 t 年现金流量,i 表示贴现率,n 表示投资项目的寿命周期。

如果将初始投资额看作第 0 年的现金流量,同时考虑到 $(1+i)^0 = 1$,则上式可变换为:

$$NPV = \sum_{t=0}^{n} \frac{C_t}{(1+i)^t} \qquad (3-4)$$

---

① The Public Sector Comparator, PSC. 参见 Brigitte B. Bremer, *Public Private Partnership*, 2005, S. 118.

② 在报告中应将最具经济性的合作伙伴关系项目报价与借助生产详细说明而被更新了的传统实施方案进行比较。

③ Alexander Viethen, *Der Wirtschaftlichkeitsnachweis als entscheidungssteuernde Komponente bei ÖPP-Projekten-Strukturelle und rechtliche Anforderungen und Konsequenzen*, Deutsche Hochschule für Verwaltungswissenschaften (DHV), Speyerer Arbeitsheft Nr. 197, Speyer, 2008, S. 26.

在市场经济条件下，净现值为正数是一个项目实施的必要前提。通过成本收益分析，对于有益于社会发展的项目，即使公共预算方面出现超支或负的净现值，也是可以被接受的。净现值法的应用可以减少公共部门的机会成本。如果有多种项目建设方案，则应该选择净现值最大的方案；如果项目建设中出现超支，则应选择最小的负净现值。

根据公式（3-4）可以看出，投资项目的寿命周期和贴现率是净现值法的两个关键变量。贴现率越大（小），寿命周期越长（短），则未来报酬的总现值就越小（大）。但由此产生了一个问题，即如何确定贴现率。在实际运用中，一般采纳高于由政府再融资利率的贴现率。①

在应用净现值法进行经济性分析时，针对每个方案，都应将交易成本、剩余成本、风险成本等以支出的形式纳入分析范畴。如果各个方案中会产生现金流入，也须一并分析之。

另外，对比分析应以同样的质量水平为前提条件，对于实际上的质量差别应以货币形式予以平衡考虑。同时还要假设，各方案对私人经济主体的影响并无差别。如果上述条件不符合，则对比分析的结果会产生偏差。

另外一个可能对分析结果产生偏差影响的是对公共部门参照标准的调查。② 如果在对传统公共项目建设成本进行计算时，只按照以往的惯例而没有考虑到最新的变化因素，则很可能会得出有利于ÖPP的结果。因此在进行经济性对比时必须确保，进行比较的是政府负责公共项目建

---

① 关于折现率确定的方法，国外有很多观点和确定方法，不存在唯一的结论。参见 Thorsten Beckers, Jan Peter Klatt, Giacomo Cornes und Holger Mühlenkamp, *Zeitliche Homogenisierung und Berücksichtigung von Risiko im Rahmen von Wirtschaftlichkeitsuntersuchungen*, wissenschaftliches Gutachten im Auftrag des Bundesrechnungshofs, Berlin/Speyer, 2009.

② D. Jacob, Ch. Winter, C. Stuhr, *PPP bei Schulbauten: Parameter für einen public sector comparator*, Freiberg: Techn. Univ.-Freiberg: Akad. Buchh, 2004.

设的最佳方案与私人经济主体进行同项目建设的最佳方案。①

另外,在对传统公共项目建设方式成本进行估算时,由于其中不确定性太大,人为可操控性过高,因此有可能产生结果偏差。因此在进行相关估算时,要尽量获得客观真实的数据。②

三 经济性分析的变化

借助2005年颁布的《ÖPP促进法》,德国的《联邦预算法规》在第7条中加入了一项规定:在对一个项目的经济性进行调查时,同时需要考虑到与之相关的风险分担问题。③

在经济性分析报告的框架下,对风险分担的强调,与评判项目经济性的所有标准都密切相关,绝对不能在忽略这个因素的情况下,在真空中进行经济性的分析和比较,因为这种比较的结果在实际操作中基本上没有什么参考意义。④ 尤其是在合作伙伴关系项目的资格测试阶段,对风险分担问题就应该给予特别充分的考虑,这甚至决定了资格测试的通过与否。如果测试结果不尽如人意,那么该项目相当于在前期就夭折了。

具体来说,政府和民间合作伙伴关系项目的资格测试的标准主要包括:

(1) 给付范围。主要评估有没有可能将整个项目的规划、建设和运营一体化。

(2) 风险分担。主要分析是否存在重大风险,是否能够进行最理想的风险转移。

---

① 在假定的激励机制基础上产生的最佳方案。
② 一般来说,可通过招投标的形式获得相关数据。
③ §7 Abs. 2 S. 1 BHO.
④ BMVBW, Gutachten "ÖPP im öffentlichen Hochbau", 2003, Bd. III, S. 9.

第三章 德国政府的考量：ÖPP 的政治经济学分析

（3）给付描述。主要评测是否能够进行功能性的给付描述。

（4）项目总额。主要评估项目是否能够对交易成本进行补贴。

（5）投标人利益或市场结构。主要预估项目是否与市场需求相吻合，参与投标的各方是否存在利益关联。

（6）补偿机制。只要考察是否能够约定并落实激励性的偿付机制。

如上所述，风险分担已经成为合作伙伴关系项目资格测试的六个主要标准之一。但在德国立法者看来，这样的界定并不足以与项目建设中风险转移因素的极端重要性相匹配，因此立法者通过补充《联邦预算法规》第7条第1款第2句，对经济性分析中风险转移因素的重要性做出了明确的规定。[①] 这就提高了政府的项目风险敏感度[②]和风险出现的最坏状况的成本。

所以在合作伙伴关系项目资格测试的标准中，"风险转移"因素[③]非常重要，而风险转移框架中的第一步就是辨别风险。其中，提高风险的透明度可为之后的风险评估工作奠定基石。为了简化第一个检测步骤，应该列出要检测目标的清单，在清单中要明确实现给付和对等给付的经济条件。在这个基础上，对能否达成这些条件进行预估，对不能达成的风险要给予充分考虑。[④]

如果项目内容比较复杂，那么对大多数项目的委托人来说，就必须借助专业力量才能完成检测清单的制定工作，只有这样才能清楚地辨别各种技术风险、运营风险和法律风险。因此，聘用专业咨询人员或机构就颇有必要。

[①] Bundestagsdrucksache（BT-Drs.），15/5668，S. 16.

[②] 所谓提高风险敏感度主要通过三个方面：提高风险的透明度；加强风险成本调查；注重公私部门之间的风险分配策略。

[③] Bettina Meyer-Hofmann，Frank Riemenschneider und Oliver Weihrauch（Hrsg.），*Public Private Partnership*，2005，Rn. 807.

[④] 当然此处风险均指预测性风险。例如，在由用户再融资的交通基础设施建设项目中，对交通流量的估测值就存在实际交通流量值无法达到的风险。

一旦完成了风险的辨别工作，接下来就要对这些风险进行评估，其内容主要是确定风险成本。在此过程中主要是对风险出现时所造成的可能损失，风险出现的概率以及风险接受的市场代价等因素进行调查评价。在必要时，可进行市场调查。

接下来要选择合适的风险应对策略，即选择最有效率、最能降低成本的风险应对方案。最好确定无法转移的风险，如私人经济主体无法影响的风险。风险调查的结果就是合作伙伴关系项目建设的基础。在这个阶段，将各个经过辨别的、一定数量的风险分配给项目的参与方。原则上，各参与方应承担其最能够施加影响的项目风险。[①]

德国2005年《ÖPP促进法》加入了经济性分析的有关内容，并对其做出了确切说明，这是值得肯定的。在以传统方式进行融资的项目中，必须考虑到私人投资者在整个政府和民间合作伙伴关系项目生命周期中所要承受的运营风险，因此他们必须对运营风险进行恰当定价。[②] 如果不考虑风险转移或考虑不足，而只是单纯地进行支付流比较，这样当合作伙伴关系项目融资呈现出消极结果时，在不确定的情况下，就会简单地从表面上得出该项目不具经济性的结论。[③] 因此，应高度重视合同约定的风险分配。当并非只是依靠单纯的观察数字图表，而是尽可能地通过准确分析，对能被辨识的风险找到合理的分配方案时，才能保证对项目整个生命周期的考察是完整的，且遵循了节约性和经济性原则。如果忽略这些努力，而完全寄望于监管机构的审核把控，就有些天真和幼稚

---

① 所谓施加影响指的是项目参与方对如下因素有影响能力：风险的起因；或在风险出现时，抵消风险最坏后果的机制。

② Horsten Beckers, Jan Peter Klatt, Giacomo Cornes und Holger Mühlenkamp, *Zeitliche Homogenisierung und Berücksichtigung von Risiko im Rahmen von Wirtschaftlichkeitsuntersuchungen*, wissenschaftliches Gutachten im Auftrag des Bundesrechnungshofs, Berlin/Speyer, 2009.

③ Michael Uechtritz und Olaf Otting, "Das ÖPP-Beschleunigungsgesetz: Neuer Name, neuer Schwung für öffentlich-private Partnerschaften?", in: *Neue Zeitschrift für Verwaltungsrecht* (NVwZ), 2005, S. 1111.

第三章 德国政府的考量：ÖPP 的政治经济学分析

了。因为它们在批准合作伙伴关系项目时，实际上很难像审核其他法律交易行为一样进行合理有序的调查。

从结果上看，在经济性报告的框架内强调风险分配可确保 ÖPP 项目的建设资格得到更真实的评估和鉴定。

第五节 有关 ÖPP 经济性的调查结果和相关经验

在德国，建立在实践基础上的有关 ÖPP 经济性分析的理论文献并不多。[①] 仅就目前所知的一些合作伙伴关系项目而言，其距离可供科学分析的要求还很远。尽管这些项目都声称其经济性得到了证实。[②] 但事实并非如此，所谓的"证实"只不过是将合作伙伴关系方式在合同数据基础上与传统的项目建设方式进行了比较，这当然无法如实反映合作伙伴关系项目建设的真正效果。此外，得出所谓"证实"结果的数据和计算过程的细节并没有得到公开，因此很难对结果进行核实。在德国目前最主要的涉及合作伙伴关系经济性分析的文献主要来自于审计部门的报告。[③]

[①] Holger Mühlenkamp, *Ökonomische Analyse von Public Private Partnerships (ÖPP) -ÖPP als Instrument zur Steigerung der Effizienz der Wahrnehmung öffentlicher Aufgaben oder als Weg zur Umgehung von Budgetbeschränkungen?*, Discussion Paper Nr. 55, Deutsches Forschungsinstitut für öffentliche Verwaltung Speyer, 2010, S. 25.

[②] Dirk Daube, *Public Private Partnership im Hochbau-Evaluierung der Wirtschaftlichkeitsvergleiche der ersten ÖPP-Pilotprojekte im öffentlichen Hochbau in NRW Public Private Partnership-Initiative*, im Auftrag der ÖPP-Task Force des Landes Nordrhein-Westfalen, 2005.

[③] 由于德国审计部门强调独立性，这些报告并没有商业背景或受到政治利益的驱动。参见 Karl-Heinz Binus, "Vor-und Nachteile des Leasing-Erfahrungen der überörtlichen Rechnungsprüfung", in: Michael Kroll (Hrsg.), *Leasing-Handbuch für die öffentliche Hand*, 10. Aufl., Lichtenfels, 2005, S. 124; Peter Wlasak, "Vor-und Nachteile des Leasing-Leasing aus Sicht der Rechnungshöfe", in: Michael Kroll (Hrsg.), *Leasing-Handbuch für die öffentliche Hand*, 10. Aufl., Lichtenfels, 2005, S. 128.

一 德国审计部门的调查结果

作为受联邦委托负责在行政管理范畴内审核经济性的专员,联邦审计院主席主持发布了一份评估报告,对联邦公路建设中的 A 模式和 F 模式进行了分析。① 该报告认为,在做出采用合作伙伴关系模式的决策时,有关政府部门并没有对其经济性进行合理的分析,其所谓的经济性分析所依据的数据都已过时,且很多重要因素没有被考虑到。在按照 A 模式进行的招标程序中,私人投标者的交通流量预期远高于联邦交通部的估算。如果联邦交通部的估值是正确的,那么参与项目的民间经济主体就存在破产的危险。而如果私人投标者的估值是正确的,那么政府使用合作伙伴关系的方式就得不偿失了。此外,该报告还对德国合作伙伴关系项目的招标书提出了批评,因为投标人并没有被告知,在用合作伙伴关系方式进行项目建设弊大于利的情况下②,该项招标将自动终止。这样就使联邦交通部面临着被投标人起诉并赔偿损失的风险。

另外,根据 A 模式进行的风险分配也不合理,因为私人投资者被要求承担交通流量和交通构成的风险,但私人投资者对这两种风险并没有影响力,相应地就可能会产生后续谈判成本和质量下滑的问题。同时,对后期维护和保养方面欠缺考虑使得私人投资者只计算 30 年的项目期限。③ 还有就是按照 A 模式进行的路段划分很不合理,因为由私人运营的路段太短且很容易对其他由公共部门运营的路段造成干扰。

---

① BRH-Bundesrechnungshof, *Gutachten des Präsidenten des Bundesrechnungshofs als Bundesbeauftragter für Wirtschaftlichkeit in der Verwaltung zu Öffentlich Privaten Partnerschaften (ÖPP) im Bundesfernstraßenbau*, 2009.
② 该结论一般通过经济可行性对比分析做出。
③ 30 年后该公路将被移交给联邦政府。

巴符州的审计院在 2009 年发布了一份有关六个高层建筑项目的评估报告。该报告显示，政府和民间合作伙伴关系的方式平均仅有不到 3% 的净值优势，只有一个项目因为有特殊性而达到了 10%，其他的项目不但没有明显的优势，有些甚至与传统方式相比还存在劣势。该报告还指出，使用 ÖPP 进行项目建设很难实现两位数以上的效率优势。事实上，根据经济性分析的结果，其相比于传统方式的效率优势仅为 3%—5%。①

2006 年巴伐利亚州审计院在其年报中对两个州内道路建设试点项目进行了调查。② 根据该调查结果，项目决策者在对传统方式和 ÖPP 进行经济性对比分析后，错误地得出了不利于传统项目建设方式的结论。该调查显示，这两种方式成本核算的假设前提条件是不同的，因此才会使合作伙伴关系方式在建设和维护成本上显现出优势。而传统方式在融资成本方面占据着很明显的优势，因为政府部门通常能获得比较优惠的再融资条件。总体来说，在这些试点项目中，采用传统方式进行建设较之合作伙伴关系更加有利。

尽管无法确定上述三例的结论是否具有足够的代表性，但已可以看出，在许多领域被大肆追捧的合作伙伴关系并非放之四海而皆准的优先选择，来自政府的决策者还是应当进行审慎的比较分析后再做决策为佳。

二 来自国际的经验

迄今为止，在德国之外有关政府和民间合作伙伴关系最全面的实证研究来自澳大利亚学者格雷姆·A. 霍奇和丹麦学者卡斯滕·格雷夫联合

---

① Rechnungshof Baden-Württemberg, *Wirtschaftlichkeitsanalyse von ÖPP-Projekten der ersten und zweiten Generation bei Hochbaumaßnahmen des Landes*, 2009, S. 38.

② Bayerischer Oberster Rechnungshof, Jahresbericht 2006, München, 2006, S. 58.

发布的报告。他们针对一些 PPP 项目的具体效果共做了 25 份调查报告。[①] 其中有 20 份报告提到了成本效率或物有所值的标准，而得出的结论却相互矛盾。[②]

德国许多研究者认为，人们之所以总是得出 ÖPP 优于传统项目建设方式的结论，主要是作为评判依据的经济性比较和政府参照标准由于多种原因[③]而被扭曲。因此，不少有利于合作伙伴关系的调研报告经不起事后审验，这一点也已经被多次证实。

综上所述，来自政府机构方面对合作伙伴关系优劣的实证调查结果并不全面，应当审慎对待并亟须完善。究其原因主要涉及如下方面：

第一，调查方法的不完善，核算标准的缺失和可比性不足以及鉴定人或报告人欠缺独立性。

第二，大部分调查都是以项目前期的估算或假设或期望值为基础，而不是以项目结束后的实际结果为依据。

第三，缺乏对项目类型，合同结构的清晰划分，因此无法妥善应对合作伙伴关系项目构成多样性所带来的挑战。

第四，这些调研报告都使用了单一分析程序，并没有考虑到合作伙

[①] 其中包括案例分析、文献研究、相关报告和鉴定。大部分内容针对的是英国和澳大利亚的案例，也有部分关于北美和欧洲国家的案例。参见 Graeme A. Hodge and Carsten Greve, "Public Private Partnership—An International Performance Review", in: *Public Administration Review*, Vol. 67, No. 5. 2007; Dorothea Greiling, "Public Private Partnerships—A Driver for Efficient Public Services or just an Example of Wishful Thinking", in: *Zeitschrift für öffentliche und gemeinwirtschaftliche Unternehmen*, Beiheft 37. 2009; Beckers, Thorsten and Jan Peter Klatt, "Kosteneffizienz von Public-Private-Partnerships-Erwartungen und empirischer Erkenntnisse", in: *Wirtschaftsdienst*, 89. Jg., H. 3, 2009, S. 177.

[②] 其中有 9 份报告表明 ÖPP 的项目建设方式优于传统方式，而另外 9 份调查报告则得出相反的结论，剩下的两份报告则在成本效率方面没有得出确切结论。在另外一些评判标准，如遵守完工期限或运营期限等方面，调查得出的结论也不统一。参见 Holger Mühlenkamp, "(Teil-)Privatisierung von Justizvollzugsanstalten-Ökonomische Überlegungen und empirischer Befund", in: *Die Öffentliche Verwaltung (DÖV)*, 61. Jg., H. 13, 2008, S. 525–535.

[③] 如过高的贴现率，风险成本计算不当以及用于比较的公共参考项目选择不当等。

伴关系的社会福利效应。

在这种背景下，很难判定所谓合作伙伴关系的优劣和所谓被证实的合作伙伴关系的经济性优势是否科学严谨。尽管我们对合作伙伴关系的经济性所知甚少，但可以肯定的是，很多合作伙伴关系项目似乎并不能顺利实现预期效果。不管怎样，它无法完全保证在进行公共项目建设时能比传统方式更有效率。[1]

三 交易成本

在对政府和民间合作伙伴关系项目的经济性进行分析时，要考虑到交易成本。但在现实的调查中，交易成本的因素却往往被忽视了，原因在于缺乏数据或数据不完整甚至不真实。目前只有少数学者对合作伙伴关系中的交易成本进行了调查研究。例如，有德国学者对德国地方乡镇四个公共职责范围内的 ÖPP 项目的交易成本进行了调研。[2] 另据相关调查，在不同国家的不同公共基础设施建设项目中，要是相关的政策环境良好，则其交易成本占项目成本的比例在3%—5%，在 PPP 属于创新型项目的情况下，则交易成本比例在 10%—12% 变动。[3] 但该调查报告并没有对项目规模和交易成本的特殊关联性做出说明。奥地利维也纳经济大学教授加布里埃尔·欧伯曼在他的研究中提到，英国国家审计署分析

---

[1] Graeme A. Hodge and Carsten Greve, "Public Private Partnership—An International Performance Review", in: *Public Administration Review*, Vol. 67, No. 5. 2007, S. 554.

[2] 其结论是在道路冬季维护方面的交易成本占全年总成本的比例在11%和30%之间变动。而在污水处理方面的比例则在1.4%和9.2%之间变动。在街道清理服务方面的比例浮动范围为1%—1.9%，在公共泳池方面则是 1%—1.9%。参见 Rainer Scholl und Michael Thöne, *Eigenerstellung oder Fremdbezug kommunaler Leistungen—Theoretische Grundlegung, empirische Untersuchungen*, Stuttgart, 1998.

[3] Michael Klein, Jae So and Ben Shin, "Transaction Costs in Private Infrastructure Projects—Are They Too High?", in: World Bank, *Private Sector Development Department*, Viewpoint. -Note No. 95 (October 1996).

确认伦敦地铁 PPP 项目中交易成本为总成本的 2.9%。[1] 与以上调查不同，在芬兰经济学院学者格蒂·杜德金和欧洲投资银行高级经济学家维利拉的合作研究中，她们不仅对政府部门和受委托的私人企业的相关项目的交易成本进行了调查，还研究了未能参与项目的出价者的交易成本。对此，作者只能研究采购阶段的交易成本（事前交易成本），根据欧洲国家许多行业领域的 PPP 项目提供的基础数据，可以总结得出，事前交易成本的平均值为项目资本价值的 10%。[2] 维利拉的调查报告则指出，在英国的较小型 PPP 项目中，交易成本最高为项目资本价值的 10%。而在较大型的项目，如英国地铁项目中，尽管交易成本的比例相对较小，但绝对金额甚是惊人。[3]

　　上述关于政府和民间合作伙伴关系项目交易成本的调研结果并不具备代表性，因此应审慎处理。之前的分析调查显示，德国 ÖPP 项目的交易成本平均来看并不低，在某些情况下甚至出人预料地高。或许随着时间的推移，政府部门学会了如何缔结相关合同并将之标准化，届时交易成本能够下降。尽管如此，在进行经济性调查时不能忽略交易成本因素，否则结果很容易出现偏差。尤其是许多项目如同德国的巴符州审计院的调查一样，在没有考虑交易成本的情况下，与传统项目建设方式相比，ÖPP 也仅呈现出较小的优势。因此，若将交易成本因素纳入考虑，则 ÖPP 的优势不复存在。

---

[1] Gabriel Obermann, "The Role of the State as a Guarantor of Public Services-Transaction Cost Issues and Empirical Evidence", in: *Annals of Public and Cooperative Economics*, Vol. 78, No. 3, 2007, pp. 475 – 500.

[2] Gerti Dudkin and Timo Välilä, "Transaction Costs in Public-Private Partnerships—A First Look at the Evidence", in: European Investment Bank (EIB), *Economic and Financial Report* 2005/03, Luxemburg.

[3] 在伦敦地铁项目中，包括投标费用在内，私人投标者共计支出交易成本 2.75 亿英镑。

第六节　作为规避预算法限制手段的 ÖPP

前面的研究显示，德国的政府和民间合作伙伴关系并不像传说中那般优势明显，但这种项目建设方式却颇受政府的追捧。最直接的原因就是：合作伙伴关系项目能使政府规避财政预算限制并减少账面负债。

一　预算限制

前面已经简略地描述了德国的预算法律法规对官民合作伙伴关系的约束，但这仍然难以削弱这种创新模式在规避预算和债务限制方面具有非凡的"吸引力"。对很多预算和相应贷款额度巨大的公共建设项目，政府是无力独自亲为的，最起码项目运行前两年的资金就甚难筹集到位。而 ÖPP 则提供了实现的可能性。因为在这种模式下，资金的需求是平摊到整个项目运营周期内的，其资金需求额度可控制在年度预算限制之内。在这种情况下，就很容易理解为什么政府部门表现出对合作伙伴关系模式的热衷。

另外，如前所述，采用合作伙伴关系模式，必须通过经济性分析是德国预算法规定的法律义务。可是在实践中这条限制却经常不能得到严格执行，因为要是人为或主观地确定一个足够高的利率，合作伙伴关系就能呈现出净值优势，导出有利于合作伙伴关系模式的对比结果自然就是顺理成章的。

此外，通过建立政府和民间的合作伙伴关系可以减少政府账面负债。假设一个投资性质的项目，使用了传统的项目建设方式，在德国目前的预算法律框架内，由政府承担的贷款额度会相应提高，其直接结果就是公共债务的增加。而若使用 ÖPP 模式进行项目建设，因之而产生的支付义务并不会被界定为政府负债，进而不会引起公众关注，政府也不会受到来自民间舆论的压力。[1]

因此，政府和民间合作伙伴关系不仅是规避短期预算限制的理想手段，而且是对账面负债进行"美化和粉饰"的得力工具。

二 后续谈判[2]

对地方政府或纳税人来说，在公共基础设施或其他公共项目的投资建设方式上，尽管可能有着比合作伙伴关系更好的选择，但因为合作伙伴关系的上述"优点"，使得政府的决策者和参与的企业更加热衷于采用合作伙伴关系方式。由于合作伙伴关系项目的周期大多在5—30年，这种时间跨度决定了合作双方在合同履行的过程中还要进行"后续谈判"。

在这种背景下，一种理论模式被提出。即私人部门在投标时预计到中标后还可以进行后续谈判，因此倾向于在投标时出低价以中标，这使合作伙伴关系看上去很有优势。由于当届政府的管理层倾向于合作伙伴关系，且很大一部分成本也可转移给下届政府，因此在委托关系确定后，通常会立即进行后续谈判，使得中标者不需按之前所出的低价完成项目。

从拉丁美洲1985年至2000年的将近千份PPP合同中，有大约30%的项目进行了后续谈判。在交通基础设施项目中，后续谈判率约为

---

[1] Tilmann Schweisfurth und Christen Jörg, "Leasing im Haushaltsrecht der Länder", in: Kroll, Michael (Hrsg.), *Leasing-Handbuch für die öffentliche Hand*, 10. Aufl., Lichtenfels, 2005, S. 219 – 226; Michael Schäfer und Arnim Karthaus, "Rechtliche Rahmenbedingungen von ÖPP-Kommunalrecht", in: Martin Weber, Michael Schäfer und Ludwig Hausmann, *Praxishandbuch Public Private Partnership*, München, 2006, S. 200; Karl-Heinz Binus, "Vor-und Nachteile des Leasing-Erfahrungen der überörtlichen Rechnungsprüfung", in: Michael Kroll (Hrsg.), *Leasing-Handbuch für die öffentliche Hand*, 10. Aufl., Lichtenfels, 2005, S. 125.

[2] Eduardo Engel, Ronald Fischer and Alexander Galetovic, *Soft Budgets and Renegotiations in Public-Private-Partnerships*, NBER Working-Paper, No. 15300, 2009.

54%，而水资源行业中的比率甚至高达74%。在大多数后续谈判中，受托方通常能够获得比最初投标时更优惠的合作条件。

私人部门通过后续谈判提高盈利，从而降低自筹投资额度，已经成为合作伙伴关系项目运行的"潜规则"。问题严重的是，大部分后续谈判在项目建设阶段就已经开始。智利在1993年至2006年签署的50份PPP合同，每个合同平均进行了三次后续谈判，项目成本因之平均提高了30%。其中大部分都是在项目建设阶段以补充合同的形式确定的。

因为长期合约的不完全性而导致对已经签订的合同进行补充修改是合乎情理的①，但一般不应该在项目运行早期就启动这种后续谈判。事实上，很多时候这种提早进行的后续谈判完全是项目参与方有意安排的策略性措施。当然使用传统方式建设公共项目，也存在先出低价，然后通过后续谈判调整合同的做法。而与之不同的是，在合作伙伴关系项目中，不只是"建设"这个价值创造环节需进行重新调整，而是多个价值创造阶段都要进行。因此，合作伙伴关系模式的后续谈判强度要大得多。

三 防治手段

如何减少或消除那些并不具备经济可行性的合作伙伴关系项目对政府部门决策者的吸引力呢？

有学者建议，可从合作伙伴关系项目开始建设之时起，就将整个项目的资产视为公共投资。② 这种做法会导致统计范围界定问题，至少在采用复式记账时会出现方法上的难题。在采用政府会计方法时，也必须

---

① 潘旭亮、贾康：《PPP模式不完全合约治理结构的选择》，《地方财政研究》2018年第5期；何茜、周优：《基础设施特许经营合约再谈判率外生因素分析——基于不完全合约视角》，《价值工程》2018年第3期；高颖、张水波、冯卓：《不完全合约下ÖPP项目的运营期延长决策机制》，《管理科学学报》2014年第3期。

② Eduardo Engel, Ronald Fischer and Alexander Galetovic, *Soft Budgets and Renegotiations in Public-Private-Partnerships*, NBER Working-Paper, No. 15300, 2009, p. 3.

对债务限额进行界定、规范并加以贯彻落实。相对较好的一个解决办法是延长预算周期的规划时间。届时需要证明的是传统方式和合作伙伴关系方式对财政有何不同影响。对政府而言这涉及未来的财政支出。复式记账法需要公布未来支出，因此预算编制者不得不考虑如何平衡长期收入和支出以及收益与成本之间的关系。[①]

从法律规制的角度来看，在各级预算法律和法规中应该明确规定：在做任何有关公共投资或合作伙伴关系的决策时，必须考虑到其长期的财政影响和相应的消极方面，对不具备经济性的项目建设方案要坚决剔除。

如前所述，在德国联邦层面上要贯彻落实预算法必须借助由于公众关注而产生的舆论和政治压力，而在地方乡镇层面上，至少在理论上，可通过乡镇监管机构来保障预算法规的实施。若乡镇监管机构只批准与本地长期发展能力一致的贷款和合作伙伴关系项目，那么即便不能直接避免欠缺经济性的项目上马，也能够在审核批准的过程中，提出相应的备选方案，同时进行经济性对比分析的可能性，这能使审批程序更加规范。若使用复式记账法，地方乡镇的监管机构则需要注意保持长期账面平衡。这样的做法相当于设定了债务上限，并可避免项目建设主体利用合作伙伴关系规避预算法相关条款的限制。

第七节　小结

德国的政府部门关于政府和民间合作伙伴关系普遍的说法是，这种项目建设方式相比于由政府主导的传统建设方式能够实现10%—20%的

[①] BRH-Bundesrechnungshof, *Gutachten des Präsidenten des Bundesrechnungshofs als Bundesbeauftragter für Wirtschaftlichkeit in der Verwaltung zu Öffentlich Privaten Partnerschaften（ÖPP）im Bundesfernstraßenbau*, 2009, S. 30.

成本效率优势。

从理论上讲，合作伙伴关系在进行公共项目建设方面具有提高效率的潜力。其前提是，私人部门对一个项目的几个有关联的价值创造环节或全部环节在整个项目生命周期内承担全部责任。从政府的角度来看，私人部门负责官民合作项目的做法在融资条件、交易成本等方面都存在劣势，而且最后会在公共部门产生剩余成本，因此，由私人经济主体主导的各个价值创造环节之间的协同效应至少必须抵消其存在的劣势。这样的情况会在各环节之间存在较大关联优势时出现。此外，关于公共产品和服务质量的合同约定也很重要。约定以及实际的产品和服务质量高，合作伙伴关系项目的优势就越大。反之则会呈现出劣势。

对于是否采用合作伙伴关系模式，德国预算法要求必须进行相关的经济性分析。在地方乡镇层面，该分析结果决定了乡镇监管机构是否批准合作伙伴关系项目。目前在这方面存在的最大问题是缺乏相关分析标准以及存在分析结果被人为操控的风险，同时还缺少相应的惩罚措施。

德国审计部门的报告显示，在政府做出决策之前，通常缺乏正确完善的经济性分析，决策者大多具有亲近官民合作伙伴关系的倾向性，但与伙伴关系有关的招标文件和合同却不十分完善。国际上有关 PPP 经济性的实证分析结果差别很大，颇具争议。而有关合作伙伴关系项目中交易成本金额的调查数值波动范围很大。平均而言，交易成本并不低。总之，真正使用官民合作伙伴关系进行项目建设时，一般也很难实现预期。

政府和民间合作伙伴关系是规避预算法限制的工具，国外的相关研究也说明 PPP 正是在这方面具有被利用的价值。具体来说，德国应对 ÖPP 弊端的措施是：完善预算法律法规[①]；从理论和实践上设定恰当的

---

① 由于规避预算法限制的做法根源在于财政记账方式，最好的解决方案就是引入复式记账法。

经济性调查标准，以限制人为操控；加大透明度。①

此外还有一个问题是，德国地方市政当局的债务与其以 ÖPP 的形式实施公共基础设施项目的趋势之间是否存在联系。与贷款类似，政府和民间合作伙伴关系将公共部门的支付义务转移到了未来。② 因此有人认为德国的地方政府会滥用 ÖPP 来掩盖公共债务的真实程度。③ 已经大量使用债务工具的德国地方市政当局应表现出更高的 ÖPP 倾向。④ 但是笔

---

① 因为合作伙伴关系项目的谈判和运营大多数是私下进行的，相关数据和信息一般无法完全提供给政治决策者，公众或学者更是无从获得。如果合作伙伴关系在经济性分析上能增加透明度，那么它和传统的项目建设方式之间才能出现真正的竞争。这种制度安排上的竞争一方面能提高合作伙伴关系的效率，另一方面也能提高传统项目建设方式的效率。

② 在政府和民间合作伙伴关系中，政府部门的私人合作伙伴不仅创建和运营基础设施，而且往往还为基础设施的融资做出贡献。因为负责了公共基础设施的提供，民间合作伙伴在项目运营阶段可以从政府处收取相应的费用。因此，建立合作伙伴关系可以将政府的融资义务推迟到未来，这类似于公共贷款，而公共贷款将来则必须支付利息和还款。B. U. Wigger, "Vor-und Nachteile Öffentlich-Privater Partnerschaften. List Forum für Wirtschafts-und Finanzpolitik", in: *List Forum* 42（4），2017, S. 395 – 421.

③ 与公共贷款不同，ÖPP 中的政府融资义务可不必确认为公共债务。因此，德国的地方当局可能有动机采用 ÖPP 方式实施基础设施项目，而不是通过贷款为其融资。当地方政府因为已经达到了较高的负债水平而导致负债能力有限时，或者因为债务受制于"债务刹车"等财政规则时，它们就有动机掩盖未来融资负担的真实程度。因此就有德国学者认为，特别是在法定债务规则的背景下，ÖPP 允许地方政府在传统借贷之外承担未来的付款义务。W. Easterly, "When is fiscal adjustment an illusion?" in: *Economic Policy*, 14（28），1999, pp. 56 – 86; E. Auriol, P. M. Picard, "A theory of BOT concession contracts", in: *Journal of Economic Behavior and Organization*, 89, 2013, pp. 187 – 209; K. Funke, T. Irwin, I. Rial, *Budgeting and reporting for public-private partnerships*. Bd. 7. Paris: OECD Publishing 2013; H. Mühlenkamp, *Public-Private Partnerships and government debt*. CESifo DICE Report, 12（3），2014, pp. 24 – 30.

④ 从形式上讲，德国地方市政的杠杆率相对较小，因为通常它只能为投资或债务重组借款。除了投资贷款外，德国地方市政当局还可以选择借入现金，以确保自身的流动性。自20世纪90年代初以来，特别是北威州的市政当局以现金贷款的形式形成了越来越多的负债。德国的地方政府一般并不允许透支。然而，并非所有的地方政府都遵守这一规定。因此为了强制遵守债务规则，市政监管当局获得了越来越多的严格的管控授权。其中重要的一项就是德国的地方政府有义务提交预算安全规划（Haushaltssicherungskonzepten, HSK）。自2011年以来，北莱州过度负债的市政当局也被邀请参加一项德国全国性的整合计划，即所谓的加强城市财政公约（Stärkungspakt Stadtfinanzen）。使用这些工具可能意味着严重侵犯有关市政当局的预算自主权，因此可以假定，高负债水平会引发掩盖实际负债的动机。Gemeindeordnung für das Land Nordrhein-Westfalen（GO NRW）§ 86; Destatis, Pressemitteilung Nr. 352 vom 12. September 2019. Wiesbaden: Destatis, 2019; H. Rappen, *Stärkungspakt Stadtfinanzen-Weg aus der Schuldenfalle oder gekaufte Zeit?* RWI Materialien, 120, 2017.

者并没有找到这方面的可靠证据。通过研究分析北莱茵—威斯特伐利亚州的数据可以发现,拥有众多 ÖPP 项目的城市也有更高的债务。然而在计量经济学分析中,德国地方政府的公共债务对 ÖPP 项目数量的影响是微不足道的,完全可以忽略不计。①

---

① Berthold U. Wigger, Dominik H. Zimmermann, "Öffentlich-private Partnerschaften und kommunale Verschuldung", in: *List Forum* 46, 2020, S. 1 – 16.

第四章

民间合作伙伴的选择：竞争性对话

第一节 导论

在市场经济条件下，很多时候政府都是以私人企业客户的身份出现的。在政府和民间合作伙伴关系的确立中，政府具有主动性，它们首先要对来自民间的合作伙伴做出选择，其实质就是政府面向民间的私人部门购买公共产品和服务。具体来说，选择哪个具体的民间伙伴与政府合作，都归属于政府的公共采购活动。对这些活动的治理，德国主要采用一系列的法律法规来进行。①

根据德国传统上对公共采购法的理解，其首先是出于珍惜公共资源的目的，按照经济和节约的原则执行财政预算，故主要由纯粹属于德国国内法的预算法来调整。②但事实上，德国的公共采购法与欧盟的相关法律法规有很多重叠，并且在采购值达到一定金额，也就是所谓的"门槛值"

---

① 这些法律法规在德国被统称为公共采购法，它们主要规范联邦政府、地方政府或其他的公共采购人通过有偿合同在市场上购买产品和服务的特定的行为方式。参见 C. Koenig und A. Haratsch, *Neue Juristische Wochenschrift*（NJW）2003, S. 2637. 中国一般使用"政府采购"来表述，而西方国家一般使用"公共采购"来表达，后者的采购主体并不局限于政府，其范围相对前者要大。参见孙静《欧盟公共采购法主体研究》，载《中德商法研究》，法律出版社1999年版，第89页。

② 这被称为所谓的"预算法解决方案"。参见 Günter, Brombosch, *Öffentliches Auftragswesen*, *Europäisches Verwaltungs-management*, BoD-Books on Demand, 2008, S. 23.

时，就需要遵守欧盟的法律规定。欧盟法对作为投标人参与竞争的民间合作伙伴的保护居于首要地位。① 德国的立法者将这种思想贯彻到了超过门槛值的公共采购中，并在《反限制竞争法》中制定了这类采购的核心规范。② 由此德国的公共采购法就出现了一种"对分"的情况，根据是否达到门槛值的不同结果，其适用的法律基础就有所不同，进而也就出现了各种不同的法律保护可能性。不过，对于ÖPP项目来说，其招投标涉及的金额往往都是"巨资"，一般都会因超过了门槛值而受到欧盟法的调整。

第二节 民间合作伙伴选择的法律渊源

一 德国的公共采购法

根据欧盟法规定的门槛值，德国的公共采购法被分为三个层级：首先是德国《反限制竞争法》中有关的程序法律规定；③ 由《反限制竞争法》授权颁布的《公共采购条例》（VgV）④ 和多项发包条例（VOB/A，VOL/A，VOF）。⑤ 这三个层级的法律规定遵循了所谓的"阶梯原则"，也即它

---

① 经济和节约的执行财政预算仍然是公共采购的目的，但已不再是唯一目的，或不再是主要目的。

② 这被称为所谓的"竞争法解决方案"。参见 Stefan, Schifferdecker, *Bindungswirkung städtebaulicher Wettbewerbe*: *rechtliche und soziale Bindungen im Abwägungsprozess*, Peter Lang, 2009, S. 72.

③ §§97 ff. des Gesetzes gegen Wettbewerbsbeschränkungen, GWB.

④ Verordnung über die Vergabe öffentlicher Aufträge (Vergabeverordnung-VgV), Vergabeverordnung vom 12. April 2016 (BGBl. I S. 624), die zuletzt durch Artikel 2 des Gesetzes vom 9. Juni 2021 (BGBl. I S. 1691) geändert worden ist.

⑤ 主要是指《建筑业发包条例》A 部分，Vergabe-und Vertragsordnung für Bauleistungen, Teil A: Allgemeine Bestimmungen für die Vergabe von Bauleistungen (VOB/A, Bekanntmachung vom 24. Oktober 2011, BAnz. Nr. 182a vom 2. Dezember 2011; BAnz AT 07. 05. 2012 B1)；《其他给付的发包条例》A 部分，Vergabe-und Vertragsordnung für Leistungen (VOL) Teil A, Allgemeine Bestimmungen für die Vergabe von Leistungen (VOL/A) vom 20. November 2009 (BAnz. Nr. 196a vom 29. Dezember 2009, BAnz. 2010 S. 755)；《自由职业服务发包条例》，Vergabeordnung für freiberufliche Dienstleistungen-VOF-Vom 18. November 2009 (BAnz. Nr. 185a vom 8. Dezember 2009).

们递进式地从概括性规定到实施细则，越往后的法律条文的具体化程度越高。同时，联邦层面的法律与具有补充性质的联邦州的相关法规也要共同配套适用。① 虽然德国公共部门的采购行为最终都会归结为采购合同，应当属于民法调整的范围。但公共采购人在做出采购决策时，还需要遵守特定的公法规范。

德国的《反限制竞争法》和《公共采购条例》并不适用于门槛值以下的公共采购。故低于门槛值的公共采购也无法参照各项发包条例的规定。② 在这种情况下，公共采购主要受德国国内法的调整，一般只考虑德国预算法律法规中的相关规定。此外，多个联邦州还颁布了本州的采购法规，它们都参考了上述关于公共采购的相关规定。③ 部分联邦州的地方乡镇政府的采购活动还要接受 VOB/A 和 VOL/A 第一部分的约束。④ 还有一些联邦州，在其地方预算法中也有指示要参照一般采购

---

① 参见 Vergaberecht, Beck-Texte in dtv, 12. Aufl. 2010. 在法规层面的统一规定存在于所谓的行业领域（Sektorenbereich），这主要涉及饮用水供给、能源供给和交通领域的公共采购。此时，行业条例（Verordnung über die Vergabe von Aufträgen im Bereich des Verkehrs, der Trinkwasserversorgung und der Energieversorgung, Sektorenverordnung-SektVO）在其相关的行业领域内对建筑和供货以及服务的采购规定，包括对自由职业服务的采购规定，统一做出调整。

② 因为只有根据《公共采购条例》的相关指示，才可以适用相关的具体的发包条例。

③ 参见《不莱梅州关于在公共采购中的工资协定、社会水平和竞争保障法》第 6 条第 1 款和第 7 条第 1 款，Bremisches Gesetz zur Sicherung von Tariftreue, Sozialstandards und Wettbewerb bei öffentlicher Auftragsvergabe (Tariftreue-und Vergabegesetz) vom 24. November 2009（Brem. GBl. S. 476）；《汉堡公共采购法》第 2a 条第 1 款，Hamburgisches Vergabegesetz（HmbVgG）vom 13. Februar 2006（HmbGVBl. S. 57）；《下萨克森州公共采购法》第 2 条第 1 款，Niedersächsisches Landesvergabegesetz（LVergabeG）vom 15. Dezember 2008, Nds. GVBl. 2008, S. 411；《萨克森州公共采购法》第 1 条第 1 款，Das Gesetz über die Vergabe öffentlicher Aufträge im Freistaat Sachsen（Sächsisches Vergabegesetz-SächsVergabeG）vom 8. Juli 2002（SächsGVBl. S. 218）。

④ 这直接源于乡镇预算法规的法定指示或参照。例如勃兰登堡州《乡镇预算条例》的第 25a 条第 2 款和第 3 款，Verordnung über die Aufstellung und Ausführung des Haushaltsplans der Gemeinden（Gemeindehaushaltsverordnung-GemHV）vom 26. Juni 2002（GVBl. II/02, [Nr. 19], S. 414），zuletzt geändert durch Verordnung vom 28. Juni 2010（GVBl. II/10, [Nr. 37]）；或梅前州《乡镇预算条例》第 29 条第 2 句，Landesverordnung über die Aufstellung und Ausführung des Haushaltsplanes der Gemeinden des Landes Mecklenburg-Vorpommern（Gemeindehaushaltsverordnung-GemHVO-）vom 27. November 1991, GVOBl. M-V 1991, S. 454.

第四章　民间合作伙伴的选择：竞争性对话

原则的公告。① 不过，也有一些联邦州政府在公共采购法规中声明：门槛值以下的公共采购可参考德国《反限制竞争法》的相关规定。②

二　欧盟的公共采购法

欧盟的公共采购法可以追溯至六个欧盟指令，其中四个指令主要规定采购的程序，另外两个被称为上诉指令或法律手段指令，主要规范采购决定的审查。③ 前四个指令在2004年通过欧盟一揽子立法方案被革新为欧盟公共采购法。其中，针对在水、能源、交通以及邮政服务等领域的公共采购做出了专门的特殊规定，这被统称为"行业指令"④。在此之前，根据给

---

① 通常在这些公告中都规定了VOB/A和VOL/A第一部分的适用。在这种情况下，VOB/A和VOL/A在对门槛值以下的采购生效时，呈现出行政管理规定的特征。例如黑森州的《乡镇预算条例》第30条第2款，Verordnung über die Aufstellung und Ausführung des Haushaltsplans der Gemeinden（Gemeindehaushaltsverordnung-GemHVO-）vom 2. April 2006, GVBl. I 2006, S. 235；莱法州的《乡镇预算条例》第22条第2款，Gemeindehaushaltsverordnung（GemHVO）vom 18. Mai 2006, GVBl. 2006, S. 203；北威州的《乡镇预算条例》第25条第2款，Verordnung über das Haushaltswesen der Gemeinden im Land Nordrhein-Westfalen（Gemeindehaushaltsverordnung NRW-GemHVO NRW）vom 16. November 2004, GV. NRW. S. 644；巴登州的《乡镇预算条例》第31条第2款，Verordnung des Innenministeriums über die Haushaltswirtschaft der Gemeinden（Gemeindehaushaltsverordnung-GemHVO）vom 11. Dezember 2009, GBl. 2009, S. 770。

② 例如下萨克森州的《公共采购法》对建筑工程采购的规定，参见§2 I, II, Niedersächsisches Landesvergabegesetz（Nds. LVergabeG）vom 15. Dezember 2008, Nds. GVBl. 2008, S. 411；§ 97 I – V，§ 98 – 101 GWB。

③ Richtlinie 92/13/EWG des Rates vom 25. Februar 1992 zur Koordinierung der Rechts-und Verwaltungsvorschriften für die Anwendung der Gemeinschaftsvorschriften über die Auftragsvergabe durch Auftraggeber im Bereich der Wasser-, Energie-und Verkehrsversorgung sowie im Telekommunikationssektor, ABl. Nr. L 076 vom 23/03/1992 S. 14 – 20；Richtlinie 89/665/EWG des Rates vom 21. Dezember 1989 zur Koordinierung der Rechts-und Verwaltungsvorschriften für die Anwendung der Nachprüfungsverfahren im Rahmen der Vergabe öffentlicher Liefer-und Bauaufträge, Abl. Nr. L 395 vom 30/12/1989 S. 33-35；Richtlinie 2007/66/EG des Europäischen Parlaments und des Rates vom 11. Dezember 2007 zur Änderung der Richtlinien 89/665/EWG und 92/13/EWG des Rates im Hinblick auf die Verbesserung der Wirksamkeit der Nachprüfungsverfahren bezüglich der Vergabe öffentlicher Aufträge, ABl. L 335 vom 20. 12. 2007, S. 31 – 46.

④ 即欧洲议会和理事会第2004/17/EG号指令。Richtlinie 2004/17/EG des Europäischen Parlaments und des Rates vom 31. März 2004 zur Koordinierung der Zuschlagserteilung durch Auftraggeber im Bereich der Wasser-, Energie-und Verkehrsversorgung sowie der Postdienste, ABl. L 134 vom 30. 4. 2004, S. 1 – 113.

付种类不同而分别规定的公共服务、供货和建筑三项采购指令,被统一调整为"公共采购协调指令"①。上述指令的适用范围只局限于那些在指令中有相关规定,且达到或超过欧盟委员会确定的门槛值②的公共采购。

除属于二级法的公共采购指令外,作为一级法的《欧盟运行条约》也对公共采购法具有非常重要的意义,尤其是欧洲法院根据基本自由原则引申出的一般性原则:竞争原则、平等原则和透明原则。③ 欧洲法院认为,这些一般性原则也适用于欧盟公共采购指令适用范围之外的采购行为,并反对在公共采购过程中招标缺位的现象。④ 这一点也适用于标的总价没有超过门槛值的采购行为以及服务给付的特许经营。当然,欧盟一级法的适用还有一个前提条件:在采购活动中存在明确的跨境因素或利益。⑤

第三节 德国公共采购法和 ÖPP

在德国研究、探讨政府和民间合作伙伴的问题在涉及采购关系时,其中最为紧要的核心问题就是关于公共采购法的相关规定。德国政府和民间部门之间的合作,可以分为非正式合作、交换合同式合作和制度式

---

① 即欧洲议会和理事会第 2004/18/EG 号指令。Richtlinie 2004/18/EG des Europäischen Parlaments und des Rates vom 31. März 2004 über die Koordinierung der Verfahren zur Vergabe öffentlicher Bauaufträge, Lieferaufträge und Dienstleistungsaufträge, ABl. Nr. L 134 S. 114, ber. ABl. Nr. L 351 S. 44.

② 自 2010 年初开始,公共建筑采购领域的门槛值为 484.5 万欧元,公共供货和服务采购的门槛值一般为 19.3 万欧元(皆为不计增值税的数值)。这些门槛值的意思是:当采购项目的价值达到该门槛值时,即适用所谓的卡特尔采购法的规定。委托项目价值的计算在《公共采购条例》第 3 条中做出了规定。参见 Verordnung über die Vergabe öffentlicher Aufträge (Vergabeverordnung-VgV) vom 11. Februar 2003 (BGBl. I S. 169), die zuletzt durch Artikel 1 der Verordnung vom 12. Juli 2012 (BGBl. I S. 1508) geändert worden ist.

③ 这些原则已经在德国法的《反限制竞争法》和其他的采购法规定中得到体现。

④ EuGH NZBau 2001, 148 Rn. 60ff. -Telaustria; NVwZ 2005, S. 1052 Rn. 16ff. -Coname; 2005, 1407 Rn. 52. -Parking Brixen; 2008, 177 Rn. 71. -AP; VergabeR 2008, 625 Rn. 20 – SECAP.

⑤ EuGH VergabeR 2008, 55 Rn. 29-Irische Post; 2008, 501 Rn. 66; 2008, 625 Rn. 21-SECAP; EuZW 2010, 150 Rn. 24-Serrantoni.

合作三种情况。① 与后面两种情况不同，德国政府部门和民间部门的非正式合作具有相当程度的随意性，也无须特别遵守什么规则，公共采购的各种法律规范对其意义不大。

交换合同式合作则需遵循公共采购法中关于招标义务的相关规定，具体来说，这类合作的表现形式主要是购买者模式、租赁模式、出租模式、所有人模式、承包模式和特许经营模式。在特许经营模式中，需要注意欧盟一级法中规定的透明原则。后面将重点阐释的"竞争性对话"②这种工具就是专为政府和民间合作伙伴关系制度的公共采购行为而确定的。规定这种特别采购方式的背景是：政府部门对于事关公共利益的产品和服务存在一些困难和问题，但不知道应当如何更好的解决。而且它们也不能通过举行常规的招标来获得民间部门提供的最具经济性的解决方案。由于掌握信息的不充分，德国的公共机构宁愿选择多层级的谈判程序，先与来自民间的私人部门进行对话洽谈，逐步了解市场上存在哪些基本的问题解决方案。③

对于制度式合作来说，政府和民间部门之间的合作并不通过签订合同的形式进行，而是借助设立混合经济企业的方式实现一种制度式的合作。虽然实现这样的合作与相应的组织措施有密切关系，特别是采用设立公司这种组织形式，但一般并不受德国公共采购法的约束。④

---

① Jan Ziekow und Alexander Windoffer, "Public Private Partnership als Verfahren-Struktur und Erfolgsbedingungen von Kooperationsarenen", in: *Neue Zeitschrift für Baurecht und Vergaberecht* (NZBau), 2005, S. 666.

② § 101 IV GWB; § 3 VII EG VOL/A; § 3a IV VOB/A.

③ Dietrich Drömann, Wettbewerblicher Dialog und ÖPP-Beschaffungen-Zur "besonderen Komplexität" so genannter Betreibermodelle, in: *Neue Zeitschrift für Baurecht und Vergaberecht* (NZBau), 2007, S. 751.

④ 如果这些措施与任务转移相关，在只是独立观察任务转移行为的情况下，就应当履行招标义务，也即附加型委托采购的情况。其中具有决定性的标准就是要审查在成立企业和委托采购之间是否存在内在联系。参见 Meinrad Dreher, "Public Private Partnerships und Kartellvergaberecht. Gemischtwirtschaftliche Gesellschaften, In-house-Vergabe, Betreibermodelle und Beleihung Privater", in: *Neue Zeitschrift für Baurecht und Vergaberecht* (NZBau), 2002, S. 247; EuGH, Rs. C-29/04, NVwZ 2006, 70 Rn. 41f.

第四节 竞争性对话在德国 ÖPP 项目中的应用

一 应用竞争性对话的法律依据

竞争性对话①是一种新的公共采购方式,欧盟引入这种新型采购方式的目的主要是考虑到了政府和民间合作伙伴项目的招标复杂性。② ÖPP 项目周期长、综合性强,确定其总体价格和对标书进行清晰准确描述都存在很大的困难。它虽然在一定程度上较之议标的方式降低了采购过程的灵活性③,但还是可以使采购过程更具有竞争性。另外,竞争性对话规定了未经投标人准许,禁止泄露其商业机密和具有原创性的问题解决方案。对比议标而言,竞争性对话在知识产权和商业机密保护方面前进了一步。在英国和德国的实践经验也证明了竞争性对话对于复杂的 ÖPP 项目以及私人主动融资(Private Finance Initiative, PFI)项目是相对最好的招投标方式。④

竞争性对话源自欧盟公共采购法的相关规定⑤,这些规定在德国的

---

① 与竞争性对话不同,竞争性谈判(competitive negotiation)是中国政府采购的五种采购方式之一,适用于无法通过公开招标和邀请招标完成的货物、服务和工程的采购。中国的竞争性谈判与欧盟的竞争性对话有一定的相同之处,但在公告发布、对话或谈判人选择、对话或谈判方式、评标标准和评标标准变动等方面存在差异。参见王加为、李珊《欧盟的竞争性对话与中国的竞争性谈判》,《中国政府采购》2016 年第 1 期。

② EG-Kommission, *Grünbuch Öffentlich-private Partnerschaft*, KOM (2004) S. 327, Rn. 24 f. 当然不局限于 ÖPP 项目,竞争性对话还适合应用在大型的公共基础设施项目、特殊的复杂的计算机软件设计项目、市场营销计划项目等。

③ Arrowsmith Sue, "An Assessment of the new legislative package on public procurement", in: *CML-Rev* 41 (2004), p. 1291. 欧盟委员会总是强调,通过竞争性对话可以开启那些与企业之间本没有可能性的谈判。当然,这个论点主要是建立在严格适用议标例外情况的基础之上的,同时该适用并不和成员国的司法判例相冲突。

④ Arrowsmith Sue, "An Assessment of the new legislative package on public procurement", in: *CML-Rev* 41 (2004), p. 1280.

⑤ Richtlinie 2004/18/EG des Europäischen Parlaments und des Rates vom 31. 3. 2004 über die Koordinierung der Verfahren zur Vergabe öffentlicher Bauaufträge, Lieferaufträge und Dienstleistungsaufträge (ABl. EG L 134 v. 30. 4. 2004, S. 114),也就是所谓的"传统的协调指令",在德语中一般被缩写为 VKR。

国内法中被转化为《反限制竞争法》第 101 条第 5 款。① 在德国《反限制竞争法》中有关竞争性对话的规定都是原则性的，与之有关的更详细的规则可以在相应的发包准则中找到。原本详细规定竞争性对话的德国《公共采购条例》② 第 6a 条，因《建筑业发包条例》A 部分和《财务及服务业发包条例》A 部分③已对之做出了新的详细规定而被取消。④ 鉴于其内容并没有发生多少实质性变化，为行文叙述的方便，本书将继续以德国《公共采购条例》第 6a 条为研究对象。

德国《公共采购条例》中的第 6a 条关于竞争性对话的规定，在很大程度上与欧洲议会和理事会第 2004/18/EC 号指令中的第 29 条的规定是相符的。但欧盟在履行相关立法程序中对竞争性对话的核心要素还存在争议，迄今为止，这些争议尚未取得最终之解决。竞争性对话法规中"有些部分不甚明确乃至含糊"⑤ 是一个问题，而德国的立法者不但没有解决这个问题，反而使有些部分更加恶化了。由于这个新型的采购方式在德国应用的时间不长，所以相关的判例和实践经验还很欠缺。⑥ 即使早在 2004 年 1 月就开始应用竞争性对话的法国，它所累积的经验也暂付

---

① § 101 Abs. 5 Gesetz gegen Wettbewerbsbeschränkungen. 该款规定："（5）竞争性对话这种采购方式是公共采购人在处理较为复杂的采购时常采用的方式。在这种程序中，首先多个企业参与进来，然后公共采购人与被选出的企业就采购的细节问题进行谈判。"

② Verordnung über die Vergabe öffentlicher Aufträge (Vergabeverordnung-VgV), Vergabeverordnung vom 12. April 2016 (BGBl. I S. 624), die zuletzt durch Artikel 2 des Gesetzes vom 9. Juni 2021 (BGBl. I S. 1691) geändert worden ist. 这个条例的法律基础是德国《反限制竞争法》第 97 条第 6 款和第 127 条。

③ § 3a Abs. 4 VOB/A 2009, § 3 Abs. 7 EG VOL/A 2009.

④ Verordnung zur Anpassung der Verordnung über die Vergabe öffentlicher Aufträge (Vergabeverordnung-VgV) sowie der Verordnung über die Vergabe von Aufträgen im Bereich des Verkehrs, der Trinkwasserversorgung und der Energieversorgung (Sektorenverordnung-SektVO) vom 7. Juni 2010, in: *Bundesgesetzblatt Jahrgang* 2010 *Teil I Nr.* 30, ausgegeben zu Bonn am 10. Juni 2010, S. 726.

⑤ Bundestagsdrucksache (BT-Drs.), 15/5668, S. 12.

⑥ Christof Schwabe, *Wettbewerblicher Dialog*, *Verhandlungsverfahren*, *Interessenbekundungs-verfahren-Anwendungsvoraussetzungen und Verfahrensdurchführung im funktionalen Vergleich*. 1. Auflage, NOMOS Baden-Baden, 2009.

阙如。于是"责任就落在应用者自己身上，应用者根据实际情况来利用这个采购方式的优势"①。在当时的环境下，那些敢于应用竞争性对话的人都是第一个吃螃蟹的勇士，他们要承担这种新型采购方式在法律上的无法估量性，这在行事风格相对保守的德国公共部门就更是难能可贵了。当然，这个螃蟹也是不得不吃的，只要满足适用德国《公共采购条例》第6a条的前提条件，那么应用竞争性对话就已成为一种法律义务。

虽然竞争性对话是一个新生事物，但它还是采纳了很多我们熟悉的招标方式的旧元素。竞争性对话开始阶段的参与竞争与不公开招标②和议标非常相似；谈判阶段与议标的谈判过程相近。③ 但并非所有欧盟层面上关于竞争性对话的规定都在德国《公共采购条例》中得到了转化。不过，在欧盟法"协调一致解释"原则的基础上，这些没有转化为德国国内法的欧盟法条款也需要给予特别注意。④

二 需要应用竞争性对话的公共采购

竞争性对话适用的基本前提是德国《公共采购条例》第6a条第1款，即必须是由公共委托人进行的公共采购项目。⑤ 在符合基本前

---

① Bundestagsdrucksache（BT-Drs.），15/5668，S. 12.
② 在中国招标投标法中采用"邀请招标"的表达，是指招标人以投标邀请书的方式邀请特定的法人或者其他组织投标。参见《中华人民共和国招标投标法》第10条第2款。遵照德语的表达习惯，本书采用"不公开招标"的表达方式。
③ Brown, Adrian, "The Impact of the New Procurement Directive on Large Public Infrastructure Projects: Competitive Dialogue or Better the Devil you Know?", in: *Public Procurement Law Review* (PPLR), 13 (2004), p. 160.
④ 总体来说，在德国公共部门采用竞争性对话的采购方式时，需要参考的法律规定有：德国《反限制竞争法》第101条第1款和第5款；德国《公共采购条例》第6a条；欧洲议会和理事会第2004/18/EC号指令第1条第11款C项；欧洲议会和理事会第2004/18/EC号指令第28条第2款；欧洲议会和理事会第2004/18/EC号指令第29条；欧洲议会和理事会第2004/18/EC号指令第38条第3款B项；欧洲议会和理事会第2004/18/EC号指令第44条第3、4款；欧洲议会和理事会第2004/18/EC号指令第53条第2款。
⑤ 关于具体如何确定公共委托人，可参照德国《反限制竞争法》的第98条第1—3款；关于如何确定公共采购项目，可参照德国《反限制竞争法》第99条。

提的情况下，采用竞争性对话的招标程序，还要满足这些条件：该项公共采购非常复杂，乃至于公共委托人没有能力指定满足其需求和实现其目标的技术手段[1]，或没有能力指定项目计划的法律条件和融资条件。[2]

如前所述，只有在委托人是公共委托人且存在事实上的公共采购订单[3]时才有必须采用竞争性对话的可能。德国的《公共采购条例》并没有就公共委托人的概念给出法律定义，这个概念是2005年3月联邦经济劳工部在就《公共采购条例》所做的报告提纲中无意间采用的。单纯从字面上理解，公共委托人概念主要包括按照《反限制竞争法》第98条第1—3款规定的采购人，即公共机构、国家控股的企业以及协会等。[4] 此外，按照《反限制竞争法》第99条还需要存在法律意义上的公共采购，这是必不可缺的，不管它是供货采购订单、服务采购订单还是建筑过程采购订单。基本上公共采购订单要涵盖公共委托人采购过程的所有类型。[5]

采用竞争性对话的采购方式并非普遍的惯例，而是被严格限制在某

---

[1] §6a Abs. 1 Nr. 1 VgV.

[2] §6a Abs. 1 Nr. 2 VgV.

[3] 例如供货订单、服务订单或者建筑工程订单。

[4] Pünder Hermann und Franzius Ingo, "Auftragsvergabe im wettbewerblichen Dialog", in: *Zeitschrift für deutsches und internationales Bau-und Vergaberecht* (ZfBR) 2006, S. 21; Ollmann, Horst, "Wettbewerblicher Dialog eingeführt-Änderungen des Vergaberechts durch das ÖPP-Beschleunigungsgesetz", in: *Vergaberecht*, 2005, S. 687.

[5] 在政府和民间合作伙伴关系项目中，公共委托人在招标程序开展之前通常都不清楚如何在合作伙伴之间分配项目风险，也不明了应该在多大程度上由合作双方进行共同融资。在这种情况下，公共采购也可以采取特许经营权的形式。但委托人无须采用适合于特许经营权的、已被降低了要求的招标程序，因为在招标过程中如果公共委托人独家负责融资的类型被证明是最经济的融资模式的话，那就无法再转换到法律规定的更严格的招标类型了。相应地，这个招标类型必须被取消，公共采购的订单要重新开始招标。但如果从一开始就采用竞争性对话，那么在招标程序中就要考虑所有的融资模式，包括会导致特许经营权的融资模式。参见 EG-Kommission, *Explanatory Note on the competitive dialogue v.* 01.03.2005, CC/2005/04, p. 4.

些特定的情景之下。① 根据《公共采购条例》第 6a 条第 1 款，最大可能的竞争以及最大可能的透明成为公共委托人在公共采购中必须遵循的重要原则。② 如果满足了《公共采购条例》第 6a 条第 1 款规定的前提条件，那么相应的证明责任就要由公共委托人承担。议标所要遵守的原则③也适用于竞争性对话。④ 选择竞争性对话的理由一般应由委托人结合采购的具体情况以书面的形式记录下来。与议标相同，想要说明选择竞争性对话的理由仅仅重复法律文本是不够的⑤，但这并不意味着需要大篇幅地进行相关理由的阐述，公共委托人应当尽可能精炼简短地将选择竞争性对话的缘由讲述清楚。⑥

"竞争性对话是针对特别复杂的采购而采用的招标程序"⑦，这个模糊的表述"特别复杂"，它在德国《公共采购条例》第 6a 条第 1 款中被做了详细描述，从而实现了具体化。⑧ 也即当公共委托人客观上不具备

---

① §28 Abs. 2 S. 2 VKR. "Unter den besonderen in Artikel 29 ausdrücklich genannten Umständen können die öffentlichen Auftraggeber ihre öffentlichen Aufträge im Wege des wettbewerblichen Dialogs vergeben. 相关规定是："只有在欧洲议会和理事会第 2004/18/EC 号指令第 29 条明确规定的情况下，公共采购人方可采用竞争性对话的方式进行公共采购。"

② 参见欧盟法院的判例以及欧洲议会和理事会第 2004/18/EC 号指令中的相关说明。EuGH, Urteil v. 27. 11. 2002-Rs. C-285/99 u. a. （Impresal Lombardini），Slg 2001，I-9233，Rn. 76 und Erwägung 2 der VKR.

③ 参见欧盟法院的判例 EuGH: Urteil v. 13. 01. 2005-Rs. C-84/03（Kommission/Spanien），Slg. 2005，I-139，Rn. 48；Urteil v. 18. 11. 2004-Rs. C-126/03（Kommission/Deutschland），Slg. 2004，I-1197，Rn. 23.

④ Arrowsmith Sue, *The Law of Public and Utilities Procurement*, 2. Auflage, London 2005, Rn. 10. 3.

⑤ 参见 Teil 2, 2.0, Nr. 4 des HVA L-StB（Handbuch für die Vergabe und Ausführung von Lieferungen und Leistungen im Straßen-und Brückenbau）und des HVA B-StB（Handbuch für die Vergabe und Ausführung von Bauleistungen im Straßen-und Brückenbau）.

⑥ 同时，这些理由还应当被立即记录在采购过程的备忘录中。参见 Bundestagsdrucksache（BT-Drs.），15/5668，S. 12.

⑦ §101 Abs. 5 GWB.

⑧ Rubach-Larsen Anne, "Competitive Dialogue", in: Nielsen & Treumer: *The New EU Public Procurement Directives*, Kopenhagen 2005, p. 69.

能力①，用技术手段来实现其采购的需求和目标时②，或者不能够准确说明采购所规定的法律条件时③，或者不能够准确说明采购所规定的经济条件时，就可以采用竞争性对话的方式进行采购。

在德国高科技领域内的 ÖPP 项目方面，竞争性对话得到了特别具有针对性的应用④，因为在通常情况下，公共委托人既不能预先确定基本的技术方案，也不能事先敲定技术细节。在招标筹划阶段，公共委托人会考虑若干具有高度专业性的问题解决方案，这些方案因存在原则性区别而不能在公开或者不公开招标中通过报价进行比较。⑤ 由此欧盟委员会也特别给出意见，竞争性对话"特别"适合用于 ÖPP 项目的招标。⑥

---

① "客观上不具备能力"这个表达出自于欧洲议会和理事会第 2004/18/EC 号指令。它指的是采购人在客观上可证实的、合格的不具备能力。参见 § 1 Abs. 1 lit. C VKR.

② 德国《公共采购条例》第 6a 条第 1 款第 1 句中"技术手段"这个概念出自于欧洲议会和理事会第 2004/18/EC 号指令第 1 条第 11 款第 C 项。与技术规格详细规定了公共产品和服务给付的方式不同，在第 2004/18/EC 号指令中这个概念明确指的是在以结果为导向的标的描述意义上的给付和功能要求。技术手段可以被理解为包括了给付和功能的要求以及技术规格。

③ 在德国《公共采购条例》第 6a 条第 1 款第 2 句中的法律或融资条件指的是合同协议结构中的原则性问题。其中法律条件指的是在合同中经济风险的分配；作为临时性合同或者混合经济企业在关系上的法律特征；或是合同有效期。融资条件指的是提供给付的融资方面的问题，即只是通过采购人单独融资还是通过第三方融资，或者是通过用户在不同程度上进行共同融资等。用户缴纳的酬金也属于融资条件的范畴。法律条件和融资条件不能严格地区分开来。融资条件要在合同上进行规范，因此同时也具有法律属性。重要的合同协议通常具有经济意义，对合同伙伴来说还具有金融意义。

④ EG-Kommission, *Vorschlag für eine Richtlinie des Europäischen Parlaments und des Rates über die Koordinierung der Verfahren zur Vergabe öffentlicher Lieferaufträge, Dienstleistungsaufträge und Bauaufträge*, KOM (2000) 275, S. 5, Pkt. 3.

⑤ 例如涉及横跨一条很宽航道的开发建设项目，既可以考虑隧道，也可以考虑桥梁，或者这两者的综合体。又如为了对海量数据进行搜集、利用而设计的 IT 数据系统的采购，在社会保险领域或者警察的安全事务领域内的采购，在警察、消防和其他社会服务机构的无线电和数据传输技术领域内的采购，或者在复杂的医学技术领域内的采购等。参见 EG-Kommission, *Vorschlag für eine Richtlinie des Europäischen Parlaments und des Rates über die Koordinierung der Verfahren zur Vergabe öffentlicher Lieferaufträge, Dienstleistungsaufträge und Bauaufträge*, KOM (2000) 275, S. 6, Pkt. 3. 3.

⑥ EG-Kommission, *Grünbuch zu öffentlich-privaten Partnerschaften und den gemeinschaftliche Rechtscorschriften für öffentliche Aufträge und Konzessionen*, KOM, 2004, S. 327, Rn. 2; EG-Kommission, *Mitteilung "Ausbau des transeuropäischen Verkehrsnetzes: Neue Formen der Finanzierung-Interoperable elektronische Mautsystem"*, KOM (2003) 132, S. 17.

在公共基础设施项目、短途交通服务项目、民营医院这些比较典型的ÖPP项目中,它们都非常典型地在合同关系中显示出特殊的复杂性。① 因为对于其中的融资、风险分担和公共福利保障等问题,大都需要具体问题具体分析并逐一与民间合作伙伴进行对话和谈判。②

德国的立法者在关于政府与民间合作的立法缘由中阐述有关竞争性对话适用范围的案例时,总会特别指出那些"巨型的公共基础设施项目"和"复杂的计算机网络"③,但并不能简单地理解只有这些项目才会选择竞争性对话,德国立法机关提及的这些案例,只是一些随机的选择。④ 如果采用竞争性对话的采购方式来确立政府和民间的合作伙伴关系,还需要证明公共部门和私人部门各自的具体情况符合德国《公共采购条例》第6a条第1款所要求的前提条件。只有这样,竞争性对话的选择才能如同议标程序一样经得起事后监督。

三 德国应用竞争性对话的流程

德国的公共委托人通过在欧洲范围内进行招标公示揭开竞争性对话的序幕。⑤ 按照欧盟的相关规定,德国的委托人必须使用在欧盟委员会

---

① BMVBW, *Gutachten "ÖPP im öffentlichen Hochbau"*, 2003, Bd. II/2, S. 311ff.; EG-Kommission, *Grünbuch zu öffentlich-privaten Partnerschaften und den gemeinschaftliche Rechtscorschriften für öffentliche Aufträge und Konzessionen*, KOM, 2004, S. 327, Rn. 2; Arrowsmith, Sue, "Public Private Partnerships and the European Procurement Rules: EU Policies in Conflict?", in: *CMLRev* 37 (2000), p. 736; Aumont Laure und Kaelble Hendrik, "Die Vergabe von Dienstleistungen von allgemeinen wirtschaftlichen Interesse an Private", in: *Neue Zeitschrift für Baurecht und Vergaberecht* (NZBau), 2006, i. E.; Pünder Hermann und Franzius Ingo, "Auftragsvergabe im wettbewerblichen Dialog", in: *Zeitschrift für deutsches und internationales Bau-und Vergaberecht* (ZfBR), 2006, S. 21.

② Brown Adrian, "The Impact of the New Procurement Directive on Large Public Infrastructure Projects: Competitive Dialogue or Better the Devil you Know?", in: *Public Procurement Law Review* (PPLR), 13 (2004), p. 161; BMVBW, *Gutachten "ÖPP im öffentlichen Hochbau"*, 2003, Bd. II/2, S. 312.

③ Bundestagsdrucksache (BT-Drs.), 15/5668, S. 11; Erwägung 31 VKR.

④ Rubach-Larsen Anne, "Competitive Dialogue", in: Nielsen and Treumer, *The New EU Public Procurement Directives*, Kopenhagen 2005, p. 70.

⑤ § 6a Abs. 2 1. HS VgV.

第1564/2005号条例①中给出的标准表格2进行公示，欧盟的这个规定已经转化到德国的国内法中。② 在公示中，委托人要在其能力范围内概述采购订单的内容及要求。③ 伴随着公示，其内容已经形成针对委托人的约束。④ 同时还有若干特别的注意事项：采购订单要尽可能简短；要说明参加招标的资格标准或最低要求；如有可能，要说明受邀参加对话的投标人的最高数量；如有可能，该邀请要遵循"客观及非歧视性"的原则；要有意识地将竞争性对话分成若干阶段等。⑤

德国《公共采购条例》规定的"标的描述"是一项公共委托人必须做好的重点工作，因为据此描述可确定对话所要遵循的基本框架。⑥ 通过标的描述，委托人应尽可能精准地概述他的需求。⑦ 在对话阶段已不允许委托人与起初描述好的确定标的发生偏离。⑧ 在结果上也不可购置与其开始规定不相同的产品和服务。⑨ 对于还需磋商的给付要求就不能

---

① VERORDNUNG (EG) Nr. 1564/2005 DER KOMMISSION vom 7. September 2005, zur Einführung von Standardformularen für die Veröffentlichung von Vergabebekanntmachungen im Rahmen von Verfahren zur Vergabe öffentlicher Aufträge gemäß der Richtlinie 2004/17/EG und der Richtlinie 2004/18/EG des Europäischen Parlaments und des Rates.

② 《公共采购条例》第6a条，另外还需注意《建筑业发包条例》A部分第17a条、《财务和服务业发包条例》A部分第17a条以及《自由职业发包条例》第9条第2—4款。

③ 对于实现该采购的可能选项，该采购项目可能会被划分成若干较小的项目，以及其他类似的在采购订单中尚未确定的方面，就没有必要给予概述，与此相对应的部分可以保持"空白"，不必填写在标准表格中。但对采购订单对象的要求还是非常有必要进行详细说明或解释的。

④ 因为对采购订单有意向的私人部门会根据公示决定是否参与招投标。在采购订单中还需要继续谈判协商的部分，在公示中就不能登记为已确定的内容。如果这些部分无论如何也必须记录在公示中，那就应予以特别注明，以提示有意向的投标人注意，此部分尚未最终确定仍需继续谈判协商。

⑤ Standardformulars 2, Verordnung (EG) Nr. 1564/2005 der Kommission vom 07.09.2005.

⑥ 参见德国《公共采购条例》第6a条第2款第2句。

⑦ 比如清晰确定以结果为导向的目标。只有尽可能地予以清晰描述，这样企业才能决定是否参与招标程序。

⑧ EG-Kommission, *Explanatory Note on the competitive dialogue* v. 01.03.2005, CC/2005/04, p.5.

⑨ EuGH: Urteil v. 29.04.2004-Rs. C-496/99P (CAS Succhi di Frutta), Slg. 2004, I-3801, Rn. 117; OLG Naumburg: Beschluss v. 01.09.2004 – 1 Verg 11/04; OLG Dresden: Beschluss v. 03.12.2003-Wverg 15/03, NZBau 2005, S.119; OLG Celle: Beschluss v. 16.01.2002 – 13 Verg 1/02, VergabeR 2002, S.301.

定性为确定。① 如果在对话阶段还要对 ÖPP 项目的融资模式和风险分配进行磋商，是否由委托人全额融资还是通过用户或融资公司进行共同融资还悬而未决，那么就应该在标的描述中标记为可磋商。这样就避免了在融资模式选择上的自我设限。

德国的公共委托人还要规定参与申请完成的期限，这需要在标准表格 2 中予以公布，一般来说，至少需要 37 天。② 如果时间紧迫，按照《建筑业发包条例》A 部分和《财务和服务业发包条例》A 部分③类似的应用，可把提交参与申请的最短期限缩短到 15 天。④

选择哪些来自民间的申请者进入对话阶段也要遵循相应的程序。首先就是审查申请者的资格，包括可能存在的最低条件。⑤ 原则上，在对话阶段只允许合适的，即内行的、有能力的、可靠的民间合作者被挑选出来。⑥

---

① 已经确定的描述在谈判阶段不可再磋商。那些要进行磋商的部分，必须是在描述中没有被列出的，或者被列出但被定性为可磋商的部分。是否在标的描述中给出订单个别部分的暂时性建议是委托人的自由。为了避免在谈判空间的外部界限上产生自我约束，应该把这些建议都标志为可磋商的。

② IV. 3. 4 des Standardformulars 2, Verordnung (EG) Nr. 1564/2005 der Kommission vom 07. 09. 2005; Art. 38 Abs. 3 lit. b VKR. 此规定与《建筑业发包条例》A 部分和《财务和服务业发包条例》A 部分的相关要求一致。§ 18a Nr. 2 Abs. 1 VOB/A, VOL/A.

③ § 18a Nr. 2 Abs. 1 VOB/A, VOL/A.

④ 时间紧迫指的是遵循例行的最短期限不再可能 (Art. 38 Abs. 8 VKR.)。德国的政府部门必须对此进行阐述证明。一般来说，在 ÖPP 项目中，经常被援引的理由是，一份关于公共产品和服务给付的合同即将到期，如不加急处理，针对广大用户提供公共产品和服务的持续性将受到严重的威胁。不过，在现实操作中，把申请期限缩短到 37 天以下隐藏了程序风险。在欧洲议会和理事会第 2004/18/EC 号指令第 38 条第 8 款中没有规定竞争性对话可因情势紧迫而缩短期限就是反对类似适用的重要的论据。尽管采购人可以在公示中有明确的关于缩短申请期限的信息，但随着缩短的申请期限的结束，很可能因出现违法状况而导致申请无效的结果 (§ 107 Abs. 3 S. 2 GWB.)。

⑤ 针对申请人所要求的资格证明、资格标准和可能存在的最低条件都必须在公示中予以公布。EG-Kommission, *Explanatory Note on the competitive dialogue* v. 01. 03. 2005, CC/2005/04, p. 5.

⑥ § 97 Abs. 4 1. HS GWB。该款规定："委托项目应发放给具有专业经验、项目建设能力以及诚信可靠的企业；只有当联邦法律或联邦州法律作出有关规定时，才可对项目企业提出其他要求。"另外还可以参见欧洲议会和理事会第 2004/18/EC 号指令中的相关要求。即 Art. 44 Abs. 3 und Abs. 3 S. 3 VKR. 公共委托人利用最低条件和"客观及非歧视性"标准控制了进入谈判阶段的通道。其中最低条件是绝对的标准，如果企业没有满足这些条件的话，那么它就不能参与招标程序。而"客观及非歧视性"标准与中标标准一样也要进行相对评估。标准中部分不利的因素可以通过其他标准中有利的因素来平衡。因此，为了保证进入谈判阶段通道的畅通，避免一些不必要的堵塞，委托人应该只提出必不可缺的最低条件。

第四章　民间合作伙伴的选择：竞争性对话

如受邀参加对话的民间合作者的名额有限，委托人则需在初筛的基础上再进行筛选。① 一般来说，委托人应邀请不少于三个合适的②竞争者参与，方可保证真正的有效竞争。在只有不到三个合适的竞争者申请时，才能少于这个下限。③

对话阶段的目标是查明和确定公共委托人的需求，以及怎样能最好地满足这些需求。所以这个阶段就包括了采购订单的拟定。④ 与民间合作伙伴进行对话的内容可以是"采购订单所有的细节"⑤。委托人会考虑对话目标、最优满足需求的方式等，并在此基础上目标明确地进行对话。⑥ 在ÖPP项目的框架下，政府和民间合作伙伴主要磋商的要点有⑦：给付范围，包括具体的各方的职责；风险分配；补偿机制；财务指

---

① 本着欧盟法一致解释的原则，这里要对欧洲议会和理事会第2004/18/EC号指令第44条第3款给予注意。挑选须按照"客观及非歧视性"的标准进行并在公示中发布，但评价标准的权重无须公布。另外，委托人还可以确定和公布参加谈判阶段企业的最高限额。对于选择谈判阶段参与者的"客观及非歧视性"标准是因人而异的，该标准一般和个人的资格相联系。中标标准可能会因为报价或者方案建议不足而不能应用。对于欧盟委员会首先在指令建议中拟定的一种可能性，即采购人在参与竞争过程中向申请人索要解决方案的可能性，并不属于第2004/18/EC号指令第29条中的例外情况。公共委托人在谈判阶段开始时方可向投标人询问解决方案。参见 EG-Kommission, *Geänderter Vorschlag für eine Richtlinie des Europäischen Parlaments und des Rates über die Koordinierung der Verfahren zur Vergabe öffentlicher Lieferaufträge, Dienstleistungsaufträge und Bauaufträge vom* 6.5.2002, KOM（2002）236, S.7; Paetzold Ulrich, "Der wettbewerbliche Dialog", in: *Zeitschrift für deutsches und internationales Vergaberecht*（ZVgR）, 2000, S.193; Werner Michael und Freitag Martin, "Wettbewerblicher Dialog" - Vorschlag für eine neue Form des Verhandlungsverfahrens, in: *Neue Zeitschrift für Baurecht und Vergaberecht*（NZBau）, 2000, S.552; Rubach-Larsen Anne, "Competitive Dialogue", in: Nielsen and Treumer, *The New EU Public Procurement Directives*, Kopenhagen 2005, p.73; BMVBW, *Gutachten "ÖPP im öffentlichen Hochbau"*, 2003, Bd. II/2, S.321.

② 合适指的是满足资格和委托人提出的最低条件。也就是说，委托人按照"客观及非歧视性"标准选出的企业不能少于三个。同样，委托人不能将不合适的企业邀请到谈判阶段或者不考虑最低条件的限制（Art. 44 Abs. 3 S. 3 VKR.）。按照欧洲议会和理事会第2004/18/EC号指令第44条第3款第3句的规定，委托人也不能将没有申请参加竞争性对话的企业邀请到对话阶段。也就是说，委托人不能将没有进行资格审查的企业带到对话阶段。

③ Art. 44 Abs. 3 S. 2 VKR.

④ 原则上应该在报价阶段确定受托人和最终价格。

⑤ §6a Abs. 3 S. 2 VgV.

⑥ 德国的公共委托人会与投标人首先讨论在招标程序伊始没有告知的技术手段以及法律或融资条件。

⑦ BMVBW, *Gutachten "ÖPP im öffentlichen Hochbau"*, 2003, Bd. I, S.107.

标；公共产品和服务提供质量的控制；安全服务；合同的争端调解机制；合同的适应性机制。在对话过程中，德国的公共委托人虽能享受高度的灵活性，但也要遵循同等待遇、机密性、竞争性、透明度等原则。

在竞争性对话过程中，公共委托人要确保所有的竞争参与者享受同等待遇。① 如出现不能给予同等待遇的问题，德国政府部门要承担全部责任。② 作为机密性原则的法律结果，公共委托人未经投标人准许不得向其他投标人传递相关解决方案建议③和机密信息④，也不能在招投标程序范围之外使用解决方案建议和机密信息。同时竞争性招标的原则在对话阶段仍然适用⑤，"不能以限制或者扭曲竞争的方式来进行"竞争性对话。⑥ 此外，在对话过程中还要注意透明度原则。公共委托人要在公示或者"标的描述"中公布中标标准，同时还应立即告知投标人招标标准

---

① §97 Abs. 2 GWB。该款规定："招标程序的参与者机会均等，但根据本法律明确规定而作出的不平等或亏待除外。"另外还可参见《公共采购条例》的相关规定，也即§6a Abs. 3 S. 3 VgV。

② 如果是由于提供项目咨询的第三方，也即项目规划者，造成了不同等待遇，比如不公正地对外泄露了本应保守的项目秘密，其相应的责任也要归咎于委托人，因为委托人有义务杜绝类似的情况发生。参见李以所《公私合作制中的项目咨询者：德国的经验》，《经济与管理评论》2013年第4期。

③ 所谓"解决方案建议"指的是由投标人提出的关于执行整个订单或者部分订单的建议。按照《公共采购条例》的有关规定（§6a Abs. 3 S. 5 VgV.），解决方案建议的所有内容都应受到法律保护，而无论是该方案建议的主要部分还是次要部分。特别是在报价阶段的标的描述部分，因为该部分大都来自与不同投标人的各自的解决方案建议，故而也在法律保护的范围之内，未经投标人的许可，不可对外公开。参见 EG-Kommission, *Vorschlag für eine Richtlinie des Europäischen Parlaments und des Rates über die Koordinierung der Verfahren zur Vergabe öffentlicher Lieferaufträge, Dienstleistungsaufträge und Bauaufträge*, KOM（2000）275, S. 7, Pkt. 3. 8; Treumer Stehen, "Competitive Dialogue", in: *Public Procurement Law Review*（PPLR）, 13（2004）, p. 18.

④ 所谓"机密信息"首先指的是通过专有权得到保护的信息。而专有权，特别是属于知识产权的专利权，并非成为机密信息的强制性的前提条件。属于机密信息的还有在欧洲议会和理事会第2004/18/EC号指令中列举的技术机密、企业机密以及德国《反限制竞争法》（§111 Abs. 2 GWB.）提及的生产机密、企业机密和商业机密。同时还包括价格及其组成部分，比如经营费用或者提供给付服务的费用等。

⑤ §97 Abs. 1 GWB，即《反限制竞争法》第97条第1款。该款规定："公共采购人按照下列竞争规定并通过透明的招标程序进行商品、建筑工程和其他服务的采购。"

⑥ 在招标的对话阶段监管需要权衡竞争性原则和程序规划的灵活性，但按照欧洲议会和理事会第2004/18/EC号指令第44条第4款的规定，保证真正竞争的要求是具有优先地位的。另外，还要把竞争性原则作为最优法则来理解，所以在谈判阶段的组织工作一定要尽可能地使之具备足够的竞争性。参见 Erwägung 31 VKR; Bundestagsdrucksache（BT-Drs.）, 15/5668, S. 12.

具体化的相关情况。①

对话阶段的核心是投标人的问题解决方案建议，这是投标人为了满足招标人需求而提供的关于问题解决方案的临时性描述。② 鉴于 ÖPP 项目的综合性和复杂性，一个解决方案建议很可能只涉及采购订单的一部分。

在进入报价阶段之前，提出详细的、整体性的解决方案建议并非强制性要求。③ 在欧盟相关立法的过程中也放弃了将此义务规范化的努力。④ 在对话阶段，当某投标人应该被排除的时候，委托人必须对其解决方案建议进行调查询问。⑤ 最后，委托人可要求投标人提交若干备选的解决方案建议或解决方案。⑥

---

① 已经计划好的对话阶段的流程，只要是应该众所周知的，就必须告知投标人。委托人应使流程适应现有的对话需求。委托人应该在公示或者"标的描述"中公布已经计划好的谈判逐步进行的安排（§6a Abs. 4 S. 2 VgV.）。关于企业或者解决方案建议被排除的信息，委托人也有及时告知投标人的义务（§6a Abs. 4 S. 3 VgV.）。最后，委托人所有的决定，特别是关于企业或者解决方案建议被排除的，必须完整且及时地记录存档。谈判和协商的具体情况也需要进行记录并保存。参见 OLG Düsseldorf: Beschluss v. 18. 06. 2003-Verg 15/03；OLG Frankfurt a. M.：Beschluss v. 10. 04. 2001-11 Verg 1/01，VergabeR 2001，S. 302；Knauff Matthias，"Im wettbewerblichen Dialog zur Public Private Partnership？"，in：*Neue Zeitschrift für Baurecht und Vergaberecht*（NZBau），2005，S. 252.

② Europäisches Parlament，*Bericht über den Vorschlag für eine Richtlinie des Europäischen Parlaments und des Rates über die Koordinierung der Verfahren zur Vergabe öffentlicher Lieferaufträge，Dienstleistungsaufträge und Bauaufträge v.* 29. 10. 2001，A5/0378/2001，S. 52.

③ Arrowsmith Sue，"An Assessment of the new legislative package on public procurement"，in：*CML-Rev* 41（2004），p. 1285.

④ EG-Kommission，*Vorschlag für eine Richtlinie des Europäischen Parlaments und des Rates über die Koordinierung der Verfahren zur Vergabe öffentlicher Lieferaufträge，Dienstleistungsaufträge und Bauaufträge*，KOM（2000）275，S. 22；EG-Kommission，*Geänderter Vorschlag für eine Richtlinie des Europäischen Parlaments und des Rates über die Koordinierung der Verfahren zur Vergabe öffentlicher Lieferaufträge，Dienstleistungs-aufträge und Bauaufträge vom* 6. 5. 2002，KOM（2002）236，S. 8.

⑤ 一般来说，投标人只能由于中标标准的原因而被淘汰。中标标准需要一个评估基础，也就是这些解决方案建议。没有对解决方案建议进行比较，就不能随意取消投标人参加对话阶段的资格。

⑥ 因为按照《公共采购条例》相关的字面理解，并没有限定每一个投标人只可以提交一份解决方案建议或解决方案。参见《公共采购条例》第 6a 条第 3 款第 5 句："一个企业的解决方案建议"，其中解决方案建议使用的是复数形式；第 6a 条第 4 款第 3 句："企业，其解决方案"，其中解决方案使用的是复数形式。§6a Abs. 3 S. 5 VgV；§6a Abs. 4 S. 3 VgV.

在对话阶段的组织过程中，委托人享有高度的灵活性，对话阶段是按照参与者不同的具体情况来组织的"动态过程"①。委托人会选择他认为的能最有效地确定最经济的解决方案模式的组织形式。② 在确定了对话的组织形式之后，委托人还要形成自己关于最优给付提供方式的设想。作为对话阶段的支柱，委托人要事先准备一个合同草案，然后让草案不断适应对话需求。只有当委托人按照自己的设想对投标人的解决方案建议进行评估时，才能得到一个让双方都满意的对话结果。

当出现如下情况时，对话阶段即告结束：确定找到了满足委托人需求的一项或几项解决方案；非常明显地无法找到解决方案。③ 满足第一种情况的条件是委托人能预先确定给付描述，据此即可使投标人清楚完成采购订单所必需的全部细节，从而可顺利提交具有可比性的最终报价，此时继续进行对话已无必要。当委托人确定找不到满足其需求的方案后，就要取消竞争性对话。④ 但委托人不能在取消竞争性对话后立即转向议标程序，因为取消对话并不等同于对话失败。⑤

通过委托人的声明，对话阶段即可宣告结束。如满足德国《公共采购条例》规定的前提条件，委托人就有义务做出最终声明。⑥ 委

---

① OLG Celle: Beschluss v. 16.01.2002 – 13 Verg 1/02, VergabeR 2002, S. 301.
② 当然，在组织形式选择的过程中公共委托人还要注意同等待遇、机密性、竞争性和透明度等原则。
③ 德国《公共采购条例》第6a条第5款第1句。
④ 其依据须为《建筑业发包条例》A部分第26条第1款第c项（§26 Nr. 1 lit. c VOB/A.）和《财务和服务业发包条例》A部分第26条第1款第d项（§26 Nr. 1 lit. d VOL/A.）中所规定的"重大的缘由"。
⑤ Art. 30 Abs. 1 lit a, Art. 31 Nr. 1 lit. a VKR.
⑥ §6a Abs. 5 S. 1 VgV. 若只是满足前提，但招标过程尚存在被投标人提出申诉的瑕疵，且在审核程序进行之前该瑕疵依然存在，对话阶段就不能结束。

托人要向所有还留在投标程序中的投标人声明对话阶段结束。① 由于在法律文本中缺乏相应规定，结束声明不需要同之前的通告一样必须采用书面形式。② 没有委托人的正式声明，对话阶段就没有结束。即使从对话流程中得到了满足委托人需求的问题解决方案，在没有声明的情况下，对话阶段也不能正式结束。③

在结束对话阶段后，即正式进入报价阶段。按照德国《公共采购条例》的规定④，投标人提交最终报价须采用书面形式，其内容包括招标材料、标的描述和所有关于截止日期和收件人信息的附加材料。这些材料要向所有投标人同时发送。⑤ 委托人确定报价期限必须考虑采购订单的复杂性⑥，故对于拟订报价，委托人不宜规定太过紧张的期限。⑦ 在对话阶段结束和报价阶段开始期间，投标人要保持一定的连续性。提交报价的要求须面向所有被邀请参与对话，且在对话过程中没有被排除的投标人。⑧

投标人的报价要以已提交的，在对话阶段被详细阐述的解决方案为基础。这意味着每个投标人都要以其问题解决方案建议为基础提

---

① 即委托人要告知投标人这方面的情况。按照《公共采购条例》委托人可以在通知相关人某解决方案是否满足其要求时（§6a Abs. 4 S. 3 VgV.），或在要求投标人报价时（§6a Abs. 5 S. 2 VgV.），告知其针对部分投标人结束对话阶段的情况。

② 不过，考虑有效证明的目的，还是建议采用书面形式。另外，作为招标程序的核心决策，该结束声明还要记录在招标备忘录中。

③ 如确定了满足需求的问题解决方案，但要是没有对话阶段的结束声明，委托人就要求投标人提交报价，这个行为是违法的。如果在这期间的招标瑕疵没有或没有及时被投标人申诉，那么对话阶段的规则，在进入报价阶段之前都是适用的。

④ §6a Abs. 5 S. 2 VgV.

⑤ §17 Nr. 4 Abs. 2 VOB/A，§17 Nr. 3 Abs. 6 VOL/A.

⑥ 无论是德国国内法，还是欧盟法，都没有规定在竞争性对话中提交报价的最短期限。

⑦ §18a Nr. 2 Abs. 2 S. 1 VOB/A，§18a Nr. 2 Abs. 2 S. 1 VOL/A. 因为尽管早在对话阶段投标人已深入研究了给付要求和自己的预算，但鉴于招标订单的极端复杂性，他们也要不断地重新复核相关预算。对于一个非公开的招标程序一般需要提供40天的最短报价期限，以此为基础可大致推算出竞争性对话的合理报价期限。

⑧ 向其他没有在对话阶段留下的投标人发出提交报价的要求是不被允许的。

出报价。在中间阶段以方案建议为基础形成一致性的标的描述，并以这个标的描述为基础再制定报价，是最为理想的。①

在竞争性对话的开展过程中，委托人必须注意竞争原则。② 报价阶段的竞争性，主要取决于"委托人是否具备能力，比较不同的报价并按照客观标准选出最优惠的报价"③。这需要委托人的标的描述，能够被所有的报价者以相同的方式理解，并且在相同的条件下向所有报价者提出。④ 在德国法和欧盟法中虽都没有就标的描述做出具体规定，但按照相关条款所体现出的立法意图，报价阶段的标的描述是必需的，特别是在政府和民间合作伙伴关系项目中，这个描述要穷尽可能的、囊括一个规范的合同关系所应具备的全部重要元素。⑤

德国的公共委托人会审查投标人已提交的报价是否包含了所有执行项目应涉及的细节。基于报价审查，委托人在经济性评估之前可向投标人提出关于报价的"详述、解释和补充"⑥。虽然在竞争性对

---

① EG-Kommission, *Vorschlag für eine Richtlinie des Europäischen Parlaments und des Rates über die Koordinierung der Verfahren zur Vergabe öffentlicher Lieferaufträge, Dienstleistungsaufträge und Bauaufträge*, KOM（2000）275, Art. 30 Nr. 7 Abs. 2 S. 2；Art. 30 Abs. 6 des Vorschlags des Rates der EU v. 21.05.2002, 9270/02. 在欧盟委员会最初的指令建议中关于一致性的标的描述的义务，在欧洲议会和理事会第2004/18/EC号指令第29条中并没有得到确认。但也没有排除关于在报价阶段的一致性标的描述的规定。这就显示了准许公开解决方案建议的可能性。要是在报价阶段投标人并无必要再次提交方案建议，那么方案建议的公开就不是必需的了。
② Bundestagsdrucksache（BT-Drs.）, 15/5668, S. 12.
③ EuGH：Urteil v. 16.09.1999-Rs. C-27/98（Metalmeccanica）, Slg. 1999, I-5697, Rn. 31.
④ EuGH：Urteil v. 29.04.2004-Rs. C-496/99P（CAS Succhi di Frutta）, Slg. 2004, I-3801, Rn. 110.
⑤ §6a Abs. 5 VgV；Art. 29 Abs. 6 VKR. Treumer Stehen, "Competitive Dialogue", in：*Public Procurement Law Review*（PPLR）, 13（2004）, p. 183；EG-Kommission, *Explanatory Note on the competitive dialogue* v. 01.03.2005, CC/2005/04, p. 9.
⑥ §6a Abs. 5 S. 5 VgV. 相类似的表达在欧洲议会和理事会第2004/18/EC号指令第29条第2款和第6款中可以找到，在该指令中只是将"补充"替换为"校准"。

第四章 民间合作伙伴的选择：竞争性对话

话的报价阶段，原则上不允许后续谈判①，但该阶段的磋商空间还是存在的，至少比公开或者非公开招标程序中"解释会谈"的空间要略微大一些。②详述、解释和补充的对象可以是报价的所有因素，无论是基本的还是次要的③，且只能基于委托人的要求方可进行④，投标人并没有在这个方面的请求权。

对最具经济性报价的挑选，要遵从在竞争性对话开始阶段的公示或标的描述中发布的中标标准。德国的公共委托人挑选出了最经济的报价，在宣布最终的中标者之前，他可以要求提出最经济报价的投标人进一步解释报价的特定细节或再次确认报价中的承诺。⑤

随着最经济的报价的公布，竞争性对话结束。在公布之前，委托人必须以正式文本的形式告知所有的投标人。⑥

---

① Knauff Matthias, "Neues europäisches Vergabeverfahrensrecht: Der wettbewerbliche Dialog", in: *Vergaberecht*, 2004, S. 294; Heiermann Wolfgang, "Der wettbewerbliche Dialog", in: *Zeitschrift für deutsches und internationales Bau-und Vergaberecht* (ZfBR), 2005, S. 775; EG-Kommission, *Explanatory Note on the competitive dialogue* v. 01.03.2005, CC/2005/04, p. 9.

② 在"解释会谈"中只可以澄清意思表示，但不能改变意思表示。OLG Düsseldorf: Beschluss v. 14.03.2001-Verg 30700, VergabeR 2001, S. 230; OLG München: Beschluss v. 09.08.2005-Verg 11/05. Arrowsmith Sue, "An Assessment of the new legislative package on public procurement", in: *CML-Rev* 41 (2004), p. 1287. 不过，欧盟委员会公共采购事业的咨询委员会对此持反对意见，它认为，在竞争性对话报价阶段的回旋余地应与公开和不公开招标程序一样。EG-Kommission, *Explanatory Note on the competitive dialogue* v. 01.03.2005, CC/2005/04, p. 9. 但也有学者认为，该回旋余地应该进一步扩大。Rubach-Larsen Anne, "Competitive Dialogue", in: Nielsen and Treumer, *The New EU Public Procurement Directives*, Kopenhagen 2005, p. 78.

③ 这出自于《公共采购条例》第6a条第5款第5句（§6a Abs. 5 S. 5 VgV.）：报价的"基本因素"不能改变，只在有可能产生阻碍竞争和歧视性的后果时才能更改。

④ §6a Abs. 5 S. 4 VgV.

⑤ §6a Abs. 6 S. 2 VgV. 不过，并不允许公共委托人向没有提出最经济报价的投标人提出这样的要求。投标人的解释和确认只能遵照委托人的要求进行，而投标人并无同等的请求权。

⑥ §13 VgV. 即针对报价阶段的参加者的事前通知。事前通知包括：提出最经济报价的投标人名称；不考虑其他报价的具体原因。事前通知的送达有14天的期限，在这个期限内禁止委托人公布中标结果。在该期限内委托人公布的中标结果无效（§13 S.6 VgV, §134 BGB.）。

第五节 小结

在德国，很多采购案例究竟是采用竞争性对话还是选择议标，常使公共委托人陷入纠结。如果委托人不能确定ÖPP项目的技术手段或法律、融资条件，也就不太可能形成清楚详尽的标的描述和标的价格。① 于是问题便随之产生了，即在法律上，公共委托人是否拥有竞争性对话和议标的自由选择权。② 如果采购项目符合两种采购程序所要求的前提，委托人可在两者之间任选。一般来说，委托人常会选择不太拘泥于形式、竞争性稍弱的采购程序。在德国选择议标的公共采购也要服从竞争性对话的竞争性程序要求。因为竞争性对话是一项竞争性招标，它在关于ÖPP项目的招标方式中较之议标更具优先级，故原则上它应被优先适用。③

公共委托人采用竞争性对话的直接缘由是，在招标开始之前，他们还不能确定技术手段或法律和融资条件。在ÖPP项目招标的过程中，他们可通过与投标人的对话来逐步确定，从而渐进地明晰自己的招标内容和要求。也只有在这个基础上，ÖPP项目的招标才能继续向前推进。ÖPP项目的技术手段或法律、融资条件越具体，其相应的招标内容和要求就越清晰，这个过程就使采用竞争性对话的方式变得非常必要。德国还有一些案例，本来在筹划阶段已经规定要采用竞争性对话，但委托人却选择了议标，最终竞争的参与者就此提出了申诉。④ 故参与投标的民

---

① §3a Nr. 4 lit. c VOB/A，§3a Abs. 4 lit. b, c VOL/A.

② Hausmann Friedrich Ludwig und Mutschler-Siebert Annette, §6 Vergaberecht, in: Weber/Schäfer/Hausmann, *Praxishandbuch Public Private Partnership*, München 2006, S. 269.

③ Knauff, Matthias, Im wettbewerblichen Dialog zur Public Private Partnership?, NZBau 2005, S. 256.

④ §107 Abs. 3 S. 1 GWB. 当然还需要注意，所选的招标类型在公示中须予以告知。按照德国《反限制竞争法》的规定，参与投标的人必须在投标申请期限结束之前，针对采购人在程序类型上的不完善选择提出异议，否则该异议的提出将会被判定无效（§107 Abs. 3 S. 2 GWB.）。

第四章　民间合作伙伴的选择：竞争性对话

间合作伙伴必须自己进行审查，初步判断公共委托人招标程序类型的选择是否合法。①

还有一个问题是，在寻找民间合作伙伴的过程中，德国的政府部门是否可以直接拒绝不公开招标，而径直选择竞争性对话呢？从普遍意义上说，政府部门在实施采购的过程中，应优先适用竞争性更强的招标程序，所以不公开招标要优先得到采用，欧盟法亦对此做出了相应的规定。② 而此时公共委托人继续选择竞争性对话就要符合一个必要的前提，即他认为就该项目进行公开或不公开招标没有任何可操作性。虽然德国的立法者并没有将欧盟法的相关指令转换到国内法中，但在德国《公共采购条例》中③，还是基于欧盟法一致性的原则给出了相应的司法解释，也就是说，选择竞争性对话必须以委托人主观上认为不能实行公开或者不公开招标为条件。④ 在不公开招标是唯一的合法类型，但委托人还是执意选择竞争性对话的情况下，委托人必须将所选择的程序类型予以公示。⑤

ÖPP 项目大都是极为综合、超级复杂的大型项目，参与这种项目的竞争性对话也意味着巨大的成本支出。结合《公共采购条例》第 6a 条第 7 款，德国的立法者已注意到欧盟第 2004/18/EC 号指令第 29 条第 8 款

---

① KG：Beschluss v. 10. 10. 2002-2 KartVerg 13/02；OLG Düsseldorf：Beschluss v. 07. 01. 2002-Verg 36/01，WuW/E，Verg，S. 567；OLG Naumburg：Beschluss v. 28. 08. 2000，1 Verg 5/00.
② 对此欧盟第 2004/18/EC 号指令已经做了明确规定："对于特别复杂的公共采购项目，成员国规定，公共采购人如果认为无法通过公开程序或不公开程序进行公共项目采购，那么可根据本条款规定使用竞争性谈判这种形式。"
③ 德国《公共采购条例》第 6a 条第 1 款。
④ 在这个过程中，唯一具有决定性影响的是采购人对于实行公开或者不公开招标可能性的主观估计。欧盟第 2004/18/EC 号指令明确指出是"公共采购人自己认为"（§29 Abs. 1 VKR.），特别是当现实情况与公共委托人的主观观点相联系时，委托人应当得到一定的评估空间。当然这空间只能被非常有限地校验，它并没有使委托人从评估理由的阐述论证中解脱出来，他的评估仍然要具备足够的客观性，而不能任意行事。
⑤ §107 Abs. 3 S. 2 GWB. 在公示后，直至申请期限之前，如没受到竞争参与者的申诉，则该程序将被继续履行。

规定的委托人对谈判参与者的支出予以补偿的可能性。由此在德国相关立法中确定了支出补偿规则①，这项规则是一个不必评估即可对委托人产生约束力的条款。如果具备了必要的前提条件，ÖPP 项目的竞争参与者就拥有支出补偿履行的请求权。② 这个规则体现出了德国政府在选择民间合作伙伴时所秉持的极大的公平性。

---

① §20 Nr. 2 Abs. 1 VOL/A; §20 Nr. 2 Abs. 1 VOB/A; §6a Abs. 7 VgV.
② 其前提条件是：公共委托人要求投标人提交草案、计划、签字、核算或其他材料，并且投标人按时提交了上述材料。委托人可以在对话阶段或者报价阶段要求投标人提交材料。投标人须在委托人规定的期限内按时提交。从诸多相关案例的草案、计划、签字、核算或者其他材料中可以得出以下两点：(1) 要求提交的材料必须以书面形式拟定，此外这些材料也是投标人基于采购对象而做出的具有自身特色的原创性的工作成果。(2) 这种具有自身特色的工作成果必须超出关于报价的常规准备的要求。原则上，对于在公开或者不公开招标程序中报价的制定所产生的支出并不进行补偿（§20 Nr. 2 Abs. 1 VOL/A; §20 Nr. 2 Abs. 1 VOB/A.）。只有那些要求创造性劳动的，比如要求阐述某个功能性描述中的功能性要素，方可主张合适的支出补偿。这也同样适用于竞争性对话。参见 OLG Düsseldorf: Urteil v. 30. 01. 2003-5 U 13/02.

第五章

德国审计系统对ÖPP经济性的再分析

第一节 引言:从德国审计视角切入的中国背景

作为一种创新性制度安排,政府和民间的合作伙伴关系改进并完善了部分公共产品和服务的供给方式,这已成为业界的共识。自20世纪末即在欧美风靡一时的PPP拥有的诸多优点自不待言,其快速发展对地方经济增长的积极推动亦有目共睹,可地方政府泛化滥用PPP所产生的系列问题却时常被有选择地忽视。在中国,PPP之所以受到地方政府的追捧和青睐,当然和它缓解财政困难的功能密切相关。假PPP之名,行变相融资之实,一度成为地方政府彼此心照不宣的客观存在。于是中国财政部的财办金〔2017〕92号文件便由此而出,大量PPP项目陷入停滞或面临清退局面,PPP热潮在中国开始降温。随着金融市场去杠杆、中美贸易争端、新冠疫情突发并流行等事件的不断发展,地方政府的债务面临空前的压力。在这种背景下,曾作为纾困良药的PPP会不会卷土重来?

如前所述,同中国一样,德国也是推行政府和民间合作伙伴关系的后发国家,一直到2000年前后才被政府重视。但合作伙伴关系在德国的行进却非一片坦途。自法律意义上的ÖPP项目在德国诞生之日起,就伴随着各界的批评和质疑，其中以联邦和各联邦州的审计系统最为突出。① 它们从审计视角出发，就合作伙伴关系的经济性问题反复表明了自己的怀疑态度和保守立场。研究梳理德国审计系统对合作伙伴关系经济性的总结和分析，对处在当前经济发展特殊阶段的中国具有一定的理论价值和实践意义。

第二节 经济性审查：德国审计系统的看家本领

一 德国特色的审计模式

与美国的"立法型"和中国的"行政型"不同，德国奉行"独立型"的国家审计模式。其审计系统主要由联邦审计院和各联邦州审计院构成，二者各自对联邦和联邦州的财政进行监督，彼此并无隶属关系。它们超然于议会、政府和法院之外，享有处于立法、行政、司法等机构之间的独立地位。

对德国审计系统来说，经济性原则是所有审计工作必须遵循的核心要义，这源自德国《联邦基本法》第114条的相关规定。② 在此基础上，《联邦和联邦州预算规则之原则法》和《联邦预算条例》又做了进一步的详细规定。③ 在德国，这个原则还被视为国家财政行为的指导性原则。④

---

① Hartmut Bauer, "Publizierung, Begriff-Befunde-Perspektiven", in: *Juristenzeitung*, 2014, 69 (21), S, 1020; Hartmut Bauer, *Privatisierung oder Publizisierung? Wege zur gemeinwohlorientierten Bereitstellung von Leistungen im allgemeinen Interesse*, Potsdam: Universität Potsdam, 2018, S. 25.

② 德国《联邦基本法》第114条第2款第1句，Art. 114 Abs. 2 Satz 1 GG. "联邦审计院的成员享有法官的独立地位。联邦审计院负责审查账簿和审查有关预算执行和经营管理是否符合经济节省的原则和法律规定。"

③ 《联邦和联邦州预算规则之原则法》第6条，§6 HGrG, Gesetz über die Grundsätze des Haushaltsrechts des Bundes und der Länder (Haushaltsgrundsätzegesetz). 该法自1969年8月19日颁布施行，参见BGBl. I S. 1273. 2010年5月27日修订，参见BGBl. I S. 671. 《联邦预算条例》第7条，§7 Bundeshaushaltsordnung (BHO). 该法规自1969年8月19日颁布施行，参见BGBl. I S. 1284. 2010年12月9日修订，参见BGBl. I S. 1885.

④ Christoph Gröpl, in: Kai von Lewinski und Daniele Burbat (Hrsg.), *Bundeshaushaltsordnung/Landeshaushaltsordnung* (BHO/LHO), 2011, §7 Rn. 1; Kai von Lewinski und Daniele Burbat, *Bundeshaushaltsordnung*, 2013, §7 Rn. 7.

第五章 德国审计系统对 ÖPP 经济性的再分析

德国审计系统判断某项公共支出是否符合经济性原则，都基于经济学视角采用成本效益分析法。① 从企业管理和宏观经济两个面向出发，观察公共资金的使用是否具有适当性，分析是否用最小的成本且最大限度地贴近了支出目标。德国语境下的适当性主要强调两个原则："最小化"和"最大化"。所谓最小化，也即节约原则，通俗地说，就是尽可能地少花钱多办事。与之相反，最大化则要求在限定的资金框架下力求实现目标的最优化。② 德国立法者对此就规定，国家的行政部门必须对其所有的财政行为进行经济性审查，以保证这些行为的经济性。③

德国审计以监督公共支出是否经济节省为首要原则，是因为相关的公共开支所追求的目标已在公共预算案中予以明确设定，这些目标经由各派政治力量进行了充分的磋商讨论，此时目标的合理性和可行性已非它们行使审计职责的工作重点。④

德国审计系统的监督具有很强的专业性，在一定程度上可以为行政部门的自我监督提供服务和帮助，同时对议会监督也能起到协同作用。⑤ 德国审计系统发布的审计报告具有很高的公信力，可以在舆论塑造上发挥影响力，并以此来矫正审计对象的行为。⑥ 除去联邦审计院的审计权

---

① Kyrill-A. Schwarz, in: Hermann v. Mangoldt (Begr.) /Friedrich Klein/Christian Starck (Hrsg.), *Kommentar zum Grundgesetz*, Bd. 3, 6. Aufl. 2010, Art. 114 Rn. 87; Hanno Kube, in: Theodor Maunz und Günter Dürig (Begr.), *Grundgesetz*, Stand: 56. Erg. -Lfg. Oktober 2009, Art. 114 Rn. 100.
② Helmut Siekmann, in: Michael Sachs (Hrsg.), *Grundgesetz*, 7. Aufl. 2014, Art. 114 Rn. 14.
③ Kai von Lewinski und Daniele Burbat, *Bundeshaushaltsordnung*, 2013, §7 Rn. 18.
④ Claus Jürgen Diederichs, "Wirtschaftlichkeitsuntersuchungen bei ÖPP-Projekten", in: *Neue Zeitschrift für Baurecht und Vergaberecht* (NZBau) 2009, S. 547.
⑤ Norbert Hauser, "Stellung des Bundesrechunungshofs im System der Gewaltenteilung und in der öffentlichen Verwaltung", in: *Deutsches Verwaltungsblatt* (DVBl). 2006, S. 540.
⑥ Christoph Degenhart, "Kontrolle der Verwaltung durch Rechnungshöfe", in: *Veröffentlichungen der Vereinigung der Deutschen Staatsrechtslehrer* (VVDStRL) 1996, Bd. 55, S. 225; Dieter Birk, "Steuerung der Verwaltung durch Haushaltsrecht und Haushaltskontrolle", in: *Deutsches Verwaltungsblatt* (DVBl). 1983, S. 873.

力拥有宪法保证之外，德国所有的联邦州都在各自的州宪法中规定了州审计院的监督权。①

一般来说，德国参与政府和民间合作伙伴关系项目的公共部门，原则上都认可采用合作伙伴关系供给公共产品会比传统方式更加便宜，或至少花费的成本是相同的②，但公共部门会在风险承担、产品质量和知识产权使用上获得很多额外的好处。根据《联邦预算条例》的有关规定③，公民或其他民事主体在特定情况下承担的合作伙伴关系项目的部分经济风险，也可以经折算后当作成本计入。同时在"适当情况"下，私人合作方应该有机会在利益调查程序中论证说明自己将采用什么手段和方式，并预计以多少成本来完成相应的公共产品的供给或公共服务的提供。

二 德国审计系统视野中的 ÖPP

本来作为专业术语的 ÖPP 在德国的法律体系中一直没有清晰且准确的定义。但业界达成的初步共识是：ÖPP 是指政府和民间部门之间基于合同而形成的各种长期合作关系。尽管在 20 世纪初的德国就有过类似于合作伙伴关系的萌芽④，但合作伙伴关系在德国一度还是被视为新鲜事物，相较于英美，直至 2005 年德国政府才正式明确表态要引进推广合作伙伴关系。作为典型的法治国家，德国实施任何一种新型的制度安排，首先就要扫清与之相关的法律障碍。于是德国一反常态地快速高效地推出了《ÖPP 促进法》，全面完善了应用合作伙伴关系模式的法律框架和

---

① Hanno Kube, in: Theodor Maunz und Günter Dürig (Begr.), *Grundgesetz*, Stand: 56. Erg.-Lfg. Oktober 2009, Art. 114 Rn. 7.
② J. D. Claus, "Wirtschaftlichkeitsuntersuchungen bei ÖPP-Projekten", in: *Neue Zeitschrift für Baurecht*, 2019, 79 (14): 551.
③ §7 Abs. 2 Satz 2 und 3 BHO.
④ 李以所：《德国公私合作制促进法研究》，中国民主法制出版社 2013 年版，第 176 页。

运作环境。在西方发达国家中，专就政府和民间的合作伙伴关系制定一部专门法，德国是最为值得肯定的先驱。通过这部专门法，德国在公共采购法中引入了特别适合合作伙伴关系项目复杂性的"竞争性对话"；还修订了预算法的相关规定，强调了在经济性审查时必须考虑的风险因素。① 自此，政府和民间合作伙伴关系的概念开始进入德国的法律语言系统之中。

在德国朝野均对作为制度创新的 ÖPP 充满热望和期待的时候，2008年全球金融危机爆发，作为新自由主义婴儿的政府和民间合作伙伴关系开始受到否定和质疑，强化政府干预的呼声再度甚嚣尘上。不同于德国学界对 ÖPP 理解和评价的微妙变化，默克尔政府继续旗帜鲜明地表达了对 ÖPP 的欢迎态度。这使合作伙伴关系在德国的发展继续保持着积极态势。② 德国合作伙伴关系的实践案例大都可以划归到生存事业领域，其中最为集中的是高层建筑和道路建设项目，从 2002 年到 2017 年，就有 200 多个属于高层建筑和道路建设的合作伙伴关系项目，累计投资总额约为 100 亿欧元。此外，ÖPP 还被应用在 IT 和教育领域，以及属于地方公共事务的垃圾处理、公共交通和供水等方面。德国合作伙伴关系投资的高潮发生在 2014 年，在不包括已经投入资金的情况下，当年签订的合作伙伴关系投资合同的总额就超过了 300 亿欧元。2017 年 7 月，德国修订了《联邦基本法》第 90 条，就远程公路建设引入私人力量做了补充规定，这代表了德国法律最高位阶的宪法对合作伙伴关系的确认。

为何只就远程公路建设的政府和民间合作伙伴关系模式进行宪法层级的确认，这主要是和这种模式涉及的资金量巨大有关。依据德国传统，远程道路由隶属于地方政府的自有企业维护和运营。在世界金融危机爆

---

① 源自德国预算法规定，参见《联邦预算条例》§7 Abs. 2 Satz 2.
② 李以所：《国际金融危机中的德国公私合作制论析——基于国家角色变迁的视角》，《欧洲研究》2014 年第 1 期。

发之前的 2007 年，合作伙伴关系模式就在德国远程公路建设领域开始发力，很快就呈现出规模显著的样态。① 尽管相对于其他国家，在该领域内德国依旧是后来者，其远程道路建设基本上还是采用传统方式为主②，在迄今为止的德国所有的合作伙伴关系项目中，远程公路建设的占比仅为 8%，但耗资甚巨，投资额占比竟达到全部合作伙伴关系项目的三分之一强。③ 于是这个领域内的合作伙伴关系项目就拥有了非常意义，从而受到了德国审计系统的特别关注。

第三节　德国远程公路建设的 ÖPP 模式

一　"穷政府"从民间融资的新模式

德国是世界上具有代表性的远程公路网络完善的国家。在传统上，这套网络由德国政府使用财政资金进行规划、建设和运营，同时面向国民免费开放。进入 20 世纪 90 年代，这套德国人原本引以为豪的系统开始面临崩溃的危险。欧盟确立的区域内自由通行原则，两德统一后亟须改善的东德基础设施建设，都成为德国政府沉重的财政负担④，由公共资金包揽性地进行路网建设并提供免费通行服务已难以为继。德国很多囊中羞涩的地方政府开始有强烈的愿望在当地的公路建设中引进民间合作伙伴的力量，并很快付诸实践。

当时德国交通基础设施的融资行为正处于变革之中。根据佩尔曼委

---

① Bundesministerium für Verkehr, Bau und Stadtentwicklung (BMVBS), *Öffentlich Private Partnerschaften-Am Beispiel des Bundesfernstraßenbaus*, 2011, S. 21.

② Bundesministeriums für Digitales und Verkehr (BMVI), *Öffentlich-Private Partnerschaften im Bundesfernstraßenbereich-die Neue Generation*, 2015, S. 4.

③ Wissenschaftlicher Beirat beim Bundesministerium der Finanzen (BMF), *Chancen und Risiken: Öffentlich-Privater Partnerschaften*, 2016, S. 12.

④ Annegret Bucher, *Privatisierung von Bundesfernstraßen*, 1996, S. 64.

员会①的估计,德国远程公路建设方面的资金缺口每年高达 20 亿欧元。②资金短缺是由公共财政普遍窘迫的现状造成的,一方面是新联邦州扩建交通基础设施所需要的巨大花费,另一方面是激增的交通流量所导致的基础设施的维护和扩建需求。③ 在这种情况下,按照佩尔曼委员会的建议,财政融资要么转向直接对道路用户融资,要么从民间引进私人资金和技术对传统的财政融资进行补充。根据其他欧盟国家类似案例的估计,依靠民间的私人部门完成的远程公路建设项目有望使效率提高 10%—25%。④ 在实施机构设置上,德国联邦政府采纳了佩尔曼委员会的建议,在 2003 年成立了一个归属联邦政府管辖的交通基础设施融资公司⑤,依据《高速公路收费法》⑥,该公司将针对重型卡车收取的高速公路使用费收入进行分配,并在与政府与民间合作的交通基础设施项目中承担筹备、实施和清算等职责。

二 F 模式和 A 模式

当时政府和民间合作进行公路建设的模式主要有特许模式和经营者模式两种。在特许模式中,政府特许私人经营者进行远程公路的融资和

---

① 也即交通基础设施融资委员会,佩尔曼委员会在 1999 年 9 月由德国联邦政府作为专家委员会设立,该委员会的主席由原联邦铁路和联邦邮政与电信的董事 Wilhelm Pällmann 出任。该委员会的任务是,审核联邦交通道路在联邦财政之外的融资可能性并就具体步骤提出建议。

② Pällmann-Kommission, *Schlussbericht der Kommission Verkehrsinfrastrukturfinanzierung* v. 05. 09. 2000, S. 5.

③ Bundesverkehrswegeplan 2003 (BVWP), Beschluss der Bundesregierung v. 02. 07. 2003.

④ Uechtritz, Michael, "Neue Finanzierungsformen für den Fernstraßenbau", in: *Straßenbau-finanzierung und-verwaltung in neuen Formen*, Referate eines Forschungsseminars der Universität des Saarlandes und des Arbeitsausschusses "Straßenrecht" am 23. /24. September in Saarbrücken, Berichte der Bundesanstalt für Straßenwesen, Heft S. 32, Bergisch Gladbach, 2003, S. 10.

⑤ Verkehrsinfrastrukturfinanzierungsgesellschaft (VIFG),该公司设立的法律基础是交通基础设施融资公司法 Verkehrsinfrastrukturfinanzierungsgesellschaftsgesetzes (VIFGG).

⑥ Autobahnmautgesetz für schwere Nutzfahrzeuge (ABMautG),自 2011 年 7 月 19 日起该法被《联邦远程公路收费法》Bundesfernstraßenmautgesetz (BFStrMG) 取代。

建设，在公路建成后，政府支付相应的报酬给私人合作者。① 在经营者模式下，私人经营者仍是全面负责远程公路的融资、建设和运营，但政府不再直接支付报酬，来自民间的合作伙伴可以在约定期限内通过直接向道路使用者收取费用的形式收回投资并获取盈利。②

1994 年德国颁布《私人融资建设远程公路法》③，这为经营者模式提供了相应的法律基础，故该模式也因这部法律而被称为"F 模式"。不过迄今为止，F 模式在德国的应用案例还是屈指可数。④ 因为在具有悠久"免费"传统的德国，直接向使用者收取过路费的模式往往效果不佳。比如在罗斯托克进行的作为德国首个 F 模式的政府和民间合作伙伴关系实验的瓦诺隧道项目，其最终结果是基本归于失败。⑤ 于是在 F 模式的

---

① Heinz-Joachim Pabst, *Verfassungsrechtliche Grenzen der Privatisierung im Fernstraßenbau*, 1997, S. 202; Jörn Axel Kämmerer, *Privatisierung*, 2001, S. 352; Tatjana Tegtbauer, in: Kurt Kodal (Begr.), *Straßenrecht*, 6. Aufl. 2010, Rn. 36. 2; Wolfram Höfling, "Private Vorfinanzierung öffentlicher Verkehrinfrastruktur", in: *Die Öffentliche Verwaltung* (DÖV), 1995, S. 143; Klaus Grupp, "Rechtsprobleme der Privatfinanzierung von Verkehrsprojekten", in: *Deutsches Verwaltungsblatt* (DVBl). 1994, S. 143; Bernhard Stüer, in: ders. (Hrsg.), *Bau-und Fachplanungsrecht*, 5. Aufl. 2015, Rn. 3780.

② Jörn Axel Kämmerer, *Privatisierung*, 2001, S. 345; Heinz-Joachim Pabst, *Verfassungsrechtliche Grenzen der Privatisierung im Fernstraßenbau*, 1997, S. 220; Christoph Gröpl, in: Kai von Lewinski und Daniele Burbat (Hrsg.), *Bundeshaushaltsordnung/Landeshaushaltsordnung* (BHO/LHO), 2011, § 7 Rn. 81; Tatjana Tegtbauer, in: Kurt Kodal (Begr.), *Straßenrecht*, 6. Aufl. 2010, Rn. 36. 1; Bernhard Stüer, in: ders. (Hrsg.), *Bau-und Fachplanungsrecht*, 5. Aufl. 2015, Rn. 3781; Klaus Grupp, "Rechtsprobleme der Privatfinanzierung von Verkehrsprojekten", in: *Deutsches Verwaltungsblatt* (DVBl). 1994, S. 142; Wolfram Höfling, "Private Vorfinanzierung öffentlicher Verkehrinfrastruktur", in: *Die Öffentliche Verwaltung* (DÖV), 1995, S. 143.

③ Fernstraßenbauprivatfinanzierungsgesetz (FStrPrivFinG), 该法自 2006 年 1 月 6 日颁布施行，参见 BGBl. I S. 49. 2019 年 11 月 20 日修订，参见 BGBl. I S. 1626.

④ Frank Roth, "Erstes Betreibermodell für den privaten Ausbau und Betrieb von Autobahnen in Deutschland", in: *Neue Zeitschrift für Verwaltungsrecht* (NVwZ) 2003, S. 1057; Bernhard Stüer, in: ders. (Hrsg.), *Bau-und Fachplanungsrecht*, 5. Aufl. 2015, Rn. 3781; Christoph Gröpl, in: Kai Kai von Lewinski/Daniele Burbat (Hrsg.), *Bundeshaushaltsordnung/Landeshaushaltsordnung* (BHO/LHO), 2011, Art. 90 Rn. 81; Tatjana Tegtbauer, in: Kurt Kodal (Begr.), *Straßenrecht*, 6. Aufl. 2010, Rn. 37; Jörg Kupjetz/Puya Eftekharzadeh, "ÖPP im Verkehrswesen", in: *Neue Zeitschrift für Baurecht und Vergaberecht* (NZBau) 2013, S. 143.

⑤ 欧亚 ÖPP 联络网 (EU-Asia ÖPP Network):《欧亚基础设施建设公私合作（ÖPP）案例分析》，王守清译，辽宁科学技术出版社 2010 年版，第 119—132 页。

基础上，又发展出更具影响力的扩展模式，即 A 模式。在这种模式下，私人合作方同样要在较长的时期内负责公路的建设、运营及维护，但其获取回报的方式却不再是直接向使用者征收费用，而是通过联邦预算以启动资金的形式得到补贴。2007 年德国正式在公路建设领域推行 A 模式，该模式下的合作伙伴关系项目的持续时间一般都设定为 30 年，私人经营者除得到联邦发放的补贴之外，还有一个收入来源就是那些总重量超过 12 吨的重型卡车在经过相关路段时缴纳的通行费，这部分费用由政府征收后再支付给民间合作方。① 2011 年德国的 A 模式实践进入新的阶段，因为政府转移的通行费收入总是会受到公路实际可用性的影响，比如在因施工建设导致交通阻塞的情况下，来自重型卡车的通行费收入自然就会大幅度减少，这也成为私人运营者必须承担的风险。②

2017 年德国的立法机关着手对远程公路建设的行政管理权及行政组织进行根本性的改革。③ 在此之前，根据旧版《联邦基本法》的第 90 条第 2 款，远程公路的建设和维护以委任行政的方式进行，也即各州或依据各州法律享有管辖权的自治团体，可代替联邦对远程公路进行管理。2017 年修订法使这项地方代为行使的权力被交还给联邦政府。根据新版《联邦基本法》第 90 条第 2 款，联邦可依据其新获得的行政管理职责，成立一家私法意义上的基础设施建设公司，但该公司的所有股份必须由

---

① Bundesministerium für Verkehr, Bau und Stadtentwicklung (BMVBS), *Öffentlich Private Partnerschaften-Am Beispiel des Bundesfernstraßenbaus*, 2011, S. 18; Frank Roth, "Erstes Betreibermodell für den Privaten Ausbau und Betrieb von Autobahnen in Deutschland", in: *Neue Zeitschrift für Verwaltungsrecht*（NVwZ）2003, S. 1057; Alexander Herrmann, in: Jan Ziekow und Uwe-Karsten Völlink (Hrsg.), *Vergaberecht*, München: Verlag C. H. Beck, 2020, S. 1899–1906.

② Bundesministerium für Verkehr, Bau und Stadtentwicklung (BMVBS), *Öffentlich Private Partnerschaften-Am Beispiel des Bundesfernstraßenbaus*, 2011, S. 26.

③ Gesetz zur Änderung des Grundgesetzes (Artikel 90, 91c, 104b, 104c, 107, 108, 109a, 114, 125l, 143d, 143e, 143f, 143g) vom 13. Juli 2017, BGBl. I 2017, S. 2347; Gesetz zur Neuregelung des bundesstaatlichen Finanzausgleichssystems ab dem Jahr 2020 und zur Änderung haushaltsrechtlicher Vorschriften vom 14. 08. 2017, BGBl. I 2017, S. 3122.

政府持有，这就是典型的形式民营化。① 联邦政府完全掌管的这家基础设施建设公司，在形式上与平等参与市场竞争的一般主体并无二致，但实质上它还是一个行政管理机关。②

第四节　来自德国审计系统的批评

随着政府和民间合作伙伴关系在德国的阔步发展，来自审计系统的批评便接踵而至。尤其是 2000 年以后，联邦审计院就在各种审计报告中对多个 ÖPP 项目给出了负面评价。③ 除此之外，联邦审计院的主席作为负责行政管理经济性审查的联邦专员也出具了一些批评性的咨询报告。④ 除了联邦审计院外，部分联邦州的审计院还经常发表针对政府和民间合作伙伴关系项目的批评。⑤ 如前所述，因投资额度甚巨的缘故，德国审计系统对合作伙伴关系项目的这些批评大都集中在公路建设领域。

---

①　M. Meier, "Beteiligung Privater im Fernstraßenbau. Infrastrukturgesellschaft und Öffentlich-Private Partnerschaften auf dem Prüfstand", in: *Die Öffentliche Verwaltung* (DÖV), 2018, 71 (07), S. 268 – 278.

②　Hartmut Bauer, "Privatisierung von Verwaltungsaufgaben", in: *Veröffentlichungen der Vereinigung der Deutschen Staatsrechtslehrer* (VVDStRL) 1995, S. 251; Hartmut Maurer und Christian Waldhoff, *Allgemeines Verwaltungsrecht*, 19. Aufl. 2017, Rn. 68; Martin Ibler, in: Theodor Maunz und Günter Dürig (Begr.), *Grundgesetz*, Stand: 52. Erg.-Lfg. Mai 2008, Art. 86 Rn. 116.

③　Grit Ludwig, "Die Kontrolle von Bedarfsplanungen im Infrastrukturrecht. Überlegungen zur Ausweitung von gerichtlichen und außergerichtlichen Überprüfungsmöglichkeiten", in: *Zeitschrift für Umweltrecht* (ZUR) Jg. 28, Nr. 2, 2017, S. 71; Kai von Lewinski und Daniele Burbat, *Bundeshaushaltsordnung*, 2013, §7 Rn. 16.

④　与政治立场无关，相对中立的联邦审计院的意见表态在德国一般具有相当的权威和信度，常被各类重要文献所引用。参见 Thomas Franz, "Der Bundesbeauftragte für Wirtschaftlichkeit in der Verwaltung", in: *Die Öffentliche Verwaltung* (DÖV) 2008, S. 1042; Kai von Lewinski und Daniele Burbat, *Bundeshaushaltsordnung*, 2013, §7 Rn. 21.

⑤　Martin Burgi, *Privatisierung öffentlicher Aufgaben-Gestaltungsmöglichkeiten*, *Grenzen*, *Regelungsbedarf*, Gutachten D für den 67. Deutschen Juristentag, 2008, S. D 38, D 84; Bernhard Stüer, "Neue Wege zur Finanzierung des Straßenbaus-Entwicklungen des europäischen Umweltrechts", in: *Deutsches Verwaltungsblatt* (DVBl). 2015, S. 1435; Hartmut Bauer, "Publizierung, Begriff-Befunde-Perspektiven", in: *Juristenzeitung*, 2014, 69 (21), S, 1020.

一　花钱并不少：不可避免的额外成本

一般来说，私人部门在和政府进行竞争性对话的过程中，总会强调并展示其非凡的经济实力。但在签署政府和民间合作伙伴关系合同并进入实操阶段后，其投入的资金总是有限的，至少远低于实际建设所需要的成本，这在德国远程公路合作伙伴关系项目建设中屡见不鲜。自项目伊始，私人合作方就需要进行一定程度的融资[1]，其后续的资本投入也将由政府分期逐步偿还。联邦审计院认为，这种合作伙伴关系项目并不妥当。因为依托政府信用，联邦政府贷款的条件明显会比私人投资者更加优惠。私人部门在项目启动阶段的贷款利息一般会比政府贷款贵很多，这直接导致了项目成本的额外增加。[2] 截至2018年，联邦审计院初步估算相关合作伙伴关系项目的额外成本就超过了8亿欧元。[3] 除此之外，联邦审计院还指出一个政府和民间合作伙伴关系项目，从酝酿、策划到招标、投标，从协调、谈判到合同签订，需要付出比传统项目高很多的交易费用，这些都是合作伙伴关系项目必须支出的额外成本。[4] 如果考虑到这些额外支出，合作伙伴关系项目所标榜的成本优势实际上并不存在。

二　好处并不多：很有限的效率优势

对于政府和民间合作伙伴关系方案而言，首要的就是通过效率优势

---

[1] Wissenschaftlicher Beirat beim Bundesministerium der Finanzen (BMF), *Chancen und Risiken：Öffentlich-Privater Partnerschaften*, 2016, S. 27.

[2] Bundesministeriums für Digitales und Verkehr (BMVI), *Bericht des Bundesministeriums für Verkehr und digitale Infrastruktur zu den ÖPP-Projekten im Bundesfernstraßenbau*, 2015, S. 8.

[3] Bundesrechnungshof (BRH), *Bericht nach §88 Abs. 2 BHO über Öffentlich Private Partnerschaften (ÖPP) als Beschaffungsvariante im Bundesfern-straßenbau*, 2014, S. 15.

[4] Wissenschaftlicher Beirat beim Bundesministerium der Finanzen (BMF), *Chancen und Risiken：Öffentlich-Privater Partnerschaften*, 2016, S. 26；BMVI, *Bericht des Bundesministeriums für Verkehr und digitale Infrastruktur zu den ÖPP-Projekten im Bundesfernstraßenbau*, 2015, S. 8；BRH, *Bericht nach §88 Abs. 2 BHO über Öffentlich Private Partnerschaften (ÖPP) als Beschaffungsvariante im Bundesfernstraßenbau*, 2014, S. 18.

来证明其具有节约的潜力,进而展示其经济性,这种效率优势至少应该能平衡前面所分析的成本劣势。① 具体来说,私人部门比政府具有更高的创新热情,不会默守成规地按部就班;它们会不断尝试使用更恰当的方式、方法来推进项目,从而使工程按期完工有了保证;面对项目进行中的困难和障碍,它们比政府更能展示灵活性,而不是逐级报批,步步等候。此外,私人部门承担风险的制度安排也会呈现出正向的激励效应。② 但是联邦审计院的多篇鉴定报告都提出,合作伙伴关系项目的效率优势被严重高估,因为并不能排除采用传统的建造运营方式亦可实现上述优势。

尤其是对于远程公路建设方面的合作伙伴关系项目,联邦审计院强调其创新潜力挖掘在实操中是非常有限的。因为德国烦琐且复杂的强制性技术规定为合作伙伴关系项目实施划定了一个非常狭小的范围框架,来自民间的私人合作伙伴在这个框架下要想进行效率创新、实现成本节约几乎没有什么可发挥的空间。③ 政府和民间合作伙伴关系的拥护者多次声称,其效率优势不仅能保证远程公路建设项目按时竣工,而且比传统方式用时更短。④ 联邦审计院对此也提出了异议。它指出作为项目合作方的公路行政管理部门,与同样作为合作方的私营企业,在确认工程竣工交付的问题上,不过是左手交到右手而已,是否比传统方式速度更

---

① BMVI, *Bericht des Bundesministeriums für Verkehr und digitale Infrastruktur zu den ÖPP-Projekten im Bundesfernstraßenbau*, 2015, S. 5–15.
② Bundesregierung, BT-Drs. 18/6898, S. 5; BMVI, *Bericht des Bundesministeriums für Verkehr und digitale Infrastruktur zu den ÖPP-Projekten im Bundesfernstraßenbau*, 2015, S. 5; Bundesministerium für Verkehr, Bau und Stadtentwicklung (BMVBS), *Öffentlich-Private-Partnerschaften-Am Beispiel des Bundesfernstraßenbaus*, 2011, S. 15.
③ Bundesbeauftragter für die Wirtschaftlichkeit in der Verwaltung, *Gutachten zu Öffentlich Privaten Partnerschaften (ÖPP) im Bundesfernstraßenbau von 05.01.2009*, Gz. V 3–2006–0201, S. 23.
④ Bundesministeriums für Digitales und Verkehr (BMVI), *Öffentlich-Private Partnerschaften im Bundesfernstraßenbereich-die Neue Generation*, 2015, S. 7–25; Bundesrechnungshof (BRH), *Bericht nach §88 Abs. 2 BHO über Öffentlich Private Partnerschaften (ÖPP) als Beschaffungsvariante im Bundesfernstraßenbau*, 2014, S. 21.

快，是否如期完工交付，其实都没有真正客观的标准，也没有做出评估，不过是合作伙伴关系项目实施者自身的主观认定和宣传。① 政府和民间合作伙伴关系的拥趸们强调的效率优势还表现为其项目资金和人员配备会比政府更加充沛且精干。而在联邦审计院看来，这并非合作伙伴关系项目独有的优势。要解决公共机构人员和资金配备不足的问题，合作伙伴关系方式不是唯一且最佳的选择，拨付足够的财政资金和加设必要的工作位置是政府部门义不容辞的责任。②

在远程公路建设领域，一贯力推政府和民间合作伙伴关系模式的联邦交通部在一份报告中给出了结论，声称由合作伙伴关系项目完成的公路建设质量超出了德国的平均水平。③ 联邦审计院对此又提出了批评，认为联邦交通部的这个结论并没有充足的证据加以证明，因为它根本没有研究采用传统方式完成的建设项目与合作伙伴关系项目之间的质量差异。④

三 政府债务的隐身衣：与"债务刹车"机制的实质冲突

在欧洲债务危机中，德国政府表现出了较高的债务管理水平，其公共债务一直保持着高等级的信用，且市场范围还在不断拓展。这与德国拥有丰富的限制政府债务规模的经验相关，其中最为人称道的就是德国

---

① Bundesrechnungshof（BRH），*Bericht nach § 88 Abs. 2 BHO über Öffentlich Private Partnerschaften（ÖPP）als Beschaffungsvariante im Bundesfernstraßenbau*，2014，S. 24；Bundesrechnungshof（BRH），*Bemerkungen des Bundesrechnungshofs* 1995，BT-Drs. 13/2600，S. 60.

② BMVI，*Öffentlich-Private Partnerschaften im Bundesfernstraßenbereich-die Neue Generation*，2015，S. 7；BRH，*Bericht nach § 88 Abs. 2 BHO über Öffentlich Private Partnerschaften（ÖPP）als Beschaffungsvariante im Bundesfernstraßenbau*，2014，S. 26.

③ Bundesministerium für Verkehr, Bau und Stadtentwicklung（BMVBS），*Öffentlich-Private-Partnerschaften-Am Beispiel des Bundesfernstraßenbaus*，2011，S. 14；Bundesministeriums für Digitales und Verkehr（BMVI），*Öffentlich-Private Partnerschaften im Bundesfernstraßenbereich-die Neue Generation*，2015，S. 7.

④ Bundesministeriums für Digitales und Verkehr（BMVI），*Öffentlich-Private Partnerschaften im Bundesfernstraßenbereich-die Neue Generation*，2015，S. 28；Bundesrechnungshof（BRH），*Bericht nach § 88 Abs. 2 BHO über Öffentlich Private Partnerschaften（ÖPP）als Beschaffungsvariante im Bundesfernstraßenbau*，2014，S. 30.

独有的"债务刹车"机制。① 这个机制规定，自 2016 年起，不考虑因经济周期波动而引发的赤字，德国的结构性赤字不能超过其国内生产总值的 0.35%；各联邦州自 2020 年始，不能新增任何债务。这个机制不仅强调削减债务的数量，还旨在从根源上减少甚至消灭赤字。

如前所述，德国的民间部门在远程公路建设领域内参与 ÖPP 都要预先融资，那么这部分资金是否应受到"债务刹车"规则的限制就存在很大的争议。民间合作伙伴使用小于整体成本的启动资金参与项目，建成后政府采取持续给付的形式补贴私人参与方。一般来说，政府支出总是要高于道路本身的维护成本。这种制度设计从经济学角度来看常具有政府贷款支付利息的效果。联邦审计院认为，在很多地方政治家的访谈和演讲中也常会用证据表明：很多路段建设就是在财政预算不足的情况下，才采用了政府和民间合作伙伴关系模式。对此德国学界也多有质疑，指出在公路建设合作伙伴关系项目中的民间预先融资，实际上属于政府的"隐形贷款"②。

尽管承认政府基于财政纾困的目的才引进了合作伙伴关系模式，但对进行经济性审查的合作伙伴关系项目，联邦审计院并不认为与"债务刹车"的相关规定产生了冲突，因为这不能给政府的财政预算带来直接的资金流入。③ 德国宪法意义上的"贷款"概念④，从传统角度来看只是

---

① 张峰、徐波霞：《德国各级政府债务的刹车制度及其借鉴》，《中国财政》2017 年第 23 期。

② T. Manz und Y. Schönwälder, "Die vergaberechtliche Gretchenfrage: Wie hältst Du's mit dem Mittelstand?", in: *Neue Zeitschrift für Bau-und Vergaberecht*, 2012, 13 (8), S. 465 – 471; Jörn Axel Kämmerer, *Privatisierung: Typologie-Determinanten-Rechtspraxis-Folgen*, 2001, S. 353; Kai von Lewinski und Daniele Burbat, *Bundeshaushaltsordnung*, 2013, § 7 Rn. 23.

③ Bundesrechnungshof (BRH), *Bericht nach § 88 Abs. 2 BHO über Öffentlich Private Partnerschaften (ÖPP) als Beschaffungsvariante im Bundesfernstraßenbau*, 2014, S. 34.

④ 是指从《联邦基本法》第 109 条第 3 款和第 115 条第 2 款的意义上而言的。参见 Helmut Siekmann, in: Michael Sachs (Hrsg.), *Grundgesetz*, 7. Aufl. 2014, Art. 109 Rn. 65; Markus Heintzen, in: Ingo von Münch (Begr.) und Philip Kunig (Hrsg.), *Grundgesetz*, Bd. 2, &. Aufl. 2012, Art. 109 Rn. 28; Hans D. Jarass, in: ders. und Bodo Pieroth (Hrsg.), *Grundgesetz für die Bundesrepublik Deutschland*, 14. Aufl. 2016, Art. 109 Rn. 13.

包括所谓的"融资性负债",也即直接筹得资金,之后必须偿还本息。①与之相对应的是所谓的行政性负债,即源自行政管理行为和商业行为②而产生的支付义务,这部分负债在德国的惯常理解中并未被纳入贷款的范畴。③ 相应地,公路建设中的ÖPP安排并没有给财政预算带来直接的额外的资金流入,所以原则上也不属于宪法意义上的贷款概念。

联邦审计院虽然承认政府和民间合作伙伴关系项目的融资操作并没有在法律层面上违反"债务刹车"机制,但还是尖锐地指出,这实际上产生了对地方政府的激励效应。它们会不遗余力地采用合作伙伴关系的形式推进公共基础设施项目的建设,因为这将逃脱"债务刹车"机制对政府负债的监管。如何弥补这种法律漏洞是德国立法者亟须解决的问题。④

四 偏袒了垄断:对整体经济产生不利

联邦审计院还认为,在迄今为止的大型合作伙伴关系项目中,德国的中小企业基本上没有机会参与,这对德国的整体经济产生了不利

---

① Hermann Pünder, in: Josef Isensee und Paul Kirchhof (Hrsg.), *Handbuch des Staatsrechts*, Bd. V, 3. Aufl. 2007, §123 Rn. 20; Wolfram Höfling und Stephan Rixen, in: Wolfgang Kahl, Christian Waldhoff und Christian Walter (Hrsg.), *Bonner Kommentar zum Grundgesetz*, Ordner 17, 106. Erg.-Lfg. Juli 2003, Art. 115 Rn. 136; VerfGH Rheinland-Pfalz, DÖV 1997, S. 247; Werner Heun, in: Horst Dreier (Hrsg.), *Grundgesetz*, Bd. III, 2. Aufl. 2008, Art. 115 Rn. 11.

② 一般是指公共部门签订的购买合同、加工合同、租赁合同或雇佣合同。

③ Hermann Pünder, in: Josef Isensee und Paul Kirchhof (Hrsg.), *Handbuch des Staatsrechts*, Bd. V, 3. Aufl. 2007, §123 Rn. 20; Hanno Kube, in: Theodor Maunz und Günter Dürig (Begr.), *Grundgesetz*, Stand: 56. Erg.-Lfg. Oktober 2009, Art. 115 Rn. 70; Christian Jahndorf, "Alternative Finanzierungsformen des Staates", in: *Neue Zeitschrift für Verwaltungsrecht* (NVwZ) 2001, S. 621.

④ Ekkehart Reimer, in: Volker Epping und Christian Hillgruber (Hrsg.), *Beckok Grundgesetz*, Stand: 33. Ed. Juni 2017, Art. 115 Rn. 18; Wolfgang Spoerr, in: Wolfgang Meyer-Sparenberg und Christof Jäckle (Hrsg.), *Beck'sches M&A-Handbuch*, 2017, §80 Rn. 60; Bundesrechnungshof (BRH), *Schriftliche Stellungnahme zu dem Beschlussantrag der Fraktion Bürdnis 90/Die Grünen "Öffentliches Vermögen erhalten, ehrlich bilanzieren, richtig investieren"* (BT-Drucksache 18/11188), S. 5; M. Meier, "Beteiligung Privater im Fernstraßenbau. Infrastrukturgesellschaft und Öffentlich-Private Partnerschaften auf dem Prüfstand", in: *Die Öffentliche Verwaltung*, 2018.

的影响。按照德国《反限制竞争法》的相关规定①，大型的政府采购合同原则上应分拆为多个采购合同，既可按照资金体量，也可按照专业分工进行分拆，从而使占据全国绝大多数的中小型企业也能公平地参与竞争。② 特别是在远程公路建设领域，几乎所有的合作伙伴关系项目实际上都偏离了《反限制竞争法》的相关规定，很多项目都对参与竞争的私人投标者的自有资金提出了很高的要求，这在事实上造成了德国的中小企业几无可能中标合作伙伴关系项目。③ 对此政府方面给出的理由是，远程公路建设项目通过一个投资者进行分项目整合可以保证效率优势，减少因"各管一段"而产生的推诿和扯皮。联邦审计院认为，即便有这个优势，也不能在实操上规避相关的法律规定，因为从更宏观的角度来观察，这将严重削弱作为德国经济中坚力量的中小企业，进而对整体经济的发展产生不利影响。④

五 政府偏爱 ÖPP：经济性审查的缺陷

德国的政府和民间合作伙伴关系相较于传统实施方案的经济合理性，

---

① 德国《反限制竞争法》第 97 条第 4 款。Gesetz gegen Wettbewerbsbeschränkungen (GWB)，该法自 2013 年 6 月 26 日颁布施行，参见 BGBl. I S. 1750, 3245. 2020 年 11 月 26 日修订，参见 BGBl. I S. 2568.

② Meinrad Dreher, in: Ulrich Immenga und Ernst-Joachim Mestmäcker (Hrsg.), *Wettbewerbsrecht*, Bd. II, 5. Aufl. 2014, §97 GWB Rn. 121; T. Manz und Y. Schönwälder, "Die vergaberechtliche Gretchenfrage: Wie hältst Du's mit dem Mittelstand?", in: *Neue Zeitschrift für Bau-und Vergaberecht*, 2012, 13 (8), S. 466; Michael Fehling, in: Hermann Pünder und Martin Schellenberg (Hrsg.), *Vergaberecht*, 2. Aufl. 2015, §97 GWB Rn. 89.

③ Präsidentinnen und Präsidenten der Rechnungshöfe des Bundes und der Länder, *Gemeinsamer Erfahrungsbericht zur Wirtschaftlichkeit von ÖPP-Projekten*, 2017, S. 6; Bundesrechnungshof (BRH), *Bericht nach §88 Abs.2 BHO-Wirtschaftlichkeitsuntersuchung zur HERKULES-Nachfolge*, Gz. IV 3-2013-5307, 2014, S. 23.

④ OLG Celle, in: *Neue Zeitschrift für Bau-und Vergaberecht* 2010, S. 716; T. Manz und Y. Schönwälder, "Die vergaberechtliche Gretchenfrage: Wie hältst Du's mit dem Mittelstand?", in: *Neue Zeitschrift für Bau-und Vergaberecht*, 2012, 13 (8), S. 469; Meinrad Dreher, in: Ulrich Immenga und Ernst-Joachim Mestmäcker (Hrsg.), *Wettbewerbsrecht*, Bd. II, 5. Aufl. 2014, §97 GWB Rn. 153.

最终取决于在经济性审查框架下对预期成本支出的比较。① 在大范围推进实施政府和民间合作伙伴关系的初始阶段，德国联邦审计院和联邦交通部就在如何计算的方法问题上存在着分歧。② 尽管很多具体项目通过方法调适和合作伙伴关系模式自身的发展进步都得到了解决，并没有在事实上造成合作伙伴关系项目的流产或早夭，但这个观点分歧迄今仍然存在。

德国联邦交通部采用的是所谓的收益比较的方法，提出在考虑项目本身纯粹的成本支出之外，要考虑项目完成对国民经济的整体性效用③，还要考虑项目完成所形成的具体效能，比如行程时间缩短和运输成本降低等。④ 联邦审计院则对此加以了指责并提出，联邦交通部在政府和民间合作伙伴关系项目经济性问题上所关注的收益内容，完全忽视了传统完成方式的优势，比如在事实上对"债务刹车"规定的遵循以及对中小企业的扶持，这些都是在进行经济性审查时必须考虑的重要因素。⑤

---

① 李以所：《公私合作伙伴关系（PPP）的经济性研究——基于德国经验的分析》，《兰州学刊》2013 年第 6 期。Holger Mühlenkamp, "Wirtschaftlichkeitsuntersuchungen bei ÖPP-Zwischen methodischer Konsistenz und interessengeleiteter Ergebnisgestaltung", in: *Zeitschrift für öffentliche und gemeinwirtschaftliche Unternehmen* (ZögU) Beiheft 46/2016, S. 60; Holger Mühlenkamp, *Wirtschaftlichkeit im öffentlichen Sektor: Wirtschaftlichkeitsvergleiche und Wirtschaftlichkeitsuntersuchungen*, 2015, S. 111; Stefan Hertwig, "Zuschlagskriterien und Wertung bei ÖPP-Vergaben", in: *Neue Zeitschrift für Bau-und Vergaberecht* 2007, S. 546.

② Bundesbeauftragter für die Wirtschaftlichkeit in der Verwaltung, *Gutachten zu Öffentlich Privaten Partnerschaften (ÖPP) im Bundesfernstraßenbau von 05. 01. 2009*, Gz. V 3-2006-0201, S. 13; Bundesbeauftragter für die Wirtschaftlichkeit in der Verwaltung, *Gutachten zu Wirtschaftlichkeitsuntersuchungen bei Öffentlich Privaten Partnerschaften (ÖPP) im Bundesfernstraßenbau v. 24. 09. 2013*, Gz. V 3-2013-5166, Fn. 50, S. 7.

③ 这可使用财务方法进行具体计算，最终以欧元收益的形式表现出来，也即所谓的货币型收益比较。

④ Bundesministeriums für Digitales und Verkehr (BMVI), *Öffentlich-Private Partnerschaften im Bundesfernstraßenbereich-die Neue Generation*, 2015, S. 9.

⑤ Bundesrechnungshof (BRH), *Bericht nach § 88 Abs. 2 BHO-Wirtschaftlichkeitsuntersuchung zur HERKULES-Nachfolge*, Gz. IV 3-2013-5307, 2014, S. 21; Bundesbeauftragter für die Wirtschaftlichkeit in der Verwaltung, *Gutachten zu Wirtschaftlichkeitsuntersuchungen bei Öffentlich Privaten Partnerschaften (ÖPP) im Bundesfernstraßenbau v. 24. 09. 2013*, Gz. V 3-2013-5166, S. 10 – 43; Bundesministeriums für Digitales und Verkehr (BMVI), *Öffentlich-Private Partnerschaften im Bundesfernstraßenbereich-die Neue Generation*, 2015, S. 23.

在联邦审计院看来，德国朝野对政府和民间合作伙伴关系的评价过于积极正面了，它实际上还存在很多需要审慎处理的问题。一直力推ÖPP模式的联邦交通部在进行传统方式和合作伙伴关系的经济性比较时，总是将近百万欧元的风险溢价加到传统方式上，这与实际操作并不相符，因为公共部门在采用传统方式时都会针对这些风险进行防范，并在风险发生时用自有资金来承担。[①] 另外，因数据基础的不足而导致估算收益值在一定程度上失真[②]，乃至根本无法核对，也是德国审计系统对合作伙伴关系项目多次诟病的原因。

六　在其他领域产生的问题

德国联邦审计院还对联邦国防军的 Herkules 项目进行了经济性审查。这是一个由联邦国防部与民营合作伙伴 IBM 及西门子共同成立的 ÖPP 项目公司，德国联邦政府持股 49.9%，来自民间的合作伙伴持股 50.1%。联邦国防部委托该公司负责非军事方面的 IT 装备的现代化更新[③]，自 2006 年开始，委托期 10 年。在该项目中标公示期间，联邦审计院就指出中标前的经济性审查存在着严重的缺陷和不足。因为在与传统采购方式对比之前，联邦国防部就确定了明显倾向于合作伙伴关系方式的财务参数。除此之外，联邦国防部还有意没有对采用 ÖPP 模式的风险进行深度分析。联邦审计院当时就预估，与由联邦国防部使

[①] Bundesbeauftragter für die Wirtschaftlichkeit in der Verwaltung, *Gutachten zu Wirtschaftlichkeitsuntersuchungen bei Öffentlich Privaten Partnerschaften（ÖPP）im Bundesfernstraßenbau* v. 24.09.2013, Gz. V 3 – 2013 – 5166, S. 10, 29, 36.

[②] 比如联邦交通部简单地将 ÖPP 相比传统建造方式的效率优势笼统地假定为 10%，尽管当时已经有了第一批具体的经验数值。

[③] Frank Roth, "Private Projektgesellschaften als öffentliche Auftraggeber?", in: *Neue Zeitschrift für Bau-und Vergaberecht*, 2013, S. 685；Hartmut Bauer, *Privatisierung oder Publizisierung? Wege zur gemeinwohlorientierten Bereitstellung von Leistungen im allgemeinen Interesse*, Potsdam: Universität Potsdam, 2018, S. 25.

用内部机构办理的传统方式相比,这一项目将会导致 3.6 亿欧元的额外费用。① 在 2016 年项目合同到期以后,联邦国防部决定该项目不予延续,并全部接手私人部门持有的剩余股份。② 联邦审计院对国防部的决定表示赞同③,并趁机进一步指出,将原本属于公共部门的公共任务委托给私营伙伴,随之而来的是公共机构自身业务技能的削弱和专业水准的降低。那些在国防和国家安全领域中的合作伙伴关系项目对此已有了充分证明。④

2011 年德国联邦和联邦州审计院的主席们联合发布了一份对当时收集到的合作伙伴关系项目的经验进行全面分析的报告,该报告的中心内容是在高层建筑领域内的合作伙伴关系项目。⑤ 其中德国的审计专家们再次提出了合作伙伴关系项目经济性审查的一贯缺陷,即公共部门对合作伙伴关系模式的偏爱,使经济性审查的客观、中立受到了严重影响,这直接导致了审查的结果是合作伙伴关系模式优先。政府部门的这种主观倾向表现为过高估计合作伙伴关系项目的效率优势,或牵强附会地强调其成本及效率优势,或与传统模式进行比较的参数明显有利于合作伙伴关系模式等。⑥ 在很多案例中,对合作伙伴关系模式节省潜力的笼统

---

① Bundesrechnungshof（BRH）, *Bemerkungen des Bundesrechnungshofs*, BT-Drs. 16/7100, 2007, S. 253.

② Bundesverteidigungsministerium（BMVg）, "Die Herkules-Zukunft hat begonnen", in: *Pressemitteilung* v. 28. 12. 2016.

③ Bundesrechnungshof（BRH）, *Bericht nach § 88 Abs. 2 BHO-Wirtschaftlichkeitsuntersuchung zur HERKULES-Nachfolge* v. 02. 05. 2014, Gz. IV 3 – 2013 – 5307, 2014, S. 4.

④ BRH, Gz. IV 3 – 2013 – 5307, 2014, S. 3, 15, 20.

⑤ Präsidentinnen und Präsidenten der Rechnungshöfe des Bundes und der Länder, *Gemeinsamer Erfahrungsbericht zur Wirtschaftlichkeit von ÖPP-Projekten*, 2017, S. 2, 47; Bundesrechnungshof（BRH）, *Bemerkungen des Bundesrechnungshofs*, BT-Drs. 18/3300, 2014, S. 44.

⑥ 比如对项目本身的风险溢价,ÖPP 模式预估的总是过低,传统方式则一贯偏高。Präsidentinnen und Präsidenten der Rechnungshöfe des Bundes und der Länder, *Gemeinsamer Erfahrungsbericht zur Wirtschaftlichkeit von ÖPP-Projekten*, 2017, S. 16; Bundesrechnungshof（BRH）, *Bemerkungen des Bundesrechnungshofs*, BT-Drs. 17/3650, 2010, S. 35.

预估严重脱离实际,以至于联邦州审计院明确批评这是经"美化计算"而得出的数字。① 此外,由于专业人才储备不足,公共部门常将经济性审查的工作委托给第三方机构,这些机构的评估能力和水平有时欠缺权威性,给出的结果经常无法核实。而在德国审计系统看来,在这个方面更为糟糕的是,"顾问机构和院外游说的界限在一定程度上很难分清"②。

第五节 小结

政府和民间合作伙伴关系既非"万能灵药",更非"魔鬼之作"③。首先可以明确的是,政府部门在进行公共采购时可利用市场经济意义上的激励效应,在适当范围内采取可持续的长期建造方式,来高效地完成公共任务。④ 但相对不便宜的融资成本、基于项目的高度复杂性所产生的巨额招投标成本、项目建设过程中的协调成本,以及最后要附加的民间合作伙伴的盈利,都成为政府和民间合作项目在一些领域中必须付出的额外成本。⑤ 政府

---

① Präsidentinnen und Präsidenten der Rechnungshöfe, Fn. 49, S. 29, 77.

② Präsidentinnen und Präsidenten der Rechnungshöfe des Bundes und der Länder, *Gemeinsamer Erfahrungsbericht zur Wirtschaftlichkeit von ÖPP-Projekten*, 2017, S. 9.

③ Wissenschaftlicher Beirat beim Bundesministerium der Finanzen (BMF), *Chancen und Risiken: Öffenlich-Privater Partnerschaften*, 2016, Fn. 20, S. 32; Bundesbeauftragter für die Wirtschaftlichkeit in der Verwaltung, *Gutachten zu Öffentlich Privaten Partnerschaften (ÖPP) im Bundesfernstraßenbau von 05.01.2009*, Gz. V 3-2006-0201, S. 32; Bundesrechnungshof (BRH), *Bericht nach §88 Abs. 2 BHO über Öffentlich Private Partnerschaften (ÖPP) als Beschaffungsvariante im Bundesfernstraßenbau*, 2014, S. 40; Bundesministeriums für Digitales und Verkehr (BMVI), *Öffentlich-Private Partnerschaften im Bundesfernstraßenbereich-die Neue Generation*, 2015, S. 29; Präsidentinnen und Präsidenten der Rechnungshöfe des Bundes und der Länder, *Gemeinsamer Erfahrungsbericht zur Wirtschaftlichkeit von ÖPP-Projekten*, 2017, S. 1.

④ Wissenschaftlicher Beirat beim Bundesministerium der Finanzen (BMF), *Chancen und Risiken: Öffentlich-Privater Partnerschaften*, 2016, Fn. 20, S. 15.

⑤ Jörg Kupjetz und Puya Eftekharzadeh, "ÖPP im Verkehrswesen", in: *Neue Zeitschrift für Baurecht und Vergaberecht* (NZBau) 2013, S. 142; Jan Ziekow, "Public Private Partnership als zukünftige Form der Finanzierung und Erfüllung öffentlicher Aufgaben?", in: Hermann Hill (Hrsg.), *Zukunft des öffentlichen Sektors*, 2006, S. 53.

和民间合作伙伴关系的这种"先天缺陷"① 必须在其他方面加以弥补，才能实现审计部门追求的经济性。为了确定经济性在具体的合作伙伴关系个案中是否存在，就必须进行尽可能缜密精确的经济性审查。而恰恰就是在这项审查上，德国近二十多年来的经验已证明存在着很难避免的弊端。即便在相关问题并不是多么严重的领域内，针对合作伙伴关系项目的经济性审查早已不是它最初被预期的那样客观和中立。风险溢价的设定②，特别是效用值的评估③，都为暗箱操作提供了巨大的数值回旋空间，这些带有人为色彩的数据完全可以影响甚至决定审查的结果。更加过分的问题是，德国朝野普遍预期的合作伙伴关系效率优势并不是以审查的实际情况为基础，而是基于几乎无法核实的主观估计。

德国政府在远程公路建设方面不遗余力地推行合作伙伴关系模式，实际上对国家的整体经济产生了长期的不良后果。尽管联邦政府反复强调合作伙伴关系并不是融资方案，而是新型的公共采购④，但这并不能改变合作伙伴关系项目实施预先融资所产生的负面效应。⑤ 当预先融资数额巨大时，就应该启动"债务刹车"机制予以规制。否则这种方式将会使偏爱负债运行的地方政府产生路径依赖，加上政府担负的对很多合作伙伴关系项目的持续性长期支付义务，更会进一步造成公共财政的困

---

① Alexander Reuter, "ÖPP-Refinanzierung unter Haushalts-, Gebühren-, Preis-und Beihilferecht: Zielkonflikte und Lösungsansätze", in: *Neue Zeitschrift für Verwaltungsrecht* (NVwZ) 2005, S. 1248.

② Stefan Hertwig, "Zuschlagskriterien und Wertung bei ÖPP-Vergaben", in: *Neue Zeitschrift für Bau-und Vergaberecht*, 2007, S. 547.

③ Holger Mühlenkamp, *Wirtschaftlichkeit im öffentlichen Sektor: Wirtschaftlichkeitsvergleiche und Wirtschaftlichkeitsuntersuchungen*, 2015, S. 161.

④ Bundesfinanzministerium (BMF), *Finanzbericht* 2017, S. 55; Bundesregierung, BT-Drs. 17/13846, S. 11; BT-Drs. 18/452, S. 4; BT-Drs. 18/13093, S. 2; Bundesministeriums für Digitales und Verkehr (BMVI), *Öffentlich-Private Partnerschaften im Bundesfernstraßenbereich-die Neue Generation*, 2015, S. 4.

⑤ Bundesministeriums für Digitales und Verkehr (BMVI), *Öffentlich-Private Partnerschaften im Bundesfernstraßenbereich-die Neue Generation*, 2015, S. 8; Wissenschaftlicher Beirat beim Bundesministerium der Finanzen (BMF), *Chancen und Risiken: Öffentlich-Privater Partnerschaften*, 2016, S. 7.

难,如此往复便是一个恶性循环。

不容忽视的是,来自民间的私人合作伙伴大都是受政府的鼓动或激励而参与合作伙伴关系项目的,不同于政府机械性的决策机制,它自身就拥有更加灵活且便捷的退出办法。民营企业总是要以盈利为出发点,可合作伙伴关系合同动辄持续20年或30年的特点,使公私双方都很难穷尽一切地事先进行诸多情况的约定,这就存在后续的谈判风险。① 类似的典型案例就是德国的 A1 Mobil 公司,它在2005年根据 A 模式中标了1号高速公路某路段的建设运营项目,但2008年的全球性金融危机,使该公司因交通流量不及预期而陷入难以为继的困境。② 就该公司是否能够退出合作伙伴关系项目,联邦政府与其进行了长达数年的后续谈判。这其实是对公共资源的占用和消耗,把这项成本考虑进去,该 ÖPP 项目的经济性根本就无从谈起了。

德国审计系统对政府和民间合作伙伴关系模式的批判,表明了自20世纪90年代兴起的私有化浪潮发展到今天,国家精英层已对政府和民间合作伙伴关系这个原本被标榜为创新性问题解决方案产生了怀疑,更多的人对此开始持有更加谨慎的保留态度。在政府和民间合作伙伴关系狂欢之始,代表公共利益的政府部门很少注意将合作伙伴关系与传统实现方式的优缺点进行精准的对比分析。德国审计系统的意见和表态使这种

---

① Bundesbeauftragter für die Wirtschaftlichkeit in der Verwaltung, *Gutachten zu Wirtschaftlichkeitsuntersuchungen bei Öffentlich Privaten Partnerschaften (ÖPP) im Bundesfernstraßenbau* v. 24. 09. 2013, Gz. V 3 - 2013 - 5166, Fn. 50, S. 38; Präsidentinnen und Präsidenten der Rechnungshöfe des Bundes und der Länder, *Gemeinsamer Erfahrungsbericht zur Wirtschaftlichkeit von ÖPP-Projekten*, 2017, S. 30; Wissenschaftlicher Beirat beim Bundesministerium der Finanzen (BMF), *Chancen und Risiken: Öffentlich-Privater Partnerschaften*, 2016, S. 15.

② Markus Balser, "Milliardenpanne", in: *SZ* v. 26. /27. 08. 2017, Nr. 196, S. 26; Kerstin Schwenn, "Bund streitet mit privatem Autobahnbetreiber", in: *FAZ* v. 24. 08. 2017, S. 15; Bundesgerichtshof (BGH), in: *Neue Juristische Wochenschrift* (NJW) 2013, S. 1160; NJW 2016, S. 1947; Christoph Thole, "Grenzen vorinsolvenzlicher Lösungsklauseln", in: *Zeitschrift für das gesamte Handelsrecht und Wirtschaftsrecht* (ZHR) 2017, Bd. 181, S. 551.

对比分析的社会关注度被大大提高了,同时也为进一步完善对比分析的方法提供了路径。治理概念尽管源自西方国家,但并不意味着欧美已经实现了国家治理的现代化。德国审计系统对合作伙伴关系发展过程中一些问题的揭露和方向纠正,也可被视为德国国家治理现代化进程中的一部分。

那能否将德国审计系统的态度理解为"原则上甚至教条式地否定民间合作伙伴参与公共任务或服务"呢?当然不能。正如前面所讲到的,在它们的审计意见中,技术性的方法问题是核心。即使联邦审计院在对远程公路建设的鉴定报告中指出了合作伙伴关系项目的结构性缺陷,但它还是强调在具体操作中是可以通过合作伙伴关系其他方面的优势来弥补或平衡的。在能充分证明合作伙伴关系比传统完成模式拥有压倒性优势时,政府和民间的合作当然是提高经济性的必要选择。从这个角度来说,在经济性审查中专业且恰当的方法具有不可低估的意义。

从审计视角对合作伙伴关系的经济性进行观察和分析,可以在公共事业的范畴内推动建设正确的政府和民间合作伙伴关系制度,并有利于健康良性的公私合作关系的形成与塑造。既要加强政府和民间的合作伙伴关系,充分激发民间部门参与公共任务和服务的积极性,发挥其独有的优势和潜力,也要关注公共部门自我完善和提升的能力,使政府能够毫无依赖地更加高效地提供优质的公共产品和服务,这将是未来公私合作事业发展的必然趋势和方向。

第六章

世界金融危机中的德国ÖPP：政府角色的变迁

第一节 导论

在美国次贷危机爆发，进而引发蔓延全球的世界性经济危机之前，德国学术界曾就政府角色变迁进行了深层次的探讨。与此同时，基于政府和民间的合作伙伴关系而展开的激烈争论亦随之产生。尽管德国政府和民间部门的合作并不新鲜，二者携手合作的实践经验可追溯百年[①]，德国法学家们也早就认识到了混合型企业的事实存在，只是在那时他们还没有将之视作一种制度安排。[②] 一直到20世纪90年代，政府和民间的合作伙伴关系作为公共行政管理的革新才被正式提出[③]，并被置放在国家治理现代化的框架下成为德国学界的研究对象。

如果不考虑具体内容，纯粹从德国普通民众的直接观感出发，在20世纪90年代初，本属于经济学范畴的新自由主义越来越演变成为带有抗争色

[①] Dietrich Budäus (Hrsg.), *Kooperationsformen zwischen Staat und Markt, Theoretische Grundlagen und praktische Ausprägungen von Public Private Partnership*, Nomos: Baden-Baden, 2006, S. 12.

[②] 目前德国学术界已将混合型企业视为ÖPP的一种表现模式。参见李以所《德国公私合作制促进法》，中国民主法制出版社2013年版，第16—18页。

[③] Detlef Sack, *Governance und Politics. Die Institutionalisierung öffentlich-privater Partnerschaften in Deutschland*, Nomos: Baden-Baden, 2009, S. 123.

彩的政治性概念①，因为它意味着政府的退出和市场自由的完全释放。此时德国的很多学者已将政府和民间的合作伙伴关系看作新自由主义的范例。② 伴随着风靡英美的民营化浪潮，公共任务被重新审视进而重塑和再造，受益于此，德国政府和民间合作伙伴关系的发展也是方兴未艾。在德国朝野对这种新型制度安排的蓬勃发展充满共同期待之时，2008年因次贷危机而引发的世界经济危机，以及常被归咎于市场失灵，希冀强势管控的"大政府"回归的呼声甚嚣尘上，相应的国家干预主义再度复兴，这对ÖPP的推广和发展产生了重大影响，德国学界对政府和民间合作伙伴关系的理解和评价也发生了微妙变化。那个时期一度盛行的主流观点是：全球性的经济告急已宣告了新自由主义的失败。于是有个问题便随之而来：被呵护为新自由主义婴儿的ÖPP是否也应随之消亡？不同于学界的悲观和质疑，德国政府就此给出的是旗帜鲜明的否定回答。③

那么究竟怎样才是正确的？这场金融危机已再次证明了市场并非万能，伴随着万能神话的破灭，政府和民间的这种合作伙伴关系是否也理应寿终正寝？或者是不着痕迹地涉险过关，继续昂首前行？基于德国政府角色变迁的视角，本章将用三部分篇幅就上述问题做出尝试性解答。首先简略梳理德国政府角色变迁的历程，这将为相关问题的讨论提供一个研究的框架和支撑；之后基于德国的担保国家理念对政府角色及其功能进行解剖和阐释，并以此为基础展开对政府和民间合作伙伴关系的分析。这两部分研讨的主要是德国的政府和民间合作伙伴关系在世界性经

---

① Jan Ziekow, "Wandel der Staatlichkeit und wieder zurück? ÖPP im Kontext der deutschen Diskussion um die Rolle des Staates", in: Jan Ziekow (Hrsg.), *Wandel der Staatlichkeit und wieder zurück? Die Einbeziehung Privater in die Erfüllung öffentlicher Aufgaben (Public Private Partnership) in/nach der Weltwirtschaftskrise*, Nomos: Baden-Baden, 2011, S. 43.

② Rüdiger Heesche, "Public Private Partnership vor dem Hintergrund der Finanzkrise", http://www.who-owns-the-world.org/2009/01/06/public-private-partnership-vor-dem-hintergrund-der-finanzkrise/.

③ 2009年5月默克尔明确强调在德国必须继续推进ÖPP的发展，参见http://www.ÖPP-plattform.de/file.php?article=1870&file=ÖPP-Auszug+Rede+Merkel.pdf.

济危机之前的状态。最后部分则是解析在危机过程中德国的政府和民间合作伙伴关系发展和变化的情况。

第二节 分析的框架：德国政府的角色变迁

探究德国政府角色的变迁，可以为讨论德国的政府和民间合作伙伴关系提供一个分析框架。① 第二次世界大战结束后，20 世纪 50 年代的德国在废墟上重建，继而创造了举世瞩目的经济奇迹。德国的这个时期被认为是国家的黄金时代。② 进入 80 年代以后，伴随着全球化的迅猛发展和民营化浪潮的兴起，原本可为公民提供从摇篮到坟墓全程呵护的政府已经风光不再，德国人引以为傲的社会福利国家也渐入困途。③ 在政府的角色和功能不断被弱化和消解的过程中，尽管保留了提供公共产品和服务的最终责任，以及部分重要事务的决策和组织，但很明显它已不是"无所不能"了。政府的决策权能已部分地转让给国际机构，组织责任也时常与来自民间的私营部门共同承担。④ 此时的政府已由传统意义上的"统治者"向"治理者"转变。与此同时，它还为私人部门的进入搭

---

① 必须明确的是，本书无意面面俱到地梳理国家角色变迁涉及的所有方面，而是将之限定在与 ÖPP 相关的范围内。而且本书所论及的德国，默认为是联邦德国，关于原属民主德国（DDR）的情况则不在讨论范围之内。
② 德国科学基金会曾以"国家角色变迁"为主题发布研究报告，认为 20 世纪六七十年代就是国家的"黄金时代"。那时的国家，既遵循民主法治原则，又奉行全面干预原则，几乎承担了维持社会和政府运转的所有责任。本书对这个结论不持异议，并将之作为研究的起点。参见 Philipp Genschel, Stephan Leibfried und Bernhard Zangl, "Zerfaserung und Selbsttransformation" - Das Forschungsprogramm "Staatlichkeit im Wandel", in: *Trans State Working Papers* 45, 2006, S. 3.
③ Yisuo Li, *Das Experiment von Public Private Partnerships in China: Theorie-Praxis-Problem-Perspektive, Eine praxisbezogene Analyse und internationale Vergleichsuntersuchung*, UTZ: München, 2010, S. 18.
④ Philipp Genschel, Stephan Leibfried und Bernhard Zangl, "Zerfaserung und Selbsttransformation" - Das Forschungsprogramm "Staatlichkeit im Wandel", in: *Trans State Working Papers* 45, 2006, S. 22.

第六章 世界金融危机中的德国 ÖPP：政府角色的变迁

建了一个新的法律框架，使民间部门能够以营利的方式参与公共事务，甚至可以独立履行并实现公共责任。在这个框架下，民间部门保证的是所有公民的利益，而非个别团体的利益。政府已不再是公共利益的唯一代言人和承担者。① 一贯强大的包办一切的政府开始从诸多领域退出，呈现出一种"弱势"。

在政府"示弱"而选择退出的同时，批评的声浪也随之而来。因为在市场和社会中，政府的角色并非简单地退出就好。维持一个"包打天下"的政府自然不易，也不可能，但不够审慎的、将强大的政府"碎片化"，不加限制地为政府去重减负，亦属草率和不智。法尔克·舒伯特教授就此评论指出："如果黄金时代不可逆转地逝去，在逻辑上一切也只能较之过往更加糟糕。"② 所以从治理角度来说，将政府"碎片化"的观点并无益于市场和社会的良性发展。于是"混合化治理理论"③ 便应运而生，根据这种理论，政府与民间都要为公共福祉做出贡献④，此时的政府就是惯称的"担保国家"⑤。无论是倡导"小政府"，还是支持"大政府"，依托担保国家理论⑥，都可以寻找到它们的一致性。因为从担保国家的立场观察，这

---

① Philipp Genschel und Bernhard Zangl, *Metamorphosen des Staates-vom Herrschaftsmonopolisten zum Herrschaftsmanager*, Leviathan, 2008, S. 430.

② Gunnar Folke Schuppert, "Was ist und wie misst man Wandel von Staatlichkeit?", in: *Der Staat* 47, 2008, S. 333.

③ Gunnar Folke Schuppert, "Von Ko-Produktion von Staatlichkeit zur Co-Performance of Governance", in: *SFB-Governance Working Papers Series* Nr. 12, 2008, S. 34.

④ Jan Ziekow, "Public Private Partnership-auf dem Weg zur Formierung einer intermediären Innovationsebene?" in: *VerwArch* 97, 2006, S. 626.

⑤ "担保国家"作为一个概念在德国被明确提出是在 1998 年，德国基森大学教授马丁·艾菲特（Martin Eifert）在其著作中首次使用了这个概念。但迄今为止在德国尚未形成关于这个概念的通说。参见 Martin Eifert, *Grundversorgung mit Telekommunikationsleistungen im Gewährleistungsstaat, Band 33 von Materialien zur Interdisziplinären Medienforschung*, Nomos: Baden-Baden, 1998, S. 1. 本章所论及的担保国家，可以被理解为一种国家运行模式，其中国家除承担诸如外交、国防、治安、司法等核心任务的履行责任外，对其他很多公共任务仅承担履行的担保责任。这样的国家即可大致被视为担保国家。

⑥ 李以所：《德国担保国家理念评介》，《国外理论动态》2012 年第 7 期。

两个方向都属于极端选项，而它则是择二者之善而行，在市场和政府之间实现某种程度的平衡。① 政府作为专司治理的"职业经理人"，更强调它应担负的"担保责任"②。这样即使在其原有功能日趋"弱化"的情况下，政府实质上的中心地位却没有发生任何动摇。③

在德国关于国家理论的讨论中，经常认为担保国家理念具有样板作用。④ 本章所提及的样板，可以被理解为是一种导向，更确切地说就是一种目标及其实现方式。例如，20 世纪七八十年代德国联盟党⑤提出的带有浓郁新自由主义色彩的"瘦身国家"的执政目标，就曾被认为是国家现代化的样板。⑥ 进入 20 世纪 90 年代以后，科尔政府将之具体化为"任务评价""民营化""去管制化""自治"等政策。⑦ 当然并不能狭隘

---

① Gunnar Folke Schuppert, "Von Ko-Produktion von Staatlichkeit zur Co-Performance of Governance", in: *SFB-Governance Working Papers Series* Nr. 12, 2008, S. 31.

② Philipp Genschel und Bernhard Zangl, *Metamorphosen des Staates-vom Herrschaftsmonopolisten zum Herrschaftsmanager*, Leviathan, September 2008, S. 447.

③ 德国学者拉德尔（Karl-Heinz Ladeur）批评上述论证在逻辑上太过粗略，完全没有考虑社会变迁的因素。他认为市场、国家和社会三者构成了一个复杂的关系网络，只是关注市场和国家之间的关系而忽略社会因素，尤其是没有仔细观察国家运行的背景条件就鲁莽地说三道四是很危险的。参见 Karl-Heinz Ladeur, "Der Staat der Gesellschaft der Netzwerke. Zur Notwendigkeit der Fortentwicklung des Paradigmas des Gewährleistungsstaates", in: *Der Staat* 48, 2009, S. 171. 实际上，在无视民间社会力量的情况下，担保国家往往会被苛求承担过多的社会义务，这并不符合担保国家理念提出的初衷。所以将社会因素纳入担保国家的整体框架中，并非对担保国家理念的否定，而是促进和完善。但这个方面并非本章探讨的重点，故仅作简略说明。

④ Friedrich Schoch, "Gewährleistungsverwaltung: Stärkung der Privatrechtsgesellschaft?" in: *Neue Zeitschrift für Verwaltungsrecht* (NVwZ), 2008, S. 241.

⑤ 德国联盟党成立于 1950 年，由德国基督教民主联盟（Christlich Demokratische Union Deutschlands，德语缩写为 CDU，简称"基民盟"）和德国基督教社会联盟（Christian Social Union，德语缩写为 CSU，简称"基社盟"）组成的政党。党员以企业主、农场主、职员和知识分子为主，经济上倾向于维护企业主的利益，主张通过鼓励企业主不断扩大投资来推动经济发展。

⑥ Werner Jann, "Wandlungen von Verwaltungsmanagement und Verwaltungspolitik in Deutschland", in: Jann/Röber/Wollmann (Hrsg.), *Public Management-Grundlagen, Wirkungen, Kritik*. Festschrift für Christoph Reichard zum 65. Geb., edition sigma, 2006, S. 35.

⑦ Sachverständigenrat, "Schlanker Staat", *Abschlussbericht des Sachverständigenrats "Schlanker Staat"*, Bonn: Bundesministerium des Innern, 1997, S. 15.

地将"瘦身国家"简单地理解为国家的"瘦身计划"①,其目的虽然是营建一套高效率的政府运行机制,力求政府行政成本支出的最小化,但并没有因此而忽略或缩减政府提供公共服务的必要性。② 到了千年之交,施罗德政府上台伊始便将执政目标确立为建设"活力国家",其目的是要超越科尔时代政府内部运行机制的现代化,而更强调政府与社会之间的合作,更关注如何促进公民参与公共事务,进而激发民间承担公共任务的活力。③ 政府采用激励、促进和引导等措施,将这部分来自民间的资源激活,进而在政府和公民之间建立一种责任分配机制④,借此可将公民承担国家责任的意愿和国家治理现代化紧密结合起来。⑤

"瘦身"和"活力"这两种政府样板虽然目标不同,但最终皆可归结于政府的责任分配,故从中都能隐约地看到担保国家的身影。作为一种样板,担保国家的内涵更具张力,在操作上也更加复杂。较之"瘦身国家",它并不具效率优势,但表现出"灵活务实"的特性。⑥ 相对于"活力国家",它更能体现出国家制度的优越性⑦,

---

① Isabella Proeller und Kuno Schedler, "Verwaltung im Gewährleistungsstaat", in: Blanke/von Bandemer/Nullmeier/Wewer (Hrsg.), *Handbuch zur Verwaltungsreform*, Springer Fachmedien: Wiesbaden, 2010, S. 95.

② Jan Ziekow, "Die Funktion des Allgemeinen Verwaltungsrechts bei der Modernisierung und Internationalisierung des Staates", in: Pitschas und Kisa (Hrsg.), *Internationalisierung von Staat und Verfassung im Spiegel des deutschen und japanischen Staats-und Verwaltungsrechts*, Duncker & Humblot: Berlin, 2002, S. 195.

③ Das Programm der Bundesregierung, *Moderner Staat-Moderne Verwaltung*. 1999, S. 7.

④ 也就是说,只要不涉及国家的核心职能,有些公共任务不一定必须由国家亲自履行,它只要担保相关任务被保质保量地履行即可,而负责具体履行的则很可能是来自民间的社会力量。

⑤ Bernhard Blanke und Henning Schridde, "Bürgerengagement und Aktivierender Staat", in: *Aus Politik und Zeitgeschichte* (ApuZ), B 24 – 25, 1999, S. 3.

⑥ Christoph Reichard, "Das Konzept des Gewährleistungsstaates", in: Göbel/Gottschalk/Lattmann/Lenk/Reichard/Weber, *Neue Institutionenökonomik-Public Private Partnership-Gewährleistungsstaat*, Gesellschaft für öffentliche Wirtschaft, Berlin, 2004, S. 59.

⑦ Isabella Proeller und Kuno Schedler, "Verwaltung im Gewährleistungsstaat", in: Blanke/von Bandemer/Nullmeier/Wewer (Hrsg.), *Handbuch zur Verwaltungsreform*, Springer Fachmedien: Wiesbaden, 2010, S. 96.

同时还和德国的社会法治国家理念相辅相成,并行不悖。① 从实际效果来观察,担保国家之所以具有独特的魅力,就是因为它对多种国家运行模式具有连接性,且对诸多制度设计具有包容性。在意识形态上,它整合性地双向接受了社会国家的要义和新自由主义的精神。② 同时该理念也与已成为世界潮流的国家治理现代化紧密契合。③ 这些都对担保国家理念在德国的推行和贯彻产生了积极且深远的现实意义。

第三节 德国政府角色演进的飞跃:担保国家理念的提出

如前所述,担保国家几乎是一种近乎完美的理想模式。它提出的

---

① 例如德国《联邦基本法》(Grundgesetz für die Bundesrepublik Deutschland, GG)的第87f条就是反映担保国家理念的典型条款。它明确规定,在邮政和电信领域自由化的过程中,国家有承负担保责任的义务。更加详细的相关论述可以参见 Günther Schmid, "Gewährleistungsstaat und Arbeitsmarkt: Neue Formen von Governance in der Arbeitmarktpolitik", in: Gunnar Folke Schuppert (Hrsg.), *Der Gewährleistungsstaat-Ein L eitbild auf dem Prüfstand*, Nomos: Baden-Baden, 2005, S. 165.

② Isabella Proeller und Kuno Schedler, "Verwaltung im Gewährleistungsstaat", in: Blanke/von Bandemer/Nullmeier/Wewer (Hrsg.), *Handbuch zur Verwaltungsreform*, Springer Fachmedien: Wiesbaden, 2010, S. 97.

③ 具体来说,主要是指在德国进行的民营化讨论、合作国家和合作行政讨论、在新公共管理范畴内关于政治与行政之间责任分配的讨论等。参见 Martin Burgi, "Privatisierung öffentlicher Aufgaben-Gestaltungsmöglichkeiten, Grenzen, Regelungsbedarf", in: *Gutachten D für den 67. Deutschen Juristentag*, 2008; Gregor Kirchhof, "Rechtsfolgen der Privatisierung", in: *AöR* 132, 2007, S. 215; Depenheuer Otto, "Der Gedanke der Kooperation von Staat und Gesellschaft", in: Huber (Hrsg.), *Das Kooperationsprinzip im Umweltrecht*, Berliner Wissenschafts-Verlag: Berlin, 1999, S. 17; Peter Arnold, "Kooperatives Handeln der nichthoheitlichen Verwaltung", in: Dose und Voigt (Hrsg.), *Kooperatives Recht*, Nomos: Baden-Baden, 1995, S. 211; Jan Ziekow, "Inwieweit veranlasst das Neue Steuerungsmodell zu Änderungen des Verwaltungsverfahrens und des Verwaltungsverfahrensgesetzes?", in: Hoffmann-Riem und Schmidt-Aßmann (Hrsg.), *Verwaltungsverfahren und Verwaltungsverfahrensgesetz*, Nomos: Baden-Baden, 2003, S. 366; Claudio Franzius, "Governance und Regelungsstrukturen", in: *VerwArch* 97, 2006, S. 186.

第六章 世界金融危机中的德国 ÖPP：政府角色的变迁

基础是：政府在构建公共福利方面的垄断地位已经不复存在。[①] 前文所谈及的政府角色的演进，就是这个地位曾经被不断强化，继而又连续被削弱的过程。其最终的理想状态就是引致政府对公共产品和服务给付的垄断，转化为该给付由政府和民间协同实现。担保国家理念的贡献之一，就是明确承认在实现公共福利的过程中并不存在政府垄断，而是应由政府和民间两个部门共同协作而为。该理念的贡献之二，就是它并不挑战现有的法律框架[②]，因为担保国家理念是在遵循现行公共福利法律规定的前提下，再充分考虑相关具体制度的灵活安排。[③]

具体来说，担保国家理念的核心要素主要由两部分构成：责任分配和责任分级。它的首要指向是，在履行或实现公共任务的过程中完成相应的角色划分，相应的依据就是各角色所应担当的责任，也即责任的具体分配。其中政府责任是国家合法性存在的基础，通过这种责任可以将公民与政府的行政机关联结起来。[④] 确切地说，在以宪法为支撑的法律

[①] Gunnar Folke Schuppert, "Staatstypen, Leitbilder und Politische Kultur: Das Beispiel des Gewährleistungsstaates", in: Ludger Heidbrink, Alfred Hirsch (Hrsg.), *Staat ohne Verantwortung?* Campus Verlag, 2007, S. 476.

[②] 在 19 世纪上半叶德国实施君主立宪的早期，宪法就已经规定了君主的社会义务，也就是说，国家有义务提供为保障人格尊严所必要的给付，包括教育、公共交通和能源保障等。随着时代的进步和社会的发展，社会国家原则作为国家组织的基本原则，已被规定在德国的《联邦基本法》之中，该原则在内容上包括了国家的社会义务和公民基本权利中的社会责任两个面向，因此担保国家理念在德国更多的是一种重新发现而非制度创新。参见 Jan Ziekow, *Über Freizügigkeit und Aufenthalt. Paradigmatische Überlegungen zum grundrechtlichen Freiheitsschutz in historischer und verfassungsrechtlicher Perspektive (Jus Publicum)*, Mohr Siebeck: Tübingen, 1997, S. 178.

[③] 这种灵活性是由公共福利概念的开放性和必要的不确定性所决定的。参见 Gunnar Folke Schuppert, "Gemeinwohl, das-Oder: Über die Schwierigkeiten, dem Gemeinwohlbegriff Konturen zu verleihen", in: Schuppert und Neidhardt (Hrsg.), *Gemeinwohl-Auf der Suche nach Substanz*, edition sigma, 2002, S. 25; Christoph Engel, "Offene Gemeinwohldefinitionen", in: *Rechtstheorie* 32, 2001, S. 23.

[④] Rainer Pitschas, *Verwaltungsverantwortung und Verwaltungsverfahren*, C. H. Beck: München, 1990, S. 237; Waechter Kay, "Die Theorie des Gewährleistungsstaates", in: Frank und Langrehr (Hrsg.), *Die Gemeinde: Verfassung, Planung, Wirtschaft Und Das Kommunale Selbstverwaltungsrecht*, Festschrift Zum 70. Geburtstag Von Heiko Faber, Mohr Siebeck: Tübingen, 2007, S. 274.

框架下保证公共任务的履行就是政府义不容辞的责任。① 基于这种责任分配思想，在公共任务履行上的政府与社会的共同责任②发展为政府和公民或其他民事主体的责任共同体。③ 责任分配主要关联两个方面：一是政府行政部门、半官方机构和私人参与者在实现公共福祉的过程中进行必要的分工；二是为了实现分工而设立旨在协调各方合作的组织。④ 同时，还不能简单、直观地把责任分配理解为是一张静态的单次的任务分工表。更准确地说，责任分配是一种动态地将参与各方予以调配的协作行为。⑤ 这种分配并不会在实质上免除政府履行公共责任的义务，只是在实现形式上发生了调整和变化⑥，政府和民间部门之间的合作伙伴关系就被视为这种形式变化的一种完成模式。⑦

政府部门、半官方机构和民间合作伙伴的责任分配，要通过具体的工作分工。但如何将抽象意义上的角色划分转变为具有操作性的任务分

---

① Rainer Pitschas, *Verwaltungsverantwortung und Verwaltungsverfahren*, C. H. Beck：München, 1990, S. 254.

② Peter Saladin, *Verantwortung als Staatsprinzip：Ein neuer Schlüssel zur Lehre vom modernen Rechtsstaat*, Verlag Paul Haupt：Bern und Stuttgart, 1984, S. 161.

③ Rainer Pitschas, *Verwaltungsverantwortung und Verwaltungsverfahren*, C. H. Beck：München, 1990, S. 237.

④ Wolfgang Hoffmann-Riem, "Verantwortungsteilung als Schlüsselbegriff moderner Staatlichkeit", in：Kirchhof/Lehner/Raupach/Rodi（Hrsg.）, *Staat und Steuern. FS für Klaus Vogel zum 70. Geb.*, C. F. Müller：Heidelberg, 2000, S. 52.

⑤ Trute Hans-Heinrich, "Verantwortungsteilung als Schlüsselbegriff eines sich verändernden Verhältnisses von öffentlichem und privatem Sektor", in：Schuppert（Hrsg.）, *Jenseits von Privatisierung und "schlankem" Staat*, Nomos：Baden-Baden, 1999, S. 13.

⑥ 这种变化是由社会自治和政府管理的协同合作所决定的。参见 Renate Mayntz, "Politische Steuerung：Aufstieg, Niedergang und Transformation einer Theorie", in：von Beyme/Offe（Hrsg.）, *Politische Theorien in der Ära der Transformation*, Westdeutscher Verlag：Opladen, 1996, S. 163.

⑦ 要是没有这种合作，社会自治的导向性影响就几乎没有发挥的余地。参见 Wolfgang Hoffmann-Riem, "Verantwortungsteilung als Schlüsselbegriff moderner Staatlichkeit", in：Kirchhof/Lehner/Raupach/Rodi（Hrsg.）, *Staat und Steuern. FS für Klaus Vogel zum 70. Geb.*, C. F. Müller：Heidelberg, 2000, S. 47.

工，就需要将相关的责任进行分级。① 责任分级是德国担保国家理念的一大创造，其关键之处就在于将任务的具体履行和相关责任进行了区分。若完成任务的实际操作被视为任务履行，那么任务责任则可被理解为任务承担者的最终责任。实现责任分级的理念基础是，责任和履行并不一定必须由单一主体承担和实现，而是可以根据具体情况进行分别安排。② 由此政府责任可被分为履行责任、担保责任和承接责任三个层级。③ 履行责任产生的情况是，政府通过自属机构完成公共任务，该机构完全负责任务的履行并承担相应的责任。担保责任则是指政府退出原本由其独自履行的任务，或与私人部门共同履行，或由社会自治机构履行，政府仅就相关履行提供方向性的指导。此时的政府不再亲自或至少不再独自履行任务，而是通过间接性的监管措施保证公共任务的履行。不过，在民间部门履行公共任务的过程中，总有可能因出现各种各样的问题而导致履行不能或履行瑕疵，这些都需要政府采取事后的调整措施或补救手段，甚至替代履行④，这些就属于政府的承接责任。⑤

在具体的丰富多彩的政府公共实践活动中，当然并不能简单僵化地

---

① Gunar Folke Schuppert, "Der Gewährleistungsstaat-modisches Label oder Leitbild sich wandelnder Staatlichkeit?", in: ders. (Hrsg.), *Der Gewährleistungsstaat-Ein Leitbild auf dem Prüfstand*, Nomos: Baden-Baden, 2005, S. 17.

② Klaus König und Angelika Benz, "Zusammenhänge von Privatisierung und Regulierung", in: dies. (Hrsg.), *Privatisierung und staatliche Regulierung*, Nomos: Baden-Baden, 1997, S. 29; Jan Ziekow, "Rechtliche Rahmenbedingungen der Privatisierung kommunaler Dienstleistungen", in: Meyer-Teschendorf u. a., *Neuausrichtung kommunaler Dienstleistungen*, Deutscher Sparkassen Verlag: Stuttgart, 1999, S. 137.

③ Wolfgang Hoffmann-Riem, "Verantwortungsteilung als Schlüsselbegriff moderner Staatlichkeit", in: Kirchhof/Lehner/Raupach/Rodi (Hrsg.), *Staat und Steuern. FS für Klaus Vogel zum 70. Geb.*, C. F. Müller: Heidelberg, 2000, S. 47.

④ Wolfgang Hoffmann-Riem, *Modernisierung von Recht und Justiz. Eine Herausforderung des Gewährleistungsstaates*, Suhrkamp Verlag: Frankfurt am Main, 2001, S. 25.

⑤ Jan Ziekow, *Verankerung verwaltungsrechtlicher Kooperationsverhältnisse (Public Private Partnership) im Verwaltungsverfahrensgesetz*, Gutachten, erstattet für das Bundesministerium des Innen, Berlin, 2001, S. 180.

套用这个分级体系。因为这是一种经常处于动态之中的层级划分，层级之间的界限并非泾渭分明，在逐级过渡中存在着交叉和重叠的模糊地带。因此德国学术界常将担保国家形象地比喻为一个旨在完成公共任务的"舞台"：政府行政部门、半官方机构和来自民间的参与者在舞台上分别饰演不同的角色，此时的责任分级方案则被赋予"剧本"的功能，按照它的设计，参与各方在舞台上要面对不同的角色要求。[1] 其中，政府是整场演出的"导演"，它负责剧本在舞台上的推进和表现。作为导演的政府首先要厘清并深入分析如下问题：主要涉及哪些公共任务？参与各方在角色扮演方面具有哪些独特的不可替代的优势？谁是起决定作用的参与者？它与谁及如何协同合作？在不同的参与者之间资金是如何分配的？为操作执行这种责任分配需要哪些工具？

基于上述问题可以得出结论：担保国家并不是要为政府进行"瘦身"[2]。在实践中贯彻担保国家理念或许能够在个别案例中减轻公共财政负担，但更多的时候则是相反的情况。[3] 因为政府担保责任的履行也需要支出必要的行政成本，这很可能会导致政府行政部门的实际成本高于其独自完成同一任务所需的开支。[4] 所以担保国家是试图将公共福祉的实现更加科学和理性，并非"便宜"优先。

---

[1] Gunar Folke Schuppert, "Der Gewährleistungsstaat-modisches Label oder Leitbild sich wandelnder Staatlichkeit?", in: ders. (Hrsg.), *Der Gewährleistungsstaat-Ein Leitbild auf dem Prüfstand*, Nomos: Baden-Baden, 2005, S. 24.

[2] 尽管担保国家理念是在"被过度要求"的国家已经不堪重负的背景下提出的。参见 Thomas Ellwein und Joachim Jens Hesse, *Der überforderte Staat*, Nomos: Baden-Baden, 1994; Roman Herzog, "Der überforderte Staat", in: ders (Hrsg.), *Staat und Recht im Wandel: Einreden zur Verfassung und ihrer Wirklichkeit*, Keip Verlag: Goldbach, 1992, S. 252.

[3] 李以所：《公私合作伙伴关系（PPP）的经济性研究》，《兰州学刊》2012年第6期。

[4] Matthias Knauff, *Der Gewährleistungsstaat: Reform der Daseinsvorsorge*, Duncker & Humblot: Berlin, 2004, S. 62.

第四节 责任分配的实现：政府和民间的合作伙伴关系

如前所述，德国学术界对政府和民间合作伙伴关系的研究通常都始自关于其定义的讨论。① 尽管西方学术界曾就此进行多番尝试②，但迄今为止还是没有达成一致的共识③，在英文文献中大都变通地使用其复数形式，即 PPPs。④ 本书中的 ÖPP 可被理解为在德国语境下的政府和民间部门在特定领域内以实现公共利益为目的，长期合作提供公共产品和服务的一种问题解决方案或制度安排，其表现形式具有多样性的特点。⑤ 根据伙伴关系参与者之间协同作用的形式和机构化的程度，德国的政府和民间合作伙伴关系的范围可涵盖非正式的所谓"握手协议"ÖPP、正式合同 ÖPP，以及混合经济型公司 ÖPP 等。⑥

---

① 李以所：《德国公私合作制促进法研究》，中国民主法制出版社 2013 年版，第 3 页。
② Ziekow und Windoffer, *Public Private Partnership*, Struktur und Erfolgsbedingungen von Kooperationsarenen, Nomos: Baden-Baden, 2008, S. 25.
③ EG-Kommission, *Grünbuch zu öffentlich-privaten Partnerschaften und den gemeinschaftliche Rechtsvorschriften für öffentliche Aufträge und Konzessionen*, KOM, 2004, S. 327; Miriam Pirnay, *Public Private Partnerships und deren Einordnung in das Europäische Wettbewerbsrecht*, Peter Lang: Frankfurt am Main, 2008, S. 15.
④ 这赋予了 ÖPP 概念本身更大的包容性，但也造成了这个概念渐趋宽泛化的现象，也即俗话说的，ÖPP 变成了一个筐，举凡公私合作都可往里装。参见 Budäus und Grüning, "Public Private Partnership-Konzeption und Probleme eines Instruments zur Verwaltungsreform aus Sicht der Public Choice-Theorie", in: Budäus und Eichhorn (Hrsg.), *Public Private Partnership*, Nomos: Baden-Baden, 1997, S. 26.
⑤ 但考虑 ÖPP 在应用意义上是一个融合性概念，故本书是以单数形式讨论 ÖPP 的。
⑥ Becker Joachim, "Rechtsrahmen für Public Private Partnership", in: *ZRP*, 2002, S. 303; Sack Detlef, "Eine Bestandsaufnahme der Verbreitung, Regelungen und Kooperationspfade vertraglicher ÖPP in Deutschland", in: Budäus (Hrsg.) *Kooperationsformen zwischen Staat und Markt, Theoretische Grundlagen und praktische Ausprägungen von Public Private Partnership*, Nomos: Baden-Baden, 2005, S. 51; Christian Schede und Markus Pohlmann, "Vertragsrechtliche Grundlagen", in: Weber/Schäfer/Hausmann (Hrsg.), *Praxishandbuch Public Private Partnership*, C. H. Beck: München, 2006, § 3.

就本章的研究目的而言，首先可明确的是政府和民间合作伙伴关系的独特性，即在实现公共福祉的过程中，在政府至少要长期承负担保责任的前提下①，相应的任务履行可以部分或全部地移交给来自民间的私营部门。作为政府与民间交易合理化的务实组合，合作伙伴关系本身要保持参与者本来的身份特征②，并尊重其天然自带的优先目标。因此民间的私营部门在"逐利"的同时也能对公共福祉做出贡献。若将责任的分配视作"担保国家"的中心任务，那么相应的风险"转移"和"分担"的层级就是合作伙伴关系运行的核心和精髓。③ 以制度安排的形式完成政府和民间部门的合作，二者之间的合作伙伴关系便构成了"担保国家"意义上的责任分配的一种实现模式。④ 将政府和民间的合作伙伴关系归为担保国家实现模式会产生什么影响和效果，这可以从两个方面进行分析。⑤ 一是从可持续发展的视角进行阐释；二是将ÖPP与公共部门独自完成公共任务进行比较，分析谁更能尽善尽美地实现公共福利。⑥

---

① 担保国家理念的核心基础是，逐渐失去全方位干预能力的国家不应该变得越来越没有作为，至少它应该编撰能够保证公民自由和国家安全的"剧本"。这对执政者来说，是一个需要具有远见卓识的任务。国家的担保责任要求执政者制定面向未来的长远战略，在何种层次上采用哪些工具措施，通过哪些公私合作的组合形态来可持续、高效且经济地完成公共任务。担保责任因此总是被作为长期责任来规范并制约国家的行为。

② 这是保证参与各方优势互补性的基础。

③ Philip Boll, "Investitionen in Public-Private-Partnership-Projekte im Öffentlichen Hochbau unter besonderer Berücksichtigung der Risikoverteilung", in: *Zeitschrift für Immobilienökonomie*, Nr. 1, 2009, S. 29; Ziekow und Windoffer, *Public Private Partnership. Struktur und Erfolgsbedingungen von Kooperationsarenen*, Nomos: Baden-Baden, 2008, S. 53.

④ Birger P. Priddat, "Revision des Staates. Governance als Kommunikation", in: ders. (Hrsg.), *Der Gewährleistungsstaat-Ein Leitbild auf dem Prüfstand*, Nomos: Baden-Baden, 2005, S. 75.

⑤ 当然，推行ÖPP的影响和效果绝不会仅限于本书提及的这两个方面，只是本书认为，这两个方面非常重要，但常为研究者所忽视。

⑥ 将ÖPP单纯视作公共财政短期减负的工具或手段是过于简单了，不过，这是人们在ÖPP发展初级阶段普遍具有的错误认识。

第六章　世界金融危机中的德国 ÖPP：政府角色的变迁

一　可持续发展目标视角下的 ÖPP

从 2002 年约翰内斯堡世界可持续发展峰会开始，"PPP 是否有助于可持续发展"这个问题就广为人知了①，不过，德国学术界对此并没有给予足够的关注，充其量就是从公共采购法的角度进行了粗浅的研究。②鉴于相关责任的参与者，尤其是议会、政府、民间部门都拥有各自的利己目标③，可持续发展目标的达成在现实中还是非常困难的，大都只是在纲领层面大而化之地提及一下，实际上并不具备可操作性。在如何有效地克服这个存在已久的顽疾方面，建设政府和民间的合作伙伴关系相较其他制度安排具有显而易见的优势。因为在政策制定的过程中，贯彻执行可持续发展目标的主要困难是，相较于付出的行政成本，该目标的实现对政策制定者并无具体激励，也就是说，事实上对政府官员毫无吸引力。而且为达至所谓的长远目标而造成短期负担的行为，可能也不会被其他参与者接受和认可。如果政策制定者执意推动可持续发展目标的实现，就要承担项目中途夭折的风险，甚至还会因失去选民的支持而丢掉执政权。而采用 ÖPP 解决方案，决策者则常被质询"长期来看成本是否更低廉"。从德国诸多具体案例来看，决策部门的答案经常是：从更宏观和长期的视角来观察，通过建设政府和民间合作伙伴关系的方式来解决问题的成本很可能是低廉的，但也并不绝对。采用公私合作的原因多是其他问题解决方案基本没有可行性，或者需要更多的成本投入且耗费

---

① Luc Hens and Bhaskar Nath (eds.), *The World Summit on Sustainable Development: The Johannesburg Conference*, Springer: London, 2005, p. 349.
② Andrea Wilhaus, *Corporate Social Responsibility-Aspekte bei Public Private Partnership-Projekten*, Verlag Dr. Kovac: Hamburg, 2008; Dietlinde Quack/Dieter Seyfried/Stefanie Lay, *Public Private Partnership für Nachhaltigkeit? Anwendung auf Sanierung und Betrieb öffentlicher Bauten*, Forschungsbericht, FZKA-BWPLUS, 2007.
③ 比如要赢得选票、力求预算最大化或盈利最大化等。

更长的时间。① 为实现更具收益和效率的公共机构重组，需要采取诸多不同的具体措施，这些措施常会因为部门的利己倾向和自利行为而受到或明或暗的抵制。但如若采用政府和民间合作伙伴关系的方案，就需要大量的准备工作，它们都属于明确的容易推行的具体措施。这造就了政府和民间合作伙伴关系的特殊魅力：问题都已摆在明处，且参与各方都有长期规划和问题解决方案。②

另外，在德国，规范参与合作伙伴关系各方的法律框架都构建在私法基础之上，它们彼此并非处于上下级的行政法律关系之中，而是属于可以平等地面对面进行讨论商议的民事法律关系。这种情况对于可持续发展目标的实现是利弊并存的：一方面，合作关系中的政府部门在履行其公共义务时，不能再启用它在公法意义上的特权。参与各方的权利和义务会在合作伙伴关系合同中逐一确定，这样就有可能产生一种危险：私法规范很容易导致来自国家的可持续发展的要求无法实现。同时合作伙伴关系合同的周期多在25年左右，甚至更久，这就意味着政府在相关领域内绝对掌控力的长期丧失，从而具有产生损害未来公共福利的可能性。③ 另一方面，基于ÖPP的私法性质而产生的这套特别规则体系④，赋予了政府和民间合作伙伴关系作为一种制度安排的稳定性，借此可以抵御诸多政治干预，进而可使参与者对相关收益和成本进行合理预期。正因如此，ÖPP才能表现为最有助于可持续发展目标实现的制度安排。

此外，还需要指出的是，政府和民间的合作伙伴关系项目若是确立了可持续发展的目标，肯定会对项目运行的架构产生影响。那些认为依

---

① 李以所：《公私合作伙伴关系（PPP）的经济性研究》，《兰州学刊》2012年第6期，第150—151页。

② 也正是因为ÖPP具有长期规划的特点，故它较之传统的公共任务完成模式，在实现可持续发展目标方面表现出了相当明显的不可替代性。

③ ÖPP合同在私法意义上的条款构成了一套长期有效的特别规则体系，在这个体系面前，即便是国家基于承接责任而采取的事后补救措施也常会表现出无能为力或力不从心的窘状。

④ 此时这套特别规则就可被视为对国家一般规范的有益的必要补充。

第六章 世界金融危机中的德国 ÖPP：政府角色的变迁

凭这种新型制度安排的生命周期特征，即可自动引导实现可持续发展目标的想法，不过是偏向主观的一厢情愿而已。因为在德国的 ÖPP 实践中，生命周期特征的观测通常会被简化为生命周期的成本审核，这最终都会归结到政府和民间的合作项目是否具有经济性这个单一维度上[1]，而可持续发展却是一个整体性的多维度理念。采用传统的效益分析的方法很难对可持续发展目标的实现程度和效果进行评估。这种方法被应用于经济效益的分析，可运用具体的经济数据来进行评估计算。而作为融合性的多维度目标，可持续发展目标并不仅仅局限于经济方面，社会效益也是其非常重要的参照指标。非常明显，这部分是很难量化计算的，必须借助其他方法来间接实现评测。从德国的实践经验来看，大都在政府和民间合作项目的后期进行效益分析。[2] 具体来说，首先要进行调查和讨论，之后评定出相应的效益值，通过部分效益值相加可分别算出项目每一变量的整体效益值。但此时还是存在很多未知的因素和条件，那种精确的整体性评估在事实上基本很难实现，故而那些理论上的效益评估方法被充分利用的可能性并不大。在这种情况下，在政府和民间合作项目中确立可持续发展的目标，就很有必要对这些项目的评估环节进行重新思考，要由参与各方就评估的工具和措施进行研讨，并将之确定在合作伙伴关系合同中。只有在这种情况下，相应的效益评估程序才有

---

[1] Jens Rauschenbach und Ines Gottschling, "Wirtschaftlichkeitsuntersuchung", in: Bundesministerium für Verkehr, Bau und Stadtentwicklung/Deutscher Sparkassen-und Giroverband (Hrsg.), *ÖPP-Handbuch: Leitfaden für Öffentlich-Private-Partnerschaften*, Vereinigte Verlagsbetriebe: Bad Homburg, 2008, S. 249; Alexander Viethen, *Der Wirtschaftlichkeitsnachweis als entscheidungssteuernde Komponente bei ÖPP-Projekten: Strukturelle und rechtliche Anforderungen und Konsequenzen*, Speyerer Arbeitshefte, 2008; Ziekow und Windoffer, *Public Private Partnership, Struktur und Erfolgsbedingungen von Kooperationsarenen*, Nomos: Baden-Baden, 2008, S. 89.

[2] Jens Rauschenbach und Ines Gottschling, "Wirtschaftlichkeitsuntersuchung", in: Bundesministerium für Verkehr, Bau und Stadtentwicklung/Deutscher Sparkassen-und Giroverband (Hrsg.), *ÖPP-Handbuch: Leitfaden für Öffentlich-Private-Partnerschaften*, Vereinigte Verlagsbetriebe: Bad Homburg, 2008, S. 277.

可能成为项目可持续发展目标的规则保障。①

二 国家治理现代化视角下的 ÖPP

在国家治理现代化视角下研讨政府的担保责任对 ÖPP 产生的影响，就是要理清公共部门自身发展与其履职程序之间的关系。具体来说，就是要比较分析在完成公共任务时，是仅着力于政府部门自身的革新和完善，还是在其履职过程中引入了来自民间的私人力量。

从德国现有的案例来看，建设政府和民间的合作伙伴关系常会阻碍公共部门挖掘本身的效益潜力，因为有了合作伙伴关系这个选项，就会降低政府部门按照传统的采购程序进行任务履行优化的积极性。在经济性比较的框架下，新型的 ÖPP 模式会与传统模式进行对比，与 ÖPP 进行比较的对象是政府行政部门现有的组织架构和运行流程，往往不会考虑该部门能够被激发或挖掘出来的效益潜力。这种比较常会导致现有政府行政机构的组织和运行越糟糕，就越有可能采用公私合作模式。但如果必须考虑公共部门自身的潜力，那么这种创新模式则很难有机会被采用。所以说这种激励机制存在一定的问题和偏差。

另外，政府和民间的合作伙伴关系作为一种新型制度安排，应该被纳入国家治理现代化的目标当中。② 这种安排自始至终都具有多种维度：一方面，来自民间的私人部门参与公共任务履行对提高国家的治理水平和能力具有非常深远且现实的意义。因为从传统上看，政府和民间部门解决问题的思路和方法是迥异的。政府部门就是在国家财政的支持下，

---

① Alexander Windoffer, *Verfahren der Folgenabschätzung als Instrument zur rechtlichen Sicherung von Nachhaltigkeit* (*Jus Publicum*), Mohr Siebeck: Tübingen, 2011, S. 718 – 739.

② Thomas Mirow, "Public Private Partnership-eine notwendige Strategie zur Entlastung des Staates", in: Budäus und Eichhorn (Hrsg.), *Public Private Partnership-Neue Formen öffentlicher Aufgabenerfüllung*, Schriftenreihe der Gesellschaft für öffentliche Wirtschaft, Heft 41, 1997, S. 22; Ali Sedjari, "Public-private Partnerships as a toll for modernizing public administration", in: *International Review of Administrative Sciences* 70 (2004), p. 291.

第六章 世界金融危机中的德国 ÖPP：政府角色的变迁

采用标准化程序来完成公共任务，旱涝保收，按部就班，不求有功，但求无过；而一贯以产出为导向的私人部门则是将 ÖPP 项目视为产品来进行资金投入①，竭尽全力，机动灵活，程序力求最优，确保效益最大。另一方面，还可将 ÖPP 理解为系统地将市场与政府边界予以融合的现代化战略。作为一种混合治理结构，ÖPP 处在市场和政府两个边界之间的交融地带②，它战略性地挖掘了制度创新的潜力，借此政府部门既可用更优的质量来满足公共产品和服务的需求，同时还提高了供给的效率。③这种混合结构的系统性发展为更新解决方案的出现和发展创造了广阔的空间。政府和民间的合作伙伴关系为各项应完成的公共任务保留了必要的公益性④，其中关键的步骤就是通过组织性和程序性安排，使政府和民间部门的关系在相互交叉中实现系统化和网络化，进而拓展延伸为一个中间领域。该领域作为创新治理模式的试验田和实施现代治理的潜在力量，在完善国家治理现代化方面拥有不可或缺的存在意义，因为诸多传统上由政府勉为其难地履行的公共任务都可以转移至此，而不是被简单地搁置、放弃或草率地削减成色。就此首先可以尝试性地考虑实质民营化⑤，其次还可对合理完成公共任务的各种不同方式进行试验。可以说，一个充分发展的中间领域完全可以裨益于实现政府行政部门原本不

---

① Konrad Schily, "Vom entmündigten zum bemündigten Bürger", in: Späth/Michels/Schily (Hrsg.), *Das PPP-Prinzip: private public partnership. Die Privatwirtschaft als Sponsor öffentlicher Interessen*, Droemer knaur Verlag: München, 1998, S. 46.

② Sibylle Roggencamp, *Public Private Partnership: Entstehung und Funktionsweise kooperativer Arrangements zwischen öffentlichem Sektor und Privatwirtschaft* (Europäische Hochschulschriften-Reihe V), Peter Lang: Frankfurt am Main, 1999, S. 32.

③ Nadine Jakobs und Vanessa Wilke, "Die Finanzkrise hat den ÖPP-Markt erreicht", in: Baumgärtner/Eßer/Scharping (Hrsg.), *Public Private Partnerships In Deutschland: Das Handbuch. Mit Einem Register Aller Relevanten ÖPP-Projekte*, Frankfurter Allgemeine Buch: Frankfurt am Main, 2009, S. 262.

④ 其相应的制度保证就来自国家对相关任务的履行承担着担保责任。

⑤ 李以所：《德国的经济治理经验——从法律视角的考察与分析》，中国社会科学出版社2015年版，第164页。

愿或不可能完成的公共任务。

在政府角色变迁的大背景下,将政府和民间的合作伙伴关系置放到国家治理现代化的框架下进行考察,可以看出它是担保国家意义上的责任分配的一种实现模式。在履行公共任务的过程中,基于长远目标的考虑而赋予政府以担保责任,这对官民双方伙伴关系的角色和构建产生了有利影响。与之相联系的是这种伙伴关系作为公私部门融合地带的思想,它为可持续发展目标的实现提供了战略方向,这个地带亦可被视为一个拥有无限可能的创新空间。①

第五节 回到问题本身:大政府还是 ÖPP

自大萧条以来到 2008 年世界上最严重的经济危机爆发,政府和民间合作伙伴关系的意义在德国是否发生了变化?如果是,那么如何分析和描述这些变化?基于这些变化,执政者应该做出何种选择,是呼唤擅长管控的大政府,还是义无反顾地推进政府和民间合作伙伴关系?

在危机波及德国之后,尽管德国朝野对新自由主义的质疑日盛,但当时的默克尔政府在官民合作共建伙伴关系上的政治主张依然明确,即这种新型的合作伙伴关系不会因经济危机而被放弃,而是要继续加以巩固和发展。这充分表明德国政治精英阶层对 ÖPP 在国家发展上战略意义的认识是清晰且坚定的。作为担保国家理念的具体实现模式之一,政府和民间的合作伙伴关系应进一步被发扬光大,而不是销声匿迹。基于这个朝野共识,德国联邦政府的指引和倾向在实践中经常被作如下解释:

---

① 国家的担保责任要求公共部门首先挖掘仅凭借自身力量即可完成任务的潜力和实现优化的可能,与此同时,构建并完善针对推行 ÖPP 所必需的规则框架也是国家不可推卸的义务和责任。基于这两个面向的国家担保责任,必将对国家治理的现代化产生积极的影响和促进作用。

在相继推出的两套经济振兴计划的框架下①为公共投资而调拨的财政资金也可以并应该用于ÖPP项目。显然，这种观点值得推敲和商榷。虽然事实上联邦政府已尽可能地简化了ÖPP的运行程序②，并在相当程度上实现了相关程序的标准化，但这种新型的制度安排还是无法匹配短期的投资项目。建设政府和民间合作伙伴关系的特征就是周期长、投资大、内容复杂，从招投标开始到政府和民间部门正式签约一般至少需要一年左右的时间，要是再加上招投标的准备工作，明显就要耗费更多的时间和精力。所以将官民合作伙伴关系作为经济复苏政策的工具很难实现振兴计划的目标，即便是勉为其难地实施操作，也常会因对诸多细节考虑不周而造成工作失误，直接导致公私双方合作关系的不稳固。在这种情形下，ÖPP的效率优势就无从谈起了。在具体实践中，德国的ÖPP实验也在朝着另外的方向发展。

通过相继推出的经济振兴计划，德国的各个联邦州，尤其是地方乡镇政府可以更直接地获取"新鲜资金"，这部分资金采用更易操作的传统采购方式投入市场。地方上的公共机构并没有积极性给予ÖPP解决方案以优先权，也就是说，对公共采购方式要求甚高的ÖPP方式对地方政府并没有足够的吸引力。③ 享有较高自治权的德国地方政府只会在投资短缺时被迫采用ÖPP，其核心目的只是纾解财政支出捉襟见肘的局面。同样，潜在的私人合作方也常因资金流动性的匮乏而陷入困境。

---

① 第一套经济振兴计划由联邦政府在2008年11月提出，其目的是降低失业率，手段是刺激经济增长；参见 BMWi und BMF, *Beschäftigungssicherung durch Wachstumsstärkung: Maßnahmenpaket der Bundesregierung*, Berlin, 05. November 2008；随后在2009年1月，联邦政府制订了第二套经济振兴计划，其目的是挽救深受危机影响的实体经济，避免大规模的经济衰退。参见 BMWi, *Schlaglichter der Wirtschaftspolitik*, 2/2009, S. 8.

② 2009年6月17日，德国联邦政府通过了ÖPP实施简化法草案（Gesetz zur Vereinfachung der Umsetzung der öffentlich-Privaten Partnerschaften, ÖPP-Vereinfachungsgesetz）。

③ 按照德国的法律规定，公共机构确定ÖPP项目的合作方都要采用竞争性对话的方式进行。参见李以所《竞争性对话的适用：基于德国经验的分析》，《领导科学》2013年第32期。

金融市场环境日趋恶化，利息负担日益加重，贷款期限也被各类金融机构不断缩短。在这种情况下，德国很多正在操作中的 ÖPP 项目已经步履维艰，基本没有盈利可言。政府和民间合作伙伴关系的核心内容就是风险转移，尤其是指政府部门将风险转移给私营企业。可是在德国联邦政府推出一系列强刺激政策后，很多公私合作伙伴关系项目依旧处于风雨飘摇之中。由于市场发展复杂多变，项目前景愈发难以预测，故民间部门在承接市场风险的问题上明显变得更加谨慎和克制。这些原因都导致了德国政府和民间合作伙伴关系的发展陷于停滞。[①]

上述问题与官民合作伙伴关系的特定理性是冲突的，但在德国的 ÖPP 实践中却一直存在。在这种现实背后隐含的根本问题则是，ÖPP 的这种"停滞"对向担保国家转型的努力而言意味着什么？或者说，一个由自己承担所有任务的政府还能是真正意义上的担保国家吗？

从德国最近十年的 ÖPP 发展历史来看，因变通而采用这种创新制度安排所造成的问题和误解日益增多，这些都进一步导致了德国朝野对 ÖPP 的质疑。比如，通过启用国家财政资金来缓解民间合作方的流动性短缺；本来民间部门已经承接的市场风险，却借助地方议会的表决而得以减轻等，这两种情况都与 ÖPP 的正常逻辑相悖。政府和民间合作伙伴关系的初衷本是将公共部门的风险予以转移，基于私人部门的天然优势将这些风险降低到最小，但在具体操作中，却演变为将风险逐渐单方面地集中于政府。所谓的灵活变通已经使 ÖPP 失去了其本应具有的积极意义，却极可能成为权力寻租的新手段或非法交易的合法外衣。

本章并无意就上述问题的非理性展开分析，而只是单纯地将其对担保

---

① 这些原因不仅适用于德国，也同样适用于其他国家。参见 Nadine Jakobs und Vanessa Wilke, "Die Finanzkrise hat den ÖPP-Markt erreicht", in: Baumgärtner/Eßer/Scharping (Hrsg.), *Public Private Partnerships In Deutschland: Das Handbuch. Mit Einem Register Aller Relevanten ÖPP-Projekte*, Frankfurter Allgemeine Buch: Frankfurt am Main, 2009, S. 262.

国家理念的影响进行评估。如前所述，德国担保国家理念的基础是，政府并不具有完成所有公共任务的能力，必须发展出一种工具或方式将政府和民间的优势予以融合，进而优质高效地促进公共福祉。ÖPP在世界性经济危机中的表现已经证明了它作为创新性制度安排的可行性，所以在德国人的观念中，担保国家从来都没有被设计为"完美国家"①，在突发情况下，政府必须以履行承接责任的形式来对那些原则上属于自治的领域进行干预和调控。故而政府最后的承接责任就是整个担保理念的重要基石。在危机期间，联邦政府的干预表明了德国作为一个担保国家的运转能力。可以旗帜鲜明地说，担保国家根本就不是纯粹的"民营化国家"。

政府失灵并不能说明市场就是万能的，同样，市场失灵也不必召唤一个无所不能的大政府再次归来。处在危机中的担保国家，其内涵天然地就包括了对危机的应对，否则就不是真正意义上的担保国家。即使是在危机之中，与民间部门进行伙伴式合作原则上也应优先于政府自己单独完成公共任务。在德国联邦政府的经济振兴计划到期且金融市场重新稳定之后，其相关财政支持力度已经明显减弱。公共预算辗转腾挪的空间也比危机前更加狭小。这不仅与在传统公共服务提供过程中政府的投资能力有关，还涉及行政管理部门的人事构成。进一步说，政府能够支配的钱变少了，各级行政机关能够安排的人也要裁撤，这些都会削弱政府自己完成公共任务的能力。在这种情况下，民间部门参与公共任务的必要性无论如何也不能被否定。即便是德国的审计院报告公布了很多ÖPP项目的缺陷②，也无法改变这种理性的基本判断。③

---

① Matthias Knauff, "Gewährleistungsstaatlichkeit in Krisenzeiten: Der Gewährleistungsstaat in der Krise?", in: *DÖV*, 2009, S. 584.
② 其中具有广泛影响力的是在2009年针对远程公路建设的ÖPP项目给出的一份报告，参见BRH-Bundesrechnungshof, *Gutachten des Präsidenten des Bundesrechnungshofs als Bundesbeauftragter für Wirtschaftlichkeit in der Verwaltung, Zu öffentlich Privaten Partnerschaften (ÖPP) im Bundesfernstraßenbau*, Gz.: V 3-2006-0201 vom 05.01.2009.
③ 李以所：《公私合作伙伴关系（PPPs）的经济性研究》，《兰州学刊》2012年第6期。

由此可以得出一个初步的结论，崇尚担保国家理念的政府在经济危机中的适当反应是，要坚持继续推进完善官民合作模式的合理化。这是政府应对日后危机再次出现而应采取的预防措施，也是履行担保责任的具体体现。政府的着力点应该是考虑在危机后如何保持与民间部门的良性合作，以及伙伴机制的顺利运转。如果不采取这些旨在"回归担保国家正常状态"的预防措施，担保国家就会自行消失。而当政府为了保护 ÖPP 发展而采取违反 ÖPP 逻辑的措施时，就会事实上造成与担保国家理念背道而驰的局面。

第六节 小结

政府角色的变迁是一个宏大的课题，基于担保国家理念，实现公共任务履行责任在政府和社会之间的转移是一项非常重要的内容。作为责任分配的实现模式，政府和民间合作伙伴关系的生命力也与担保国家同生存、共繁荣。以此为出发点，即使是在世界性的经济危机中，已经发生角色变迁的政府也不可能回归到它的"黄金时代"。德国的 ÖPP 实践证明，那种朝向大政府的所谓回归，只能是历史发展的倒退。德国执政者的共识是，在渡过危机之后，还是要继续通过民间部门完成部分公共任务。只有这样，担保作为政府的长期责任才能被严肃对待，不断调适政府和民间合作运行模式以使其长期有效，是政府不可推卸的责任。

危机也是机遇。在 2008 年全球金融危机爆发之前，德国的政府和民间合作市场已经陷入几近狂热的状态，常给人以不惜代价也要增长的观感。当然，这种现象并非只在德国出现。危机突然降临，官民合作伙伴关系的发展也遇到了挫折，在克服危机共度时艰的过程中，其长期发展战略的潜力再次受到关注，在可持续发展目标方面的制度优势也被充分挖掘。在推进国家治理现代化的时代大潮之中，实施政府和民间合作伙伴关系的战略应着眼于长远未来，而非一时的权宜，这当是一种理性的回归。

第七章

ÖPP 在德国的构建与战略：从历史视角的考察

第一节 导论：为什么选择历史的视角

如前所述，作为推行政府和民间合作伙伴关系的"后发国家"，德国虽仅是步英美之后尘，但在政府和民间合作伙伴关系的概念界定和实践发展方面仍做出了巨大贡献。其在法律层面对此所做的法理基础梳理和具体制度构建都极富建设意义。

肇始于英美，兴起在20世纪90年代的政府和民间合作伙伴关系制度，在创建之初即被视为破除政府垄断的子弹和纾解财政困局的灵药。经过多年发展，这颗子弹是否穿过坚冰射中了靶心？作为良药它是否做到了祛病除疾再生回春？从欧美各国的发展经验来看，上述问题的答案可谓喜忧参半。在推进国家治理体系和治理能力现代化的宏观背景下，作为一项新的制度安排，政府和民间合作伙伴关系的创新意义已被中国公共部门初步认识，民间亦开始予以关注和热议。尤其是在中国经济发展进入新常态以后，渐趋羞涩的财政收入和日益增长的基础设施需求之间的矛盾空前凸显，地方政府不仅要面对还债高峰的到来，同时还要以更优质量、更高效率提供公共产品和服务。这些都时常使公共部门陷入进退失据、捉襟见肘的窘境。政府和民间合作伙伴关系作为因应此番困境的良策更是箭在弦上不得不发。但十分遗憾的是,迄今为止,中国涉及这个伙伴关系的研究多处于以英美为主要对象的案例描述阶段,对与之相关的重大且基本的问题,如政府和民间合作伙伴关系的概念、合法性、法律制度、理论渊源和理论基础等,一直缺乏必要的关注和深入研究。作为推行这种新型制度安排的后发国家,德国曾就上述基本问题进行了扎实的理性讨论和研究,在理论和实践上都取得了丰硕的成果。很多时候,举凡涉及学习西方发达国家的问题,追踪描述其相关领域的最新发展动态,并将之作为成功经验进行全面克隆和简单复制,已经成为我们的研究惯例。但就中国所处的现实阶段来说,相关对比国家在历史特定阶段的过往历程其实才更具匹配性,从而更具学习的必要性和意义。从历史的视角考察并分析德国的经验,总结其推进政府和民间合作伙伴关系的步骤和演进路径,对于正在尝试引进并发展 PPP 的中国更具参考和借鉴意义。

第二节 ÖPP 的概念和界定:德国学者的贡献

西方学术界曾就"政府和民间合作伙伴关系"的概念定义做出了犹如"千军万马"[1] 般的尝试,但迄今为止,尚无通说。[2] 德国学者舒伯特曾就此评论说,针对 PPP 给出定义,与"用针把布钉缝在墙上"[3] 的行为并无二致。在德国法学界,政府和民间的合作伙伴关系多被理解为是

---

[1] Jan Ziekow und Alexander Windoffer, *Public Private Partnership*, *Strucktur und Erfolgsbedingungen von Kooperationsarenen*, Baden-Baden 2008, S. 25.

[2] EG-Kommission, *Grünbuch zu öffentlich-privaten Partnerschaften und den gemeinschaftliche Rechtsvorschriften für öffentliche Aufträge und Konzessionen*, KOM (2004), S. 327, Rn. 1.

[3] Gunnar Folke Schuppert, *Grundzüge eines zu entwickelnden Verwaltungskooperationsrechts*, Regelungsbedarf und Handlungsoptionen eines Rechtsrahmens für Public Private Partnership. Rechts-und verwaltungswissenschaftliches Gutachten, erstattet im Auftrag des Bundesministeriums des Innern, Berlin, 2001, S. 4.

一种松散的、没有严格约束力的集合概念①,对这种缺乏精确性的概念进行定义,于相关法律问题的解决并无实际意义。②

正是由于概念的模糊性和包容性,政府和民间的合作伙伴关系就变成了可以包罗万象的"筐",举凡涉及政府和民间部门之间的合作尽可投放其中。在这种情况下,西方学术界变通似的将这种伙伴关系的单数形式"PPP"改写为复数"PPPs"。这种调整虽然保证了在描述或表达上的正确性,但深究单数意义上的 PPP 到底是什么,还是没有共识的达成。可要从法律层面上对 PPP 予以规范和指引,一个清晰明确的概念定义则必不可少,因为这是搭建相应法律制度必须夯实的基础。

在德国学术界,一般都将 ÖPP 理解为是政府和民间部门共同协作的特殊情况,以区别于其他意义上的政府与私人之间的合作关系。学者皮特拉·哈特曼在其 1994 年的博士学位论文中提出,ÖPP 可指公共部门和民间部门之间协作的任何形式。③ 学者维纳·海因茨则进一步将之界定为政府和民间部门之间的紧密合作。④ 这两个定义在原则上包含了政府和民间部门之间所有的合作行为,但没有充分阐释如何将 ÖPP 与其他纷繁复杂的公私部门间的合作区分开来。于是又有人提出,ÖPP 是指"国家机构和私人投资者之间为实现共同的目标而实施的合作"⑤,或者是

---

① Friedrich Schoch, "Public Private Partnership", in: Hans-Uwe Erichsen (Hrsg.), *Kommunale Verwaltung im Wandel*, Carl Heymanns Verlag, 1999, S. 103.

② Jörn Axel Kämmerer, *Privatisierung: Typologie-Determinanten-Rechtspraxis-Folgen*, Mohr Siebeck GmbH & Co. KG, 2001, S. 56.

③ Petra Hartmann, *Beziehungen zwischen Staat und Wirtschaft: Unter besonderer Berücksichtigung neuartiger Kooperationsformen im Bereich der regionalen und kommunalen Wirtschaftspolitik*, Nomos, Auflage: 1, 1994, S. 37.

④ Werner Heinz und Carola Scholz, *Public Private Partnership im Städtebau*, Deutsches Institut für Urbanistik, Berlin, 1996, S. 25;相类似的定义还可见 Bundesministerium für Wirtschaft und Arbeit, *Wasserleitfaden*, 2005, 67.

⑤ Franckenstein, *Public Private Partnership in der Bauleitplanung*, UPR 2000, S. 288.

第七章　ÖPP在德国的构建与战略：从历史视角的考察

"民间部门和公共服务提供者之间为解决具体问题而组成的合伙"①。这两个定义因为附加了"合作的目的"而对以往极端宽泛的定义做了限定，但是这种过于具体的限定，将导致 ÖPP 适用范围太过狭小。有学者进一步将之描述为"政府和私人之间为了扩展财政来源或利用私人知识产权而形成的战略联合"②，以表现 ÖPP 项目的计划性以及政府方面的目的性，但对用什么具体条件或核心要素来界定 ÖPP 则没有涉及。

鉴于多次尝试都未达成共识，德语区的学者们再次将目光投注到 ÖPP 项目的"目的性"上。于是政府和民间的合作伙伴关系被定义为"政府和私人经济主体之间的不同形式的协作，其目的是完成原本由政府独力承担的公共任务"③。或者是，民间部门和政府部门以正式的公司或特别委员会的形式实施的合作，其目的是一般原本由政府独自承担的项目实施和服务提供。④ 在这个基础上，学者基尔莱茵指出，政府和民间合作伙伴关系的特征就在于其起初的构建目的是完成公共部门不能独力履行的任务。⑤

这种对政府和民间合作伙伴关系目的性的描述还是没能解决其准确定义的问题，于是德国著名的公共管理学者布达乌斯就试图从 ÖPP 适用范围的角度进一步加以补充说明，并特别强调这种伙伴关系在城市更新

---

① Lothar Späth, Günter Michels, Konrad Schily, "Der Bürger erlebt sein Bottom up", in: Lothar Späth, Günter Michels, Konrad Schily (Hrsg.), *Das PPP-Prinzip: Private Public Partnership. Die Privatwirtschaft als Sponsor öffentlicher Interessen*, Droemer Knaur, 1998, S. 11.

② H. Janning, "Voraussetzungen eines kommunalen PPP-Managements. Ansätze aus der Sicht eines Kreises", in: Henning Walcha, Klaus Hermanns (Hrsg.), *Partnerschaftliche Stadtentwicklung: Privatisierung kommunaler Aufgaben und Leistungen*, Deutscher Gemeindeverlag, 1995, S. 40.

③ Peter J. Tettinger, "Die rechtliche Ausgestaltung von Public Private Partnership", in: Dietrich Budäus und Peter Eichhorn (Hrsg.), *Public Private Partnership: neue Formen öffentlicher Aufgabenerfüllung*, Baden-Baden 1997, S. 125.

④ Christoph Strünck, Rolf G. Heinze, "Public Private Partnership", in: Bernhard Blanke, Stephan Bandemer, Frank Nullmeier, Göttrik Wewer (Hrsg.), *Handbuch zur Verwaltungsreform*, Opladen 2005, S. 122.

⑤ Rolf Kyrein, *Baulandentwicklung in Public Private Partnership*, München 2000, S. 1.

和发展过程中的特殊作用。① 不过，鉴于经济活动的复杂多变而使政府和民间合作伙伴关系的适用范围非常宽泛，德国公共行政研究所的契科夫教授就批评性地指出，这种定义尝试最终也没能有效地将 ÖPP 和其他相类似的现象界定区分开来。②

德国学者戈特沙尔克把 ÖPP 看作"公共任务的承担者和民间机构为了共同的经济目标而实施的建立在合同基础上的长期合作"③。这个定义引进了"长期""共同的经济目标""合同"这三个对定义政府和民间合作伙伴关系具有特别意义的要素，但其中的"长期"标准，将会使很多短期的政府和民间部门之间基于利益交换的合作项目被排除在外。④ 在德国政府的一份官方报告中，ÖPP 被视为政府和民间部门在公共基础设施范围内围绕某项目的整个生命周期而签署的长期合同，其目的是该项目经济性的实现。⑤ "生命周期"要素的补充，是这个定义的亮点。

德国的北威斯特法伦州财政部从具体步骤的角度定义了 ÖPP，认为它是政府和民间部门之间在项目计划、确定、融资、运营和评估过程中的合作，而上述环节一般都是由政府独自完成的。⑥ 同时也有学者提出，还应

---

① Dietrich Budäus und Peter Eichhorn, "Public Private Partnership-Konzeption und Probleme eines Instruments zur Verwaltungsreform aus Sicht der Public Choice-Theorie", in: Dietrich Budäus und Peter Eichhorn (Hrsg.), *Public Private Partnership*, Baden-Baden, 1997, S. 25.

② Jan Ziekow, "Rechtliche Rahmenbedingungen der Privatisierung kommunaler Dienstleistungen", in: Meyer-Teschendorf (Hrsg.), *Neuausrichtung kommunaler Dienstleistungen*, Stuttgart: Dt. Sparkassenverl., 1999, S. 80.

③ Wolf Gottschalk, "Praktische Erfahrungen und Probleme mit Public Private Partnership in der Versorgungswirtschaft", in: Dietrich Budäus und Peter Eichhorn (Hrsg.), *Public Private Partnership*, Baden-Baden 1997, S. 154.

④ Peter J. Tettinger, "Die rechtliche Ausgestaltung von Public Private Partnership", in: Dietrich Budäus und Peter Eichhorn (Hrsg.), Public Private Partnership: neue Formen öffentlicher Aufgabenerfüllung, Baden-Baden 1997, S. 126.

⑤ Arbeitsgruppen, "Wirtschaftlichkeitsuntersuchungen bei PPP-Projekten" des Bundes und der Länder, *Leitfaden "Wirtschaftlichkeitsuntersuchungen bei PPP-Projekten"*, 2006, S. 8.

⑥ Finanzministerium des Landes Nordrhein-Westfalen (Hrsg.), *Public Private Partnership im Hochbau, Leitfaden "Wirtschaftlichkeitsvergleich"*, 2003, S. 3.

把政府和民间合作伙伴关系中所涵盖的"风险分担"要素补充进来。①

在德国学者们普遍发现仅仅从抽象的定义角度出发无法有效解决 ÖPP 概念问题的时候,该领域的权威研究者布达乌斯教授和罗根坎普博士又提出了可以用罗列"ÖPP 诸要素目录"的方法来概括其定义。布达乌斯教授认为,狭义上的政府和民间合作伙伴关系②应该包括如下要素:政府和民间部门之间的协同行动;致力于实现互补性的目标;在合作过程中存在协同作用的潜力;以过程为导向;在合作过程中,参与方各自保留原来的身份和责任;该合作以合同的形式加以确定。③ 罗根坎普则将政府和民间合作伙伴关系诸要素罗列为:来自政府和民间两个社会领域的参与者;利益共享和风险分担;合作双方地位平等;超出分工之外的工作要经双方共同决定并共同承担责任;双方资源的捆绑;融入政府和民间双方的混合的组织形式。④

德国学者们对政府和民间合作伙伴关系的诸多定义尝试,其目的就是要将狭义上的 ÖPP 与其他多种多样的官民合作进行区分界定。可国家、经济、社会等这些 ÖPP 所涉及的核心要素总是处在不断的变化当中。"政府和民间部门之间的合作不是什么新现象,但关于它们身份的识别以及合作所涉及范围和领域却是常变常新。"⑤一种宽泛的官民合作伙

---

① PriceWaterhouseCoopers u. a. : *PPP im öffentlichen Hochbau*, Band I: *Leitfaden*, 2003, S. 2.
② 广义上的合作伙伴关系则是指政府和民间部门之间所有的非正式的合作。参见 Dietrich Budäus und Gernod Grüning, "Public Private Partnership-Konzeption und Probleme eines Instruments zur Verwaltungsreform aus Sicht der Public Choice-Theorie", in: Dietrich Budäus und Peter Eichhorn (Hrsg.), *Public Private Partnership*, Baden-Baden 1997, S. 52.
③ Dietrich Budäus und Gernod Grüning, "Public Private Partnership-Konzeption und Probleme eines Instruments zur Verwaltungsreform aus Sicht der Public Choice-Theorie", in: Dietrich Budäus und Peter Eichhorn (Hrsg.), Public Private Partnership, Baden-Baden 1997, S. 53.
④ Sibylle Roggencamp, *Public Private Partnership-Entstehung und Funktionsweise kooperativer Arrangements zwischen öffentlichem Sektor und Privatwirtschaft*, Frankfurt am Main 1999, S. 55.
⑤ Dietrich Budäus, "Public Private Partnership-Ansätze, Funktionen, Gestaltungsbedarfe", in: Gesellschaft für öffentliche Wirtschaft (Hrsg.), *Public Private Partnership*: *Formen-Risiken-Chancen*, Berlin 2004, S. 9.

伴关系的概念自然是没有什么实际意义的，但过于苛刻狭小的定义也将使那些在官民合作领域内的新模式被排除在外。既然宽泛的广义和苛刻的狭义都满足不了实际需要，那怎么才能找到二者之间的"黄金结合点"？就此，契科夫教授从正反两个方面给出了归纳：首先从正面描述政府和民间合作伙伴关系应该具备哪些本质性的要素，然后从反面总结这种伙伴关系区分于其他类似现象的特征。[①] 目前，这个归纳已经基本上成为德国学术界对政府和民间合作伙伴关系定义的共识。[②]

第三节 德国的法治国原则在构建 ÖPP 中的意义

一 ÖPP 的合法性以及公民的法律保护

按照德国《联邦基本法》，要对那些由特定公共部门以特定组织的形式完成的公共任务实施 ÖPP，都需要由相应的宪法基础做出调整。一般来说，这些公共任务主要出现在政府享有垄断地位的公共基础设施和能源供应领域内。关于这部分公共任务的相关宪法规定主要体现

[①] 在学术研究和法律实践中，应该采用狭义的 ÖPP 概念。狭义的 ÖPP 概念实质上是一整套问题解决方案或一种制度安排。在这个方案或安排中，可以从正反两个方面总结归纳出系列要素和条件，遵照这些要素和条件的目录对相应的项目进行衡量、比较、甄别，我们可以得出该项目是否属于 ÖPP 的结论。

[②] 契科夫教授认为，从正面来说，狭义的政府和民间合作伙伴关系应具有如下条件：政府部门和民间部门之间在双方地位平等基础上的跨部门合作；合作是长期的，并以项目运行的整个周期及其过程为指向；在由民间部门负担相应物质性投入的前提下，该合作的目的是完成公共任务或满足公共需要；共担责任；共享资源；共担风险；合作的目标必须明确、具体。从反面来说，在从属关系基础上以实施公权力为主要内容的官民合作不是 ÖPP；公共部门和一般公民组织或非营利性的非政府组织之间的合作不是 ÖPP；一次性的政府采购、公共服务的外包、私人部门对公用事业的赞助、纯粹的私人部门向公共部门的融资都不是 ÖPP；公私部门之间宏观的、战略性的框架式合作不是 ÖPP，因为这个伙伴关系主要是指政府和民间部门在项目层次上的合作，在这个方面主要的代表国家是英国、德国和澳大利亚，而美国则更侧重于政府和民间部门在政策层面上的合作；政府和民间部门之间口头的或非正式的合作不是 ÖPP。参见 Jan Ziekow und Alexander Windoffer, *Public Private Partnership*, *Struktur und Erfolgsbedingungen von Kooperationsarenen*, Nomos, 2008, S. 38 – 68.

在《联邦基本法》第 87 条以下的诸项条款中。从法律规定来看，这些公共任务并不能实施完全意义上的民营化。但在这些任务核心部分之外的范畴内从民间引进私人力量，则和《联邦基本法》并无冲突。①

根据德国的法律保留（Vorbehalt des Gesetzes）原则②，对于限制公民基本权利等专属立法事项，必须由立法机关通过法律规定，行政机关不得代为规定，行政机关实施任何行政行为皆必须由法律授权，否则其合法性将受到质疑。③ 也就是说，做出行政行为必须有相应的法律依据，行政主体不得擅自行动。在这种情况下，政府和民间部门合作实施伙伴关系的行为只要与公民的基本权利有关，就必须考虑相关的法律规定。即使在给付行政（Leistungsverwaltung）④ 的范畴内，亦应如此，在这个方面的典型事例，就是允许民间部门从事公民个人隐私信息的处理工作。⑤ 在实施推进政府和民间合作伙伴关系的过程中，只有在遵守法律保留原则的前提下，方可将行政权限授予来自民间的私人部门。同时根

---

① Wolfgang Durner, "Rechtsfragen der Privatisierung in der Bundeswehrverwaltung unter besonderer Berücksichtigung der Vorgaben des Art. 87b GG", *VerwArch* 96, 2005, S. 28.

② 德国《联邦基本法》规定的大部分权利都在法律保留的范围之内，只有通过或依据法律授权才能限制或干涉相应的基本权利。参见《联邦基本法》第 2 条第 2 款、第 5 条第 2 款、第 8 条第 2 款、第 10 条第 2 款第 1 句、第 11 条第 2 款。法律保留原则与法律优先（Vorrang des Gesetzes）原则一起，都属于依法行政原则，这被规定在《联邦基本法》第 20 条第 3 款中。伯阳：《德国公法导论》，北京大学出版社 2008 年版，第 40—41 页。

③ Lennart Alexy, Andreas Fisahn, Susanne Hähnchen, Tobias Mushoff und Uwe Trepte, *Das Rechtslexikon. Begriffe*, *Grundlagen*, *Zusammenhänge*, Verlag J. H. W., Bonn, 2019. Lizenzausgabe：Bundeszentrale für politische Bildung.

④ 又可称为服务行政或福利行政，一般是指社会福利、义务教育、公共卫生、经济与交通事业等。这一重要的行政法学概念由德国著名的行政法学家福斯多夫于 1938 年在《当成是服务主体的行政》一文中首次提出。参见 Ernst Forsthoff, *Die Verwaltung als Leistungsträger*, Kohlhammer Verlag Stuttgart-Berlin, 1938. 较之于干预式行政，属于给付行政的公共任务就更适合进行民营化，这主要是指那些政府通过给予公民或法人利益和便利等方式实现行政目的的活动。

⑤ 例如对国家公务员个人身体状况信息的搜集和处理。参见 Christian Sellmann, "Privatisierung mit oder ohne gesetzliche Ermächtigung", *Neue Zeitschrift für Verwaltungsrecht*（NVwZ）2008, S. 820.

据《联邦基本法》第33条第4款的规定，这种授权被视为一种例外情况。① 也就是说，此绝不可以成为常态。关于何种公共任务，在何等范围内可由民间部门完成，应由国家的立法机关决定。

在干预式行政（Eingriffsverwaltung）② 的范畴内实施政府和民间的合作伙伴关系，只能是那些与国家主权行使无关的公共任务。③ 此外，根据《联邦基本法》第28条第2款以及相应的联邦州宪法，德国的地方乡镇政府拥有全面处理当地事务的权限，以及决定公共任务完成方式方法的权限。其中，属于地方政府的自愿性公共任务可以被完全移交给民间部门完成。④ 而由地方乡镇承担的没有上级指令约束的义务性任务虽然不能被完全移交给民间，但政府在任务的具体实施方式上拥有一定的自由度。也即在相应的法律框架下，这些任务可采用ÖPP的形式完成。而那些受上级指令约束的义务性任务，在没有明确法律授权的情况下，就不能采用官民合作的形式履行。

根据《联邦基本法》第19条第4款，任何人的基本权利在受到公权力侵害时，他都可以提起诉讼。一般而言，这种情况只有在行政机关针对具体个人履行公共任务时才会发生。这时，至于行政机关是采用公法还是私法的行为模式是无关紧要的，因为无论采用哪种模式，都要受到公民基本权利保护的约束。⑤ 根据德国联邦宪法法院的判例，侵犯公民的基本权利，只有在公民个体与公权力的行使者双方处于不对等关系的

---

① 即在一般情况下，只能由政府公务人员负责行使常规的国家主权权限。
② 又称"干涉式行政"或"侵害式行政"，比如警察为了防止危险而采取的触及公民的自由与财产的行政行为。该理论最早由现代德国行政法方法的真正创始人和经典作家奥托·迈耶（Otto Mayer）提出。参见 Otto Mayer, *Deutsches Verwaltungsrecht*（1），The Classics. us（12. September 2013）; Peter Badura, *Verwaltungsrecht Im Liberalen Und Im Sozialen Rechtsstaat*（Recht Und Staat in Geschichte Und Gegenwart），Mohr Siebrek Ek（December 31, 1966）.
③ 例如监狱、学校、行政机关的建筑物的建造、修缮、维护和管理等。
④ 例外的是那些需要履行社会国家规定的生存照顾的给付任务。
⑤ 参见 Art. 3 Abs. 1 GG BVerfG NJW 2006, S. 3703.

情形中，才有可能发生。如果政府部门只是作为普通的市场主体参与经济活动，也就不存在该条款所确定的公权形式行为。① 同样，原则上，公民也无法以反对采用官民合作形式履行公共任务的理由，向法院寻求法律救济。因为政府部门在事关公共利益任务的履行上，引入民间力量乃属于其组织主权。这就是说，公民、企业或其他市场主体并没有针对采用公私合作形式履行公共任务提出异议的主观权利。在这个方面，唯一可能出现的例外是：地方乡镇政府在民间部门参与 ÖPP 项目的前提条件设定上，违反了相关法律规定，而利益攸关方则可以反对不正当竞争的理由提起诉讼。② 除此之外，如果一个 ÖPP 项目没有依照公共采购法进行招投标，相关的竞争参与者也可以考虑援用公共采购法的法律保护。

采用官民合作的形式来完成公共任务，实际上很难侵犯到公民的法律救济权，从而也就无从谈起那种对公民基本权利的"弱化"。因为只有在民间部门被委托行使公权力的情况下，才有侵犯公民基本权利的可能。也只有在这种情况下，才可以援引《联邦基本法》第 19 条第 4 款，进而开启法律救济的路径。此外，ÖPP 这种形式并不意味着政府部门对公共任务履行的完全放弃，尽管它们不再亲自履行，但保留了是否履行的选择权以及评估履行效果的责任。③ 在这个方面，公民依然拥有可在法院提出的给付请求权。

二　德国 ÖPP 的法律框架

在德国采用官民合作的形式履行公共任务时，一般都要建立混合经济公司。设立公司就要考虑德国公司法对公司组织机构的相关要求，作

---

① BVerfG NJW 2006, S. 3702.
② OVG Münster NVwZ 2003, S. 1520.
③ Z Jan Ziekow und Alexander Windoffer, Public Private Partnership, Struktur und Erfolgsbedingungen von Kooperationsarenen, Baden-Baden 2008, S. 48.

为联邦法律，其在适用上要优先于各联邦州对公司监管机构的规定。当然，这些法律规定也要受到《联邦基本法》的约束。政府部门并不能因选择了私法的形态①而免受公民的基本权利、民主、法治和社会国家等原则的限制。根据行政私法的原则，政府并不能通过采用私法的组织形式，与普通民众一样援引私人自治原则，而是要被置于上述公法规范的约束之下。②不过，对于政府和民间部门共同参与的合作伙伴公司来说，诸多来自公法上的限制，尤其是出自基本权利的约束并不适用。

根据德国的担保国家理念③和相应的责任分担理论，参与官民合作伙伴关系的公共部门应就如下问题做出相应的解释或说明：该合作涉及哪些公共任务？通过分析其角色分担，参与各方的特色是什么？如何确定参与者的贡献？通过何种工具可以确保贡献的合理分配？其中，最具关键性的是所谓的"风险转移"，也即政府和民间双方分担风险，这是ÖPP运行过程中的核心环节。

具体来说，行政法律规范就需要对政府和民间合作伙伴关系的法律形式、制度安排、运行程序以及组织类型做出相应的要求，以便在政府方面能够实现对合作伙伴关系项目的管控，使公私双方的合作在法治的轨道上顺利运行。唯有如此，才能够保证合作各方行为的确定性和可预见性，有法可依的合作机制才能成功。此外，这些法律制度的构建，也有力地促进了责任分担理念在法律层面的有效贯彻和落实，尤其是确认了政府部门在与民间私人伙伴的合作中不会摆脱其本应担负的责任，进

---

① 也即惯称的"遁入私法"（Flucht ins Privatrecht）。所谓遁入私法实际上强调的是行政的私法化，因为现代社会的分工日趋复杂，政府行政机关总是在某些事务方面存在不可避免的短板，于是就产生了公共部门委托私法主体来履行公共职责的需求。鉴于私法主体一般都享有私法自治的便利，行政机关便有可能通过这种方式，借助外在的私法形态来规避多项宪法原则的限制。

② Kurt Kiethe, "Gesellschaftsrechtliche Spannungslagen bei Public Private Partnerships", *Neue Zeitschrift für Gesellschaftsrecht* (NZG), 2006, S. 47.

③ 参见李以所《德国"担保国家"理念评介》，《国外理论动态》2012年第7期。

而保证了公共利益不会减损。因此,德国法学界和相关的实务工作者一直呼吁就此制定特别的行政合作法,或者公私合作制法通则。尽管这个目标一直没有实现,但德国还是在 2005 年通过了作为"Artikelgesetz"①的《ÖPP 促进法》,该法的目的就是为在德国大力推进 ÖPP 的发展而扫清一系列法律障碍,进而改善实施这种新型制度安排的法律框架和环境。

针对公私合作进行立法的首要任务就是,如何将公共部门在合作过程中承担的保证公共利益的责任具体化。因为只是融通地对这种责任进行概括,就会在实际操作中出现太多漏洞,从而使相关法律形同虚设,成为一纸空文,所以相关立法要对政府和民间双方签订的合同内容本身给予足够的重视,这在德国已取得了广泛共识。② 不过,在合作的合同内容具体化的程度上尚存争议。目前比较主流的观点是由德国公共行政研究所的契科夫教授提出的,他认为,根据参与各方的愿望穷尽可能列出相关合同内容的要求并不现实,这样只会导致作茧自缚的消极后果。③ 因为 ÖPP 项目千差万别,内容繁复庞杂,幻想提前给出诸多限定只会令参与谈判的各方不知所措。故而在力避法条粗鄙的情况下,还是要给予参与者灵活掌握的权利和余地。对于必须在合同中体现的强制性条款④,可以明确提出要求,其他则可交给当事人裁量斟酌,然后自行定夺。

三 德国 ÖPP 合同模式的构建与变体

政府和民间的合作伙伴关系究其本质乃是公私部门之间签订的合同,

---

① "Artikelgesetz" 或称 "Mantelgesetz",通常是指在一部法律中同时纳入了几部法律或不同内容的法律,多数情况下是指修改法律的法律,一般会涉及一系列专门法律在特定领域内的修订。

② Martin Burgi, *Privatisierung öffentlicher Aufgaben-Gestaltungsmöglichkeiten, Grenzen, Regelungsbedarf*, Gutachten D für den 67. Deutschen Juristentag, 2008, S. D. 112.

③ Jan Ziekow, *Verankerung verwaltungsrechtlicher Kooperationsverhältnisse im Verwaltungsverfahrensgesetz*, Gutachten im Auftrag des Bundesministeriums des Innern, 2001, S. 190.

④ 在强制性条款部分,还可以分为两种情况:一是对问题及其解决方案必须先行给出的;二是仅需列出问题,其解决方案可由合同双方自行协商确定的。

不同的 ÖPP 项目都是通过不同的合同模式来实现的。但对此并不存在一个普遍性的合同标准，所谓的合同模式也不能被理解为统一性的概念[1]，因为官民合作伙伴关系项目的不同特质总会导致合同构建的多样化。[2] 除了因多样化而形成的众多各不相同的项目操作程序外，德国在具体的合同模式上还会参考由联邦交通部为高速公路扩建而制定的特许经营合同样本[3]；另外，在保留法律体系特殊性的情况下，德国的合同模式也参照了英国非常全面的项目操作经验。[4]

确定合同模式，首要的是考察分析在合同中政府和民间部门之间的关系。一方面，双方的合作伙伴关系是在交换式合同基础上的机构化；另一方面，这种伙伴关系还是混合经济公司。在实践中，基于交换式合同可以衍生出多种合同模式，其中颇具代表性的是运营商模式和运营管理模式。在运营商模式下，私营企业承担了某公共基础设施项目的计划、建设、融资和运营等环节或者其中的部分环节。它并不从设施的使用者处直接获得报酬，而是由政府部门在向使用者征收相关费用后，再支付给私营企业，双方合作的期限一般为15—30年。如

---

[1] Schäfer Michaell und Karthaus Arnim, "PPP-Modelle im öffentlichen Hochbau-Vertragsstruktur, rechtliche Rahmenbedingungen und Projektablauf", in: Kapellmann und Vygen (Hrsg.), *Jahrbuch Baurecht* 2005, S. 183; Meyer Guido und Fuchs Heiko, "Public Private Partnerships in der Insolvenz des Auftragnehmenrs, Teil 1", *Zeitschrift für Immobilienrecht* (ZflR) 2005, S. 531; Hendrik Röwekamp, Klaus Eschenbruch, *Bauen und Finanzieren aus einer Hand: Schlanke und erprobte Realisierungsmodelle für kommunale Neubau-und Sanierungsprojekte mit Erfahrungen zum Aachener Modell*, Köln: Reguvis Fachmedien, 2004, S. 21.

[2] Public Private Partnership-Initiative NRW (Hrsg.), *Public Private Partnership in NRW, Ein Leitfaden für ÖPP/PFI-Organisationsmodelle der ÖPP-Task Force des Landes Nordrhein-Westfalen*, 2003, S. 8; Müller-Werde, Malte, "Erfahrungen mit PPP-Modellen in Deutschland", in: Schramm und Aicher (Hrsg.), *Vergaberecht und PPP*, Wien 2004, S. 234.

[3] 如前所述，也就是所谓的德国高速公路扩建的 A 模式。一般是指将原高速公路的双向四车道扩建为双向八车道，扩建工作以及日后的公路维护和保养工作，由公共部门以特许经营的形式委托私人部门负责完成。参见 BMVBW, *Forschung, Straßenbau und Straßenverkehrstechnik*, Heft 899, 2. Auflage 2005, S. 219ff.

[4] Leitfaden für die Standardisierung von PFI/ÖPP-Verträgen "SoPC3" des HM Treasury Office of Government Commerce.

第七章 ÖPP在德国的构建与战略:从历史视角的考察

果政府部门本身是运营商,民间部门受其委托并以公共部门的名义仅承担运营管理的任务,那么则称之为运营管理模式,这种模式持续的时间为5—8年。

在国际语境中,运营商模式也可被称为BOT模式,该模式强调从受托人自己运营到移交这个阶段。此模式是私营企业项目融资的一种形式,系公共部门特别为公共基础设施建设的融资而采用。在BOT模式下,政府和民间合作伙伴关系项目的计划、融资、建设以及运营都会被移交给相应的特殊目的公司。[①] 同时,在该模式的基础上,还可以增删相关要素,形成更加多样化的模式。在德国,运营商模式的典型变体就是公众熟知的特许经营模式。

四 履行公共任务时民间部门所受的约束

在德国,只要法律没有明确禁止或指令的,政府部门就享有如何完成公共任务的裁量权。在给付行政的范畴内,这种裁量还包括如何安排收益比例。如果某公共任务不再由政府独自履行完成,而是采用与民间合作的形式引入私人力量,在双方合作伙伴关系存续期间,就公共任务的履行方式和步骤等问题,政府部门必须与私人合作方进行协商,而不能继续享有独家垄断的地位。在官民伙伴关系的合作框架下,私人合作方如果没有受托行使公权力,则不受公法羁绊,可基于私人自治原则统筹安排相关事务。即使是私人部门履行公共任务,亦是如此。与政府部门不同,民间的私人部门并不受基本权利相关规范的约束,只有在基本权利第三人效力的框架下,才需要斟酌考虑关于基本权利的相关规定。

那么由政府和民间双方组建的伙伴关系项目公司自身,是否需要受到公法,特别是基本权利的约束?曾有观点认为,如果在该项目公司中

---

① Nicklisch Fritz, *BOT-Projekte: Vertragsstrukturen, Risikoverteilung und Streitbeilegung*, BB 1998, S. 2.

政府占多数股份，它就应该受到公法的约束。① 但目前在德国学术界对此持异议的观点已成为主流意见，即政府通过构建公私合作项目公司的形式，无论其所占股份多寡，都不能摆脱公法对其所应有的限制。这就意味着政府在构建官民合作伙伴关系时，需要将其应受到的公法约束，采用合同条款的形式明文转化为合作项目中的契约义务，并有责任保证该义务的持续履行。② 这样就可以将私人合作方完全置于政府行政拘束之中，进而最大限度地获得政府和民间合作伙伴关系本应拥有的效率优势。

五 公共任务未被如约履行时的解决方案

如果国家没有或者没有很好地完成公共任务，公民可采用多种法律救济途径来维护其权益。至于公共部门在履行职责方面是采用公法还是私法组织形式，则无关紧要。③ 对于德国的 ÖPP 项目来说，其相应的法律救济途径主要有如下几种：

如果公民可以对国家或地方乡镇提出在公法意义上的使用请求权，那么相关的诉讼就只能在相应的行政法院提起。此时诉讼的焦点并不是使用的许可，而是如何实现国家或地方乡镇对参与合作的私人部门施加作用和影响。④

在有关生存照顾的 ÖPP 项目中，如果公民对私人提供的相关服务有异议，则可通过民事诉讼的路径向普通法院提出请求权。如果该私人系由公共部门依法授权行使公权力，那就要在行政法院提起诉讼请求。⑤

---

① VGH Kassel NVwZ 2003, S. 875.
② Bernhard Kempen, "Grundrechtsverpflichtete", in: Merten und Papier (Hrsg.), *Handbuch der Grundrechte in Deutschland und Europa*, Bd. II, 2006, §54 Rdnr. 56.
③ Helge Sodan und Jan Ziekow, *Grundkurs Öffentliches Recht*, 3. Aufl. 2008, §67 Rdnr. 20.
④ OVG Berlin NVwZ-RR 1993, S. 319.
⑤ OVG Lüneburg NdsRpfl 2008, S. 24.

基于私法合同关系而产生的，用户针对私人运营商提出的请求权，则要在普通法院进行民事诉讼的程序。

鉴于一般 ÖPP 项目所致力的最佳合作效果和经济优势需要很长时间才能实现，参与合作的双方具有很强的相互依赖性，原则上它们要尽可能地协调一致。在 ÖPP 项目合同中，一般会因法律障碍、没有履行、履行不善或履行延迟而约定解约条款。如双方未就解约问题做出特别约定，则可根据德国公共采购条例和民法典的相关规定进行解约。相对于解约来说，事实上，德国的 ÖPP 项目更倾向于使用合约的自我修复机制以及调解程序。因为对以公共基础设施建设为内容的 ÖPP 项目来说，采用解约的方式对参与各方都是极大的损失。

第四节　基于德国的国家理论对 ÖPP 的分析

一　基于担保国家理念的 ÖPP

在德国关于政府和民间合作伙伴关系的讨论中，更多的时候是从政府与社会的关系演化角度切入的。其中已达成的共识是，在确定公共福利及其具体实现的问题上，政府已经不再享有垄断地位。[1] 在德国历史上，关于政府对公共福利的早期垄断观点，可追溯到 18 世纪的德国著名哲学家克里斯蒂安·沃尔夫。根据沃尔夫的观点，国王承诺并确保公共福利范围及其实现所应采取的手段，政府和社会之间泾渭分明，政府对公共福利的具体化拥有排他的唯一责任。[2] 到了 19 世纪上半叶，早期宪政主义中的基本权利还包括了早现代的君主有构建社会的

---

[1] Gunnar Folke Schuppert, "Staatstypen, Leitbilder und Politische Kultur: Das Beispiel des Gewährleistungsstaates", in: Ludger Heidbrink, Alfred Hirsch (Hrsg.), *Staat ohne Verantwortung?* Campus Verlag, 2007, S. 476.

[2] Christian von Wolff, *Grundsätze des Natur-und Völkerrechts*, Renger, 1754, § 1042.

任务和权利。① 之后在政府干预的界限越来越引起关注的同时，公共任务却在持续增长，尤其是在全球化迅猛发展的条件下，鉴于日趋严重的社会分化，人们更倾向于强化政府的调控，而非弱化。但事与愿违，政府的确愈加不堪重负了。那种民众对政府提供的从摇篮到坟墓的全程照顾的期待，逐渐被连续的失望所代替。政府对公民福利大包大揽的取向开始面临严峻的考验。在这种背景下，对政府的角色必须进行重新反思。于是德国的担保国家理念开始浮出水面。

德国担保国家理念的产生，主要基于如下认知：由《联邦基本法》建构起来的政府，为了履行其法定责任并完成其法定任务，需要与社会共同构建一种整体性的可分担的责任。② 责任分担主要包括两个方面：一是政府和民间部门之间在履行公共任务时的分工；二是为了实现这种分工而组建的合作性组织。这种分工并非静态的、仅仅着眼于某项具体任务的责任分配，而是对参与合作的双方行为进行的一种动态协调。③ 政府不再独力履行公共责任并完成公共任务，而是在宪法框架下，只是担保该责任被履行或该任务被完成。这就是政府责任的法律内涵。

除责任分担之外，还有责任分级，这两项要素共同组成了担保国家理念的核心。这种理念既不强调政府包办一切，也不鼓吹市场万能，而是试图在政府和社会之间寻找到一种恰当的结合。如前所述，德国的担保国家就是一个履行公共任务的剧场，那么一场演出是否成功就主要取决于如下要素：

第一，政府和民间部门在完成公共任务时的角色分配，也就是在演

---

① Jan Ziekow, *Über Freizügigkeit und Aufenthalt. Paradigmatische Überlegungen zum grundrechtlichen Freiheitsschutz in historischer und verfassungsrechtlicher Perspektive*, 1997, S. 178.
② Rainer Pitschas, *Verwaltungsverantwortung und Verwaltungsverfahren*, 1990, S. 327.
③ Hans-Heinrich Trute, "Verantwortungsteilung als Schlüsselbegriff eines sich verändernden Verhältnisses von öffetlichen und privatem Sektor", in: Gunnar F. Schuppert (Hrsg.), *Jenseits von Privatisierung und schlankem Staat*, Nomos, 1999, S. 13.

出中，参与者都充当什么角色。角色分工不同，自然会导致相应的责任各异，进而实现了公共责任的分担，但这种分担并不会使政府从公共责任的履行中抽身而出，仅是履行的方式和路径发生了变化。某些原本由政府亲自完成的任务，转换为由民间的私人部门负责具体实施。政府不再亲力亲为那些微观的经济活动，其角色更多的是协调任务完成过程中出现的冲突和矛盾，是把控正确方向掌好舵，而不是奋力向前猛划桨，是保证公共产品和服务的优质足量，而不是负责这些公共产品的具体生产和服务的具体提供。

第二，剧本，即参演者应该如何按照导演的意图完成自己的角色。编写剧本的根基是责任的层级，政府的责任被分为履行责任、担保责任以及承接责任三个层级。其中担保责任对政府和民间合作伙伴关系的构建与发展具有特别重要的意义。其具体表现如前所述，政府不再独占任务履行，而是采取政府规范引导，民间部门自己具体完成。对于民间部门完成公共任务的效果和质量，政府享有评价权，在私人部门无法完成或不能按最初所预期的那样完成任务时，政府就要担负起承接责任。

伴随着部分公共任务的具体履行被移交到民间部门手中，私营企业便开始部分或全部地承担了履行的责任，同时相关的担保责任则继续由政府承担，在德国，这种公共任务的实现模式就是ÖPP。担保国家理念提供了一体化分析问题的框架，它考虑了民间部门在完成公共任务时的盈利需求，并且通过程序化的制度工具保证了需求的满足，同时还确保了公共利益不会因为履行主体的变更而受到侵害或漠视。所以政府和民间的合作伙伴关系在德国已经被视为一种示范性的模式，在这个模式中，参与伙伴关系的各方都继续保留着自己的主体特征，同时遵照理性发挥各自的优势，弥合对方的不足，实现最佳效率的协作。通过这种协作，私营企业的逐利目标和公共部门的公益目的将会互不抵触地共同实现。

二 ÖPP 在德国取得新发展的原因

作为推行政府和民间合作伙伴关系的后发国家，德国虽是步英美之后尘，但其 ÖPP 发展的多样化，以及在短时间内迸发出的勃勃生机和卓越成效却令世人瞩目。其相关原因可以追溯到以下方面：

首先对于囊中愈渐羞涩的德国公共财政来说，构建政府和民间合作伙伴关系将为之强劲且直接地注入新的力量，缓解其捉襟见肘的窘迫现状。也就是说，德国政府缺钱是其政府与民间合作取得迅猛发展的最主要原因。而新公共管理等运动和潮流对公私合作在德国的发展只起到了一定的间接推动作用，这种新型制度安排被引入并推行的核心原因还是德国政府在高福利压力下，即便只求蹒跚前行也不能很好履责的困境。

当然，德国以改善治理模式为导向的努力和基于担保国家理念的斟酌，都使追求政府与民间之间的合作思想得到了强化，同时也使构建 ÖPP 的外部条件框架日臻完美。以此为契机，德国的政府部门开始着手行政体制改革，思考如何更加经济且高效地完成公共任务，这样很多曾在私营企业被证明有效可行的经验被引入公共管理当中，那些原本由政府固守的领域开始对新型的治理工具或管理手段表现出开放的姿态。民众对政府和民间合作伙伴关系在德国取得的成绩大都持肯定的态度，这种来自选民的认可和期待，成为德国极力发展公私合作的另一个重要原因。选民的这种态度，很主要的原因是德国在构建政府和民间合作伙伴关系发展战略的过程中，极力避免新自由主义的要素，政府始终掌握着相应的调控权并义不容辞地肩负着担保责任，而不是完全放任给市场自由运行。[①]

---

① Isabella Proeller und Kuno Schedler, "Verwaltung im Gewährleistungsstaat", in: Bernhard Blanke, Stephan Bandemer, Frank Nullmeier, Göttrik Wewer (Hrsg.), *Handbuch zur Verwaltungsreform*, Springer-Verlag, 2005, S. 97.

第五节　ÖPP 在德国发展的前景

一　法律革新的必要和必然

作为有着悠久历史的典型的法治国家，德国的立法传统非常深厚。举凡政府举措具有立法必要的，必先启动相应的立法程序，在完成立法后方可行事。行事过程中出现的任何问题都要在相应的法律框架下寻求解决方案。立法需要经过诸多程序，全程持续进行论辩研讨，这较之未经深思熟虑的长官个人意志，其结论往往更加理性和成熟。而在法律框架下解决相关问题，有章可循、有法可依，可使行为人对自己即将采取的措施有充分的合理的预期①，更加有利于提升行动效率并享有必要的法律保障。② 所以政府和民间合作伙伴关系在德国发展的首要任务就是

---

①　1969 年，丹宁勋爵为以英国为代表的普通法系国家引进了合法预期（Legitimate expectation）的概念，合法预期保护的理论也因之而生。该理论提出，国民可基于法律规定以及政府先前同类行为的判断，对政府可能做出的行为给予预测与期待。一般来说，偏向主观性的预测和期待并不能成为法律保护的客体，但如果这种主观评价是在相关法律规定或公共机构行政行为的基础上产生，并据此做出了合法的具体行动和安排，那就应该受到相应的保护。也就是说，当公民或其他权利主体对政府的行政行为存在"合法预期"时，若其"预期"落空便有权利请求法律保护或救济。由此可见，这个制度能对政府的行政行为、政策制定以及社会承诺等产生约束作用。

②　这种法律保障在德国被称为"信赖保护原则"。信赖保护是德国法治国家原则的具体表现之一，其最初作为一项重要的行政法原则，肇始于第二次世界大战后德国行政法院的判例，多用于限制行政机关变更和撤销已做出的行政决定。当时正值德国法学界对纳粹政权所主张的法律思想进行深刻反思和批判的高潮期，继德国著名法哲学家古斯塔夫·拉德布鲁赫提出法律安定是法治国司法的重要原则之后，舒兹·菲力兹又在该原则的基础上分析延展出信赖保护原则。因为政府的行政行为应具备确定性和约束力的特征，在这个基础上公民将会产生对政府的一种信赖，当行政行为被变更或撤销时，就会出现针对这种信赖关系的法律保护问题。德国联邦宪法法院很早就承认基于法治国理念可以推导出法律安定及公民对国家法律的信赖关系。1952 年在联邦宪法法院的判决中明确宣示，法律安定是法治国原则最重要的成分。1961 年在著名的"提高公司法人税合宪案"的判决中，联邦宪法法院则进一步指出公民所理解的法律安定，居于首要地位的就是信赖保护。这表明德国的最高司法机关已将法治国、法律安定以及信赖保护等概念综合起来，加以一并考虑。在信赖保护原则的重要性得到德国学界和实务界的一致首肯后，历经多个判例，该原则逐步发展成为一项宪法原则。

扫清相关的法律障碍。同样，ÖPP 项目的密集出现也促使德国的立法者将相应法律的革新不断提上议事日程。2005 年，以加快政府和民间合作伙伴关系发展进程为立法目标的《ÖPP 促进法》出台；2007 年，根据 ÖPP 发展需求，德国立法机关对相关投资法进行了修订；[1] 2009 年，作为对促进法的补充和完善，德国还颁布了《ÖPP 实施简化法》。[2] 在上述法律框架下，德国对公共采购法、远程公路私人融资法、投资法、预算法和税法等涉及政府和民间合作伙伴关系的法律法规都做出了调整，以实现与这个新型制度安排的发展相适应的目的。除此之外，德国还就在行政程序法范畴内补充完善与行政合作法有关的法律条文进行了持续性的讨论和分析。[3] 鉴于欧盟也对政府和民间合作伙伴关系持肯定和赞赏的态度，德国的立法者还必须考虑在欧洲一体化的框架下，斟酌处理相关的法律修订事宜。德国在有关 ÖPP 的法律建设上所做出的种种努力，是德国国家体制和历史传统的必然结果。[4] 这就为政府和民间合作伙伴关系在德国的顺利推广搭建了理性的法治框架，为其进入一个良性的发展轨道奠定了坚实的基础。

二 德国 ÖPP 的发展步骤和战略

德国十分重视从政府的角度引导官民合作伙伴关系的良性发展，早在 2001 年，当时还在执政的社会民主党就设立了 ÖPP 工作小组；同年 6 月，部分联邦部合作成立"公共基础设施私人融资"工作小组；此后在两个月的时间内，部分联邦部合作成立了"公共高层建筑的私人经济实

---

[1] Investmentänderungsgesetz, vom 21.12.2007, BGBl. I S. 3089.
[2] Gesetz zur Vereinfachung der Umsetzung der Öffentlich-Privaten Partnerschaften (ÖPP-Vereinfachungsgesetz) vom 19.03.2009.
[3] Jan Ziekow, *Verankerung verwaltungsrechtlicher Kooperationsverhältnisse im Verwaltungsverfahrensgesetz*, Gutachten im Auftrag des Bundesministeriums des Innern, 2001.
[4] Martin Burgi, *Privatisierung öffentlicher Aufgaben-Gestaltungsmöglichkeiten，Grenzen，Regelungsbedarf*, Gutachten D für den 67. Deutschen Juristentag, 2008, S. D 109.

现方式"工作小组；同年10月，北威州作为第一个联邦州首创发起"政府和民间合作伙伴关系国际研讨会"；2002年6月，联邦第一个ÖPP职能中心①发布通告；7月，"公共高层建筑的私人经济实现方式"联邦督导委员会成立；8月，在萨尔森安哈尔特州成立跨部门的ÖPP项目组；10月，ÖPP被写入社会民主党和绿党的联合执政协议中；11月，黑森州立法通过在公共道路的建设和融资上可以允许私人部门参与。由此可见，2002年是德国的政府和民间合作伙伴关系发展取得决定性成果的一年，各项举措都是紧锣密鼓地、快节奏、高频率地推进落实。

2003年3月，柏林州和勃兰登堡州合作成立ÖPP职能中心；同年6月，德国交通基础设施融资法通过，交通基础设施融资公司成立；年底，联邦ÖPP联合会成立。

2004年1月，基民盟和基社盟成立ÖPP工作小组。2月，石勒苏益格—荷尔斯泰因投资银行的ÖPP职能中心成立。3月，在拜仁州内政部最高建设局启动ÖPP谈判回合。4月，柏林州和勃兰登堡州ÖPP区域论坛成立。7月，联邦交通部成立ÖPP特别行动组②，这个特别行动组的成立具有特别重要的意义，是为联邦层面上就推进ÖPP设立的专门机构，这个部门的成立直接导致了ÖPP相关立法进程的加快。因为德国公私伙伴关系项目的数量不断增加③，联邦政府决定大幅简化相关的法律框架，特别是在竞争法、采购法、公路融资、联邦预算法规、财产税和投资法等领域内，与政府和民间合作伙伴关系有关的条款都需要进一步改善和优化。同年11月，专以立法为目标的ÖPP促进法工作组成立。12月，黑森州跨部的工作小组开始挑选ÖPP实验项目。2004年底，图灵根州建设与交通部也成立了ÖPP工作小组。

---

① ÖPP-Kompetenzzentrum.
② ÖPP-Task-Force im Bundesministerium für Verkehr-, Bau-und Wohnungswesen.
③ 2004年和2005年签订的合作伙伴关系的合同数量比前几年翻了一番。

2005年3月，黑森州ÖPP职能中心成立；4月，萨克森—安哈尔特州财政部成立ÖPP特别行动小组；5月，ÖPP项目经济性分析工作组在联邦成立；6月，《ÖPP促进法》在联邦参议院通过；11月，在德国联盟党（CDU & CSU）和社民党（SPD）的联合执政协议中，包含了多项关于政府和民间合作伙伴关系的积极内容，ÖPP作为公共治理的一个选项，被评估认定为是"有前途的道路"①。同年年底，下萨克森州成立ÖPP职能中心。

2006年4月，鉴于《ÖPP促进法》运行中所存在的一些问题，联邦政府专门设立了《ÖPP实施简化法》工作小组；5月，联邦审计院开始对ÖPP发表立场意见；8月，石勒苏益格—荷尔斯泰因州通过ÖPP简化法；② 12月，设立德国伙伴关系的初步方案出台。

在连续通过立法措施改进合作伙伴关系项目的推行之后，经过了大约一年的时间，2007年12月，联邦政府通过决议，设立德国伙伴关系股份公司③；2008年11月，总部位于柏林的混合经济公司，德国伙伴关系股份公司成立，该公司旨在发展和加强德国现有的官民合作伙伴关系项目，进一步挖掘政府和民间合作的潜力，推动实现更多的具有经济性的公私合作。

---

① 红绿联合执政协议关于德国ÖPP的主要信息有：修订ÖPP促进法案，以进一步扫除立法障碍；优先考虑消除对ÖPP项目的歧视，确保中小企业也能从此类项目中受益；改善在高层建筑和土木工程领域内ÖPP项目的法律框架条件和具体实施条件，具体目标是制定统一的合同框架，以及关于经济性比较的一般适用规则；继续加强联邦ÖPP特别行动组的工作，增加合作伙伴关系试点项目的数量。

② Gesetz zur Erleichterung ÖPP (Schleswig-Holstein).

③ 这源自德意志银行的高级经理克劳斯·德罗斯特（Klaus Droste）受德国金融中心动议组织（IFD）委托在2007年2月13日起草的一份战略文件，该文为德国伙伴关系股份公司的设立发挥了重要作用。该文件称：为政府和民间合作伙伴关系项目创建一家咨询公司，这个具有定制授权和结构的公司可命名为"Partnerschaften Deutschland GmbH（PDG）"。该文件还强调建立与联邦财政部（BMF）的密切联系是至关重要的。它公开表示，通过联邦财政部控制的激励和制裁机制会帮助这家咨询公司衍生出正式或非正式的影响力。参见 Der Wirtschaftstrojaner, "Wie die Wirtschaft sich im Staat einnistet; das Märchen von der öffentlich-privaten Partnerschaft. Eine Firma maßgeschneidert nach den Interessen der Industrie", *taz.de* vom 28.01.2012.

第七章 ÖPP 在德国的构建与战略：从历史视角的考察

12月，德国伙伴关系股份公司与10个联邦州、82个地方乡镇和33个其他的公共采购人签订框架合作协议。2009年2月，联邦交通、建设和城市发展部撤销ÖPP特别行动组；同年5月，德国伙伴关系股份公司第一次股东大会召开，这意味着德国的ÖPP开始步入崭新的发展阶段。

在八年的运行过程中，德国伙伴关系股份公司不断受到业界的批评，其中最受诟病的是设立该机构决策过程的方式。对合作项目参与者以及内容的界定，联邦政府几乎不加任何修改地全盘复制实施，这在操作中都与政府和民间合作伙伴关系项目的初衷出现了冲突。富而德律师事务所和麦肯锡咨询公司是德国伙伴关系股份公司的主要参与者，它们曾在英国首次提出了建立 PPP 的想法，并做出了贡献。① 来自德国复兴信贷银行负责基础设施融资的沃尔夫冈·里克特和德意志银行的资本市场专家克劳斯·德罗斯特是德国伙伴关系股份公司的核心人物。由此可见，参与 ÖPP 开发过程的只有为公司利益工作的参与者和代表，此时的德国 ÖPP 市场充斥着唯利是图的商业气息，ÖPP 本应具备的公益性质已很难看到。② 这导致了德国伙伴关系股份公司虽从表面上看是一个"独立"机构，但其结构、人员配置和设计都是根据行业利益量身定制的，ÖPP 项目实质上不过是政府为商界的游说买单而已。③

2017年1月，经德国金融中心动议组织④倡议，德国伙伴关系股

---

① Werner Rügemer, "Die neue Reichtumsmaschine. Public Private Partnership (PPP): Auch die neue Variante der Privatisierung ist gescheitert", *Die Tageszeitung* vom 01.02.2012.

② Impulse-Das Magazin für Unternehmer-Geheimsache PPP-Print Ausgabe 02/12.

③ Der Wirtschaftstrojaner, "Wie die Wirtschaft sich im Staat einnistet: das Märchen von der öffentlich-privaten Partnerschaft. Eine Firma maßgeschneidert nach den Interessen der Industrie", *taz.de* vom 28.01.2012.

④ Initiative Finanzstandort Deutschland (IFD) 是由德意志联邦银行、德国证券交易所、联邦财政部及多家位于法兰克福和慕尼黑的金融机构在 2003 年共同发起成立的组织机构，旨在探索在德国经济发展趋缓的背景下，利用金融工具创新等措施，推动德国工商业发展，发挥消费对经济循环的牵引带动力，增强德国金融中心在国际金融市场上的竞争力。目前在 IFD 内部，一个由 12 人组成的特别委员会正在考虑并推动在德国引入房地产投资信托基金 (Real Estate Investment Trust, REIT)。

份公司改制为"德国伙伴—公共机构顾问有限责任公司（PD）"①，这个金融业游说组织的目的是将 PD 公司打造成为政府和民间合作范围内可以信赖的制度性的德式 ÖPP-TÜV。② 原本德国伙伴关系股份公司只是专门为政府和民间合作伙伴关系项目提供咨询服务，但在联邦政府的倡议下，改制后公司的营业范围现已扩展至为所有的政府采购项目提供咨询。在具体业务上，PD 公司负责就公共基础设施项目的规划和实施，为政府部门提供具有独立性的咨询和建议。公司项目咨询的重点是早期咨询，即需求分析、适用性测试、初步盈利能力研究和融资模式的开发等。此外，它还提供针对整个项目周期的检测服务。PD 公司的工作主要是内部咨询③：作为政府控股的公用企业，它可以在任何时候接受股东委托，而无须事先进行招标程序。④

从上述发展步骤可以看出，德国政府和民间合作伙伴关系的发展战略是：坚持政府在相关事务上的主导地位，重视建设相关的法律框架，力争使公私合作在这个框架下理性且良性地朝好的方向快速发展。同时德国发展官民合作伙伴关系的重点并没有完全投注在大型基础设施项目上，而是更多地倡导中小型企业参与资金数额不是非常大的 ÖPP 项目，并从公共采购法的角度对它们的权益予以特别的保障。这些都确保了德国政府和民间合作伙伴关系项目的亲民性，因为诸多项目，比如公共体

---

① Die Partnerschaft Deutschland-Berater der öffentlichen Hand GmbH（PD）. 其目的是将 PD 建设成一种可靠的 PPP TÜV，具有制度性，因此联邦财政部参与 PD 非常有帮助。
② TÜV 是德国技术监督协会（Technischer Überwachungsverein）的缩写，其历史可上溯至 19 世纪中期的蒸汽锅炉监督协会，该协会最初旨在防止锅炉爆炸，之后伴随着不断扩大的业务范围，逐渐发展成为一个负责技术安全的核心机构。目前德国技术监督协会已经是一家全球性的中立鉴定机构。参见 Frank Uekötter, "Entstehung des TÜV", in: Grunwald, A. (Hrsg.), *Handbuch Technikethik*. 2013. Stuttgart: Metzler 2013, S. 50.
③ Kerim Galal, "Ansgar Richter und Kai Steinbock, Inhouse-Beratung in Deutschland-Ergebnisse einer empirischen Studie", in: A. Moscho und A. Richter (Hrsg), *Inhouse-Consulting in Deutschland*. Gabler 2010, S. 11 – 30.
④ 原则上德国所有的公共采购人都可以作为股东参与德国伙伴—公共机构顾问有限责任公司（PD），联邦政府、联邦州政府和地方乡镇政府目前都拥有 PD 公司的股份。

育设施、学校、日间托儿所、文化休闲场所、医院等都出现在当地民众身边，使他们都能直接感受 ÖPP 项目所带来的好处和收益。政府也从中赢得了民众对 ÖPP 发展目标的支持和信任。这也成为德国政府和民间合作伙伴关系项目发展迅猛的重要原因。

第六节 小结

事实证明，德国在发展政府和民间合作伙伴关系问题上所采取的措施步骤和战略方向是正确的。这种创新性的制度安排在德国公共基础设施建设等诸多领域都展现出了蓬勃的活力。在 2002 年到 2003 年德国推行合作伙伴关系之初，全国仅有两个付诸实践的 ÖPP 项目，而到了 2004 年，相关案例的数量就攀升到了 14 个；2005 年为 30 个；2006 年为 52 个；2007 年为 87 个[①]；2014 年为 200 个；2015 年为 230 个。截至 2019 年底，德国的政府和民间合作伙伴关系项目有 38% 发生在学校、托儿所等教育领域内，文化休闲娱乐领域有 20%，公共建筑领域为 16%，道路建设领域为 9%，公共安全领域为 6%，公共卫生事业领域为 5%，监狱等其他领域为 6%。在高层建筑和道路建设领域内，就合计有 220 个政府和民间合作伙伴关系项目签署，资金总投入达到了 11.22 亿欧元。[②] 这些来自民间资金的大力注入，极大地缓解了联邦政府和地方政府的公共财政支出困难，节省了很多不必要的公共开支。但公共开支的压缩，并没有导致公共产品数量提供的减少和公共服务质量的降低，相反，较之以往更加优质，更加有效率。

当然，在具体执行 ÖPP 项目的过程中，也出现了各种各样的问题。巴登州审计院在某次针对六个大型政府和民间合作伙伴关系项目进行经济性审查时就发现：根据估算的结果，预计所能达到的 10% 的效率提升

---

① 其相应的投资金额也从 2004 年的 3.44 亿欧元增加到 2007 年的 15 亿欧元。
② PPP-Projektdatenbank, www.ppp-projektdatenbank.de.

在实际操作中并未实现，甚至有的项目还造成了公共开支的增加。① 但这些细微的瑕疵并不能阻挡政府和民间合作伙伴关系在德国大踏步前进的步伐，德国很多传统上的公共任务都逐渐移交给民间部门完成，政府只是履行其必要的担保责任。实际上，在英美推行 PPP 乃至于成为全球浪潮的时候，德国还只是步调缓慢地在学术界进行研究和讨论，从而成为 ÖPP 的"后发国家"。可在担保国家理念趋于成熟之后，推广发展政府和民间合作伙伴关系的实践工作开始为德国政府所关注，并很快将之提升到国家战略的高度，从而在短短 5 年内就取得了丰硕的成果。现在官民合作的理念已经在德国生根发芽，尽管在发展过程中还会出现各种各样的问题，但德国朝野一致的共识就是，这对德国的政府和民间合作伙伴关系事业来说，是挑战，更是机遇。

---

① *Frankfurter Allgemeine Zeitung* vom 18.03.2009.

结　　语

　　欧盟经济总量和人口数量均排名第一，常被视为"欧洲火车头"的德国在公共产品供给和公共服务提供方面，无论是数量还是质量，都是标杆式的模范国家。以德国高速公路网为例，这是世界上历史最悠久、质量最过硬和设施最完善的高速公路网络，它为快速、安全、低耗、高效的交通运输提供了基本条件。对于一个现代化国家来说，安全舒适、畅通无阻的公共道路是经济增长、就业稳定以及个人参与社会的必要前提。但维护这个路网的成本是高昂的，与此同时，伴随着经济的迅猛发展，公路网络还需要同步快速发展，这需要巨大的资金投入。很明显，一贯以福利国家形象示人的德国政府本来就担负着沉重的公共开支，新的资金需求使之陷入了捉襟见肘的窘迫局面。不仅如此，国民对优质教育、医疗保障、文娱生活、公共建筑等公共产品和服务的需求与期待也是水涨船高，如何在保持政府不增加税收的情况下，继续提供优质保量的公共产品和服务，是德国政府亟待解决的问题和需要渡过的难关。受英美民营化浪潮的启发，政府和民间合作伙伴关系作为一个公共采购的选项，有助于德国的公共部门克服这些现实困难，并具备更大的能力去迎接未来的挑战。

　　政府和民间部门之间的合作可以产生一种协同效应，从而大大加快多种公共项目的完成和实现。由于这些公共项目在较长时期内仍由来自民间的合作伙伴负责，私营企业提供产品和服务的质量往往高于平均水平。同时政府和民间合作伙伴关系项目的优化融资结构，还意味着这种实施方式可能会比传统的公共采购更具经济性。

德国的联邦、州和地方政府越来越依赖公共部门和私营部门之间的合作伙伴关系，在这种伙伴关系中，官民双方关注的焦点是合作项目的效率优势、运营成本优化和投资收益。这是德国城市化研究所受联邦ÖPP特别行动组委托，就德国多个城市推进实施的政府和民间合作伙伴关系项目进行综合评析后得出的结果。根据这项研究成果，德国已有近四分之一的城镇拥有了实施政府和民间合作项目的经验，或者正在计划实施。该研究特别提到，公共产品和服务可以通过公私合作的方式更快、更有效地实施，这也是德国政府大力推进实施ÖPP项目的主要原因。根据其评估，德国有一半以上的市镇和四分之三的县认为，实施政府和民间合作伙伴关系项目的预期已经完全达到甚至超过了。平均来说，基于现实的计算方法，考虑未来收益的利息以及复利的效果，德国很多合作伙伴关系项目因效率提升而带来的收益可以达到10%。在德国地方政府层面，目前合作项目主要发生在学校、体育、休闲、旅游以及公共建筑等领域内。因为这些领域跟选民的日常生活密切相关，他们的切身感受将会直接表现在选票上。地方政府在不用增加公共开支的前提下，依靠来自民间的资金支持和治理能力，可以为地方民众提供更大数量、更优质量的公共产品和服务，肯定会得到多数选民的信任和拥护。执政者的地位将因此得到巩固和强化，而在野的政党也希望在相关领域有更高水平的施政计划和安排，这种良性的政治竞争保证了政府和民间合作伙伴关系项目在德国的数量和质量的不断提升。在未来，德国的城市和乡镇政府有意愿在文化、幼儿教育、城市发展和环境等领域内继续扩展实施合作伙伴关系项目。

德国联邦交通、建筑和城市发展部曾在一次关于ÖPP在公共高层建筑领域内的评估报告发布会上明确表示："通过与民间私营部门的长期合作，联邦政府希望比以前能够更高效地实施公共高层建筑项目。"德国政府官方的态度非常清晰，那就是要在全德国范围内建立政府和民间合作伙伴关系项目的推广网络。它们认为，根据在2003年中期审查的大量的国家和国际项目，借助政府和民间合作伙伴关系的方式，可以实现10%—20%的效率提高。这种合作伙伴关系不仅与项目的建设有关，还与整个项目的生命周期有关。其实，有关公共产品供给和服务提供的公共项目，其建设工作还不是重头戏，更关键的是项目的运营阶段，一般这个阶段会占到总成本的70%—80%。非常明显，由来自民间的私营主体运营的公共项目，往往都比政府或公共企业自己独立运营的成本更低，质量更高。这就是政府和民间合作伙伴关系的独有魅力，所以德国政府在这个方面一直没有迟疑，而是要迎头赶上。

当然，德国政府还是保持了清醒的头脑，对政府和民间合作伙伴关系有辩证的正确认识。联邦前交通部长施托尔佩就曾经警告说，也不要对ÖPP期望过高，并非所有的公共项目都适合采用这种新型的采购方式。因为合作伙伴关系项目的生命周期特征对参与合作的双方都提出了非常复杂的要求，这是它们必须全面适应的。想象总是美好的，而现实却依然是残酷的。理论模型上完美，在实际操作中还是会问题多多。可不管怎么说，德国的政府和民间合作伙伴关系还是为参与双方提供了更多的机会，政府有了更多的选择方式，民间部门则拥有了更多表现的可能，尤其是德国中小企业。① 这对德国经济繁荣和就业稳定具有积极意

---

① 与一般意义上大家所理解的参与PPP的私营主体大都是实力雄厚的超大型企业不同，德国的ÖPP对中小企业有着天然的制度偏爱。德国建筑工业协会（Hauptwerband der Deutschen Baudustrie）编制的概述表明，中型公司可以参与ÖPP项目，主要是在分包商层面。目前德国的中小企业还希望在政府和民间合作伙伴关系项目的顶级承包商级别上有更多的代表。德国联邦数字事务和交通部（BMDV）会定期与德国的中小企业协会代表联系，共同寻求有没有采用合作伙伴关系方案解决诸多问题的可能。Bundesministerium der Finanzen, *ÖPP und Mittelstand, Praxisbeispiele und Handlungsempfehlungen für die Umsetzung von kleineren und mittleren ÖPP-Projekten*, Berlin: ÖPP Deutschland AG (Partnerschaften Deutschland), 2011.

义。最后，这种模式是否成功，关键就归结在最后一个"P"上，那就是合作伙伴关系是否能够顺利实现。从德国的经验来看，这个模式是成功的，因为政府和民间的这种合作伙伴关系已经很好地实现了。

参考文献

Alexander Godau, Ausverkauf des staatlichen Tafelsilbers? -Eine kritische Betrachtung von Öffentlich-Privaten Partnerschaften (ÖPP) im Infrastruktursektor, München: GRIN Verlag, 2008.

Alfen Hans Wilhelm, Susann Cordes, Volker Schaedel und Philipp Güther (Hrsg.), ÖPP in Deutschland: 2000-2010-Betriebswirtschaftliches Symposium Bau. Weimar: Bauhaus Universitätsverlag, 2010.

Arbeitsgruppe der ÖPP-Kompetenzzentren, Stellungnahme einer Arbeitsgruppe der ÖPP-Kompetenzzentren der Länder Mecklenburg-Vorpommern, Niedersachsen, Nordrhein-Westfalen, Rheinland-Pfalz, Sachsen, Schleswig-Holstein und Thüringen···, Leipzig: Universität Leipzig-Leipzig: Universitätsbibliothek Leipzig, 2019.

Andreas Leupold, Analyse der Rahmenbedingungen und Voraussetzungen für die Anwendung von ÖPP-Geschäftsmodellen im Bereich der innerstädtischen Lichtsignalsteuerung, Weimar: Bauhaus-Univ. -Verl. , 2014.

Andrej Ryndin, Transparenz bei ÖPP im Infrastrukturbereich: eine institutionenökonomische Analyse, Berlin: Technische Universität Berlin, 2021.

Benjamin Maser, Grundlagen, Anwendungsfelder und Perspektiven von Public Private Partnership (PPP): Wieso scheiterte das Projekt "ÖPP-Ingenieurbauwerke Frankfurt am Main"？München：GRIN Verlag, 2019.

Bundesministerium der Finanzen (BMF), Energieeffizienz-Partnerschaften：Partnerschaftsmodelle zur Steigerung der Energieeffizienz bei Bestandsgebäuden, Berlin：ÖPP Deutschland AG, Partnerschaften Deutschland, 2013.

Bundesministerium der Finanzen (BMF), Entwicklung von ÖPP-Projektstrukturen im Gesundheitswesen unter Einbeziehung von medizintechnischen Leistungen, Berlin：ÖPP Deutschland AG, 2012.

Bundesministerium der Finanzen (BMF), Finanzierungs-und Sicherheitenkonzept für ÖPP im Gesundheitswesen, Berlin：ÖPP Deutschland AG, Partnerschaften Deutschland, 2013.

Bundesministerium der Finanzen (BMF), Transparenz bei ÖPP-Projekten, Berlin：ÖPP Deutschland AG, 2013.

Bundesministerium der Finanzen (BMF), ÖPP im Bereich von Kommunal-und Landesstraßen, Berlin：ÖPP Deutschland AG, (Partnerschaften Deutschland), 2012.

Bundesministerium der Finanzen, ÖPP und Mittelstand：Praxisbeispiele und Handlungsempfehlungen für die Umsetzung von kleineren und mittleren ÖPP-Projekten, Berlin：ÖPP Deutschland AG (Partnerschaften Deutschland), 2011.

Christian von Hirschhausen, Thorsten Becker, Jan Peter Klatt, Aktuelle ÖPP-Modelle für die Bundesfernstraßen：eine ökonomische Analyse, München：ADAC, Ressort Verkehr, 2005.

Clemens Elbing (Hrsg.), Öffentlich-private Partnerschaften im Bereich von Kindergärten und Kindertagesstätten, Berlin：ÖPP Deutschland AG (Partnerschaften Deutschland), 2011.

Frank Littwin (Hrsg.), Auswirkungen der Finanzmarktkrise auf öffentlich-private Partnerschaften, insbesondere im Hochbau, Berlin: ÖPP Deutschland AG (Partnerschaften Deutschland), 2010.

Jocelyn Kneisel, Chancen und Risiken der Öffentlich-Privaten-Partnerschaften (ÖPP), München: GRIN Verlag GmbH, 2015.

Kati Herzog, Wiebke Cartelli, Alice Wildhack, Empfehlungen und Hilfsmittel für die Integration von BNB-Nachhaltigkeitskriterien in ÖPP-Projekte, Stuttgart: Fraunhofer-IRB-Verl., 2012.

Mario Hesse, Oliver Lück, Christine Meyer, Matthias Redlich, Einschätzung der Notwendigkeit und Zulässigkeit der Nutzung von Realwerten für die Wirtschaftlichkeitsbewertung von ÖPP-Projekten, Leipzig: Universität Leipzig-Leipzig: Universitätsbibliothek Leipzig, 2019.

Martina Maxi Treumann, Öffentlich-Private Partnerschaften als Beschaffungsvariante im Marktsegment Schieneninfrastruktur: Lösungsansätze und Erfolgsfaktoren für die Entwicklung von ÖPP-Projekten, Braunschweig-Wolfenbüttel: Ostfalia Hochschulefür angewandte Wissenschaften, 2013.

Michael Bürsch (Hrsg.), Kommentar zum ÖPP-Beschleunigungsgesetz, Frankfurt, M.: Verl. Recht und Wirtschaft, 2007.

ÖPP Deutschland AG (Hrsg.), Dienstleistungszentren (DLZ) in Form von Öffentlich-Privaten Partnerschaften (ÖPP), insbesondere im interkommunalen Bereich, Berlin: ÖPP Deutschland AG, Partnerschaften Deutschland, 2014.

ÖPP Deutschland AG, Rechtsanwaltskanzlei Becker Büttner Held (PartGmbB), Ingenieurbüro ILB Dr. Rönitzsch GmbH, ÖPP-Beleuchtungsprojekte: Erläuterungsbericht zum ÖPP-Beleuchtungsmodell sowie zu den erstellten Musterverdingungsunterlagen für kleine und große Beleuchtungsprojekte, Berlin: ÖPP Deutschland AG, 2012.

ÖPP Deutschland AG, ÖPP im IT-und Dienstleistungsbereich: Marktüberblick und kritische Erfolgsfaktoren, Berlin: ÖPP Deutschland AG (Partnerschaften Deutschland), 2011.

ÖPP Deutschland AG, ÖPP und Sportstätten, Berlin: ÖPP Deutschland AG (Partnerschaften Deutschland), 2011.

ÖPP Deutschland AG, Vergütungs-und Controllingsysteme in ÖPP-Hochbauprojekten, Berlin: ÖPP Deutschland AG, 2014.

ÖPP Deutschland AG, Wirtschaftlichkeitsuntersuchung für Öffentlich-Private Partnerschaften, Analxse und Potenziale: Grundlagenarbeit Wirtschaftlichkeits-untersuchungen bei ÖPP, Berlin: ÖPP Deutschland AG, Partnerschaften Deutschland, 2016.

Ralf Leinemann, Thomas Kirch, ÖPP-Projekte: konzipieren-ausschreiben-vergeben; Praxisleitfaden für Auftraggeber und Bieter, Köln: Bundesanzeiger-Verl., 2006.

Stephan Tomerius, Gestaltungsoptionen öffentlicher Auftraggeber unter dem-Blickwinkel des Vergaberechts: aktuelle vergaberechtliche Vorgaben für öffentlich-private Partnerschaften (ÖPP) und interkommunale Kooperation, Berlin: Deutsches Institut für Urbanistik (Difu), 2005.

Thomas Brüggemann, Öffentlich-Private Partnerschaften (ÖPP) im kommunalen Bereich: Umfang und Einhaltung der rechtlichen Rahmenbedingungen am Beispiel der Stadt Paderborn, Aachen: Shaker, 2010.

Torsten Kühne, Öffentlich Private Partnerschaften (ÖPP) -Wundermittel für klamme Kommunen? München: GRIN Verlag GmbH, 2008.

Zentralverband Deutsches Baugewerbe (ZDB), ÖPP im kommunalen Hochbau-Möglichkeiten und Anforderungen für das mittelständische Baugewerbe, Berlin: Ges. zur Förderung des Dt. Baugewerbes, 2006.